洛阳周公庙历史文献辑注

扈耕田　白　丁　主编

黄河水利出版社
·郑州·

内 容 提 要

洛阳周公庙是纪念西周时期著名的政治家、军事家、思想家，西周洛邑的缔造者、中国儒家思想的奠基人周公姬旦的祠庙。周公在洛阳制礼作乐，使洛阳成为中国古代礼乐文化之源，他因此被尊为“元圣”和儒学先驱。洛阳周公庙为中国三大周公庙之一，全国重点文物保护单位。为了更好地弘扬黄河文化，讲好黄河故事，促进文旅融合发展，本书对周公庙的历史文献进行全面的收集、整理、校注。内容包括历代周公庙的史料，碑刻，题记、游记，诗歌。

图书在版编目(CIP)数据

洛阳周公庙历史文献辑注/扈耕田，白丁主编.—郑州：黄河水利出版社，2020.12
ISBN 978-7-5509-2884-8

Ⅰ.①洛… Ⅱ.①扈…②白… Ⅲ.①周公-寺庙-史料-洛阳 Ⅳ.①K928.75

中国版本图书馆 CIP 数据核字(2020)第 255485 号

组稿编辑：岳晓娟　电话：0371-66020903　E-mail：2250150882@qq.com

出 版 社：黄河水利出版社　　网址：www.yrcp.com
地址：河南省郑州市顺河路黄委会综合楼 14 层　　邮政编码：450003
发行单位：黄河水利出版社
发行部电话：0371-66026940、66020550、66028024、66022620(传真)
E-mail：hhslcbs@126.com
承印单位：河南承创印务有限公司
开本：787 mm×1 092 mm　1/16
印张：26.25
字数：471 千字　　印数：1—1 000
版次：2020 年 12 月第 1 版　　印次：2020 年 12 月第 1 次印刷

定价：120.00 元

《洛阳周公庙历史文献辑注》编委会

序

中国传统文化及人文精神皆以儒家为根基，儒家思想则根源于河洛地区的夏、商二代。至西周之初，周公于洛阳营建新都，并制礼作乐，初定《易》《礼》诸书，于是儒家思想体系谨严，蔚然大成。殆至春秋，礼崩乐坏。孔子以恢复周公圣制、克己复礼为救时戡乱之方，乃至洛阳问礼于老子，并考察周公当年所营建之太庙等礼制建筑。以“障百川而东之”的气魄，率众弟子周游于列国之间，宣扬周公思想，揭开百家争鸣之序幕。其主张虽不为列国所用，然儒家作为一种学说，由是得以光大，持续影响历朝历代之政治制度及人文思想。故汉、魏、晋、隋诸代皆以周公为先圣、孔子为先师，设祠祀之。揆诸二人各自之卓越贡献，封先圣、先师之称，完全符合二者在儒家发展史上的真实地位。周、孔虽并称，然二人乃源与流之关系，有着首创与传承之截然差异。

然自唐代贞观以来，以周公更有灭商、营洛、辅王、平乱诸功，政治贡献更大，不似孔子只为纯粹之老师，有议者遂提出学宫专祀孔子，而改祀周公为武王之陪祀。宋大中祥符元年（1008 年）周公被追封为文宪王。政治地位看似尊崇，然日益政治化，其作为伟大思想家之光芒却进一步被淹没。宋代以后，孔子在儒学思想史上之地位，后来居上，被改称为圣人。周公则渐行渐远，退成符号化的元圣。时至于今，孔子祠庙遍及山陬海澨，而周公祠庙寥若辰星。

洛阳为周公定鼎及制礼作乐之地，尊崇周公，历百代而不替。据学者统计，全国见于记载的周公庙约 20 处，而河南一带就有洛阳、偃师、登封、宜阳、嵩县、济源、武陟等 7 处。而现存洛阳周公庙自隋末初创，至今已 1400 余年。虽历经战乱，屡毁屡建，代有因革，然庙貌古朴，仍存肃穆庄严之风，为市区内现存主要古代建筑群之一，2006 年被批准为全国重点文物保护单位，是国内现存主要儒家文化建筑。可惜至今尚未有人对其相关文献史料进行稽考，遂使其所承载的历史文化意义日趋湮没而不为人所熟知。

洛阳理工学院河南古都文化研究中心扈耕田教授，长期以来关注洛阳都城史迹相关文献的挖掘与整理。白丁先生任周公庙博物馆馆长以来，亦痛惜于周公庙文献之不足。二人遂商定，携周公庙之同仁，共襄此举。爬罗剔抉，集腋成裘，历年余而成此巨帙。

书成，求序于余。余曾供职洛阳周公庙博物馆数载，故对周公庙感情颇深，得此巨帙，不惟欣喜，更觉责任，遂慨然应允。余览之，不唯史料丰富，而且注释精详。难能可贵的是，作者又能以开阔之视野对洛阳周边各周公庙史料进行系统之收集，以是更可看出洛阳一带周公文化之浓郁氛围。至于大量的现当代史料，收集了周公庙作为民国考试院、中原社会馆、行都慈幼院、洛阳广播电台、洛阳文物仓库、洛阳都城博物馆的相关资料，以及冒广生、郑振铎、傅雷、张恨水等历史文化名人在周公庙的事迹。从中可见周公庙在民族文化保护、传承中的重要意义，亦是周公庙历千百劫难而浴火重生之明证。

今国运盛昌，优秀传统文化作为国家软实力，日益受到重视。洛阳周公庙作为曾经的洛阳文化中心，也面临着如何发扬光大、在洛阳文化建设和中原城市群副中心城市建设中如何更加担当有为的问题。此书的出版，将使周公庙千年风华永不湮没于风吹雨打之中，从而为周公庙的研究、保护、利用提供永久的珍贵资料，并促进黄河文化、河洛文化等其他相关问题的深入研究，诚为黄河文化、河洛文化在基础文献整理研究方面的一大创获。

今将付梓，聊作数语，以为序。

余　杰

二〇二〇年初冬识于洛阳

凡　例

一、本书汇辑洛阳周公庙相关历史文献，旨在系统保存一地之人文资料，并提供阅读、研究参考之用。

二、本书附录部分收录今洛阳所辖县（区、市）及周边地区周公庙之历史文献，以现周公在河洛地区的影响。

三、本书所称历史文献，既包括传统意义上的史书、方志、碑刻中的历史文献，也包括文人所作诗文、游记、小说等文学文献，以及图录等图像文献、实物所载文献。

四、本书正文部分大致以类划分，每一类中又大致以作者生年或作品产生之时间为序进行排列。对于部分众人编纂而成的书籍，如地志等，依主修（纂）者生年进行排列。特殊情况，在注文中予以说明。

五、本书凡碑刻、古籍中字迹残缺漫漶不可识者，若字数可以确定，均以“□”代替。一“□”代表一字。碑铭中若有残缺或不可识之字，且字数不可确定，用“……”代替。原文中可能有误的部分，在括号内标出其正确内容。在原文中属于注释、标注性的文字，亦在括号内标注。

六、部分古籍、碑刻，由于字迹不清等原因，导致前人整理可能存在错误之处。因无法见到古籍、拓片，或碑刻保存情况比先前更差，甚至已经遗失，无法进行校勘者，在注释中对可能出现错误之处，加以提示。对于前人整理中出现明显错误者，径改。

七、对于古籍、碑刻中之异体字，本书一般情况下径直改为规范汉字。古籍中抬头、大字小字混排等版式，在不影响理解的情况下，统一改成现代排版方式。对于民国新式标点出现以后的文中标点与当下规范要求不一致者，保留原有标点，不予修改。

八、文中出现的人名，若生平无考者，一般不出注。对于作者及文中人物，籍贯、生卒年不详者，不标注籍贯不详、生卒年不详等字样。

九、为便于阅读，本书文字采用简体，版式采用横排，注释采用页下注。一般情况下，每篇单独出注。由此存在部分较为生僻的注释内容和前文注释有重复的情况。

目　录

二、洛阳周公庙古代文献

三、洛阳周公庙现当代史料

附录二　登封周公庙史料

一、周公生平、营洛及崇祀基本史料

尚书

《尚书》，又称《书》《书经》。我国上古历史文献和部分追述古代事迹著作的汇编，相传由孔子编选而成。西汉初存二十八篇，即《今文尚书》。汉武帝时于孔子旧宅夹壁中发现《古文尚书》，至晋亡佚。东晋梅赜（一作梅颐、枚颐）献伪《古文尚书》。现行《十三经注疏》本《尚书》，乃混合今古，杂揉真伪之本。《尚书》中保存了商周特别是西周初期的一些重要史料。

洛诰①

召公既相宅②，周公往营成周，使来告卜，作《洛诰》。

周公拜手稽首曰③："朕复子明辟④。王如弗敢及天基命定命⑤，予乃胤保大相东土⑥，其基作民明辟⑦。予惟乙卯⑧，朝至于洛师⑨。我卜河朔黎水⑩，我乃卜涧水东，瀍水西，惟洛食⑪；我又卜瀍水东，亦惟洛食。伻来以图及献卜⑫。"

---

① 见《尚书·周书》。

② 召（shào）公：召康公，姓姬名奭，周公之兄。武王灭纣后，封于燕，史称燕召公。成王时入据三公，为太保。（周之三公为太师、太傅、太保）出与周公同为二伯，分陕而治，陕以西乡邑为召公旧封。相宅：堪察地址。周公卜洛之前，周成王命召公先至洛阳进行堪察。见《尚书·召诰》。

③ 稽首：古时的一种跪拜礼，叩头至地，是九拜中最恭敬的。《周礼》谓"九拜"："一曰稽首，二曰顿首，三曰空首，四曰振动，五曰吉拜，六曰凶拜，七曰奇拜，八曰褒拜，九曰肃拜"。贾公彦疏："一曰稽首，其稽，稽留之字；头至地多时，则为稽首也。此三者（空首、顿首、稽首）正拜也。"稽首，拜中最重，臣拜君之拜。

④ 朕：我。复：告白，告知。子：你，指周成王。明辟：光明的方法、光辉的策略。辟，法度，法略。

⑤ 及：参预。基：谋。命定命：前一命字是动词，后一命字为名词。据《逸周书·作雒篇》载，周公营洛，是为了延长周室的王命。

⑥ 胤：继。保：太保，指召公奭。召公先于周公至洛占卜。相：相宅。东土：因洛阳居于镐京之东，故名。

⑦ 其：乃，于是。基：谋。作：振作，鼓舞。

⑧ 乙卯：据《尚书·召诰》载，知其为周成王七年三月十二日。

⑨ 洛师：洛邑，犹京师。

⑩ 河朔：黄河以北。黎水：卫河、淇河合流后，至黎阳故城（今浚县东北）为黎水，亦曰瀋水。

⑪ 食：龟兆。卜必先墨画龟，然后灼之，兆顺食墨。故此处指吉兆。

⑫ 伻（bēng）：使，令。图：图谋。

王拜手稽首曰:"公不敢不敬天之休①,来相宅,其作周匹②,休③!公既定宅,伻来,来,视予卜,休恒吉。我二人共贞④。公其以予万亿年敬天之休⑤。拜手稽首诲言⑥。"

周公曰:"王,肇称殷礼⑦,祀于新邑,咸秩无文⑧。予齐百工⑨,伻从王于周⑩,予惟曰:'庶有事。⑪'今王即命曰:'记功,宗以功作元祀⑫。'惟命曰⑬:'汝受命笃弼⑭,丕视功载⑮,乃汝其悉自教工⑯。"

孺子其朋⑰,孺子其朋,其往⑱!无若火始焰焰⑲;厥攸灼叙⑳,弗其绝。厥若彝及抚事如予㉑,惟以在周工往新邑㉒。伻向即有僚㉓,明作有功㉔,惇大成裕㉕,汝永有辞㉖。"

---

① 休:美善,福祥,美好。
② 周:镐京。匹:匹配。
③ 休:好。
④ 共贞:共同担当。
⑤ 其:表示愿望的语气词。以:带领。
⑥ 诲:教诲。
⑦ 肇:始。称:举行。殷礼:会见诸侯的盛大典礼。殷,众。
⑧ 咸:都。秩:次序。这里是动词,安排。文:通"紊",乱。
⑨ 齐:率领。百工:百官。
⑩ 周:镐京。
⑪ 庶:大概,可能。事:此指祭祀之事。
⑫ 宗:宗人。官名。以:率领。作:举行。元祀:大祀。
⑬ 惟:有。
⑭ 受命:受武王顾命。笃:督。弼:辅佐。
⑮ 丕:语气词。视:阅。功载:记功的书。
⑯ 教工:指导工作。
⑰ 孺子:小孩,指成王。朋:古"凤"字,有振作、奋起之意。
⑱ 往:指往新邑。
⑲ 焰焰:火微微燃烧的样子。
⑳ 厥:那。攸:所。灼:烧。叙:绪。
㉑ 彝:常理,法理。及:汲汲,努力的样子。抚事:主持国事。
㉒ 以:率领。周工:在镐京的官员。
㉓ 向:趋。有:词头,无意义。僚:官职。此句意谓使百官各守其职。
㉔ 明:勉。
㉕ 惇:厚。这里是动词,重视。裕:大。此句意谓重视元祀等大事。
㉖ 辞:指赞美的言辞,即美誉。

公曰："已[①]！汝惟冲子[②]，惟终[③]。汝其敬识百辟享[④]，亦识其有不享。享多仪[⑤]，仪不及物[⑥]，惟曰不享[⑦]。惟不役志于享[⑧]，凡民惟曰不享，惟事其爽侮[⑨]。乃惟孺子颁[⑩]，朕不暇听[⑪]。

朕教汝于棐民彝[⑫]，汝乃是不蘉[⑬]，乃时惟不永哉[⑭]！笃叙乃正父罔不若予[⑮]，不敢废乃命。汝往敬哉！兹予其明农哉[⑯]！彼裕我民[⑰]，无远用戾[⑱]。"

王若曰："公！明保予冲子[⑲]。公称丕显德[⑳]，以予小子扬文、武烈[㉑]，奉答天命，和恒四方民[㉒]，居师[㉓]；惇宗将礼[㉔]，称秩元祀[㉕]，咸秩无文[㉖]。惟公德明光于上下，勤施于四方，旁作穆穆[㉗]，迓衡不迷[㉘]。文武勤教[㉙]，予冲子夙夜

---

① 已：叹词，唉。
② 惟：为。冲子：即孺子。
③ 惟：思。终：指完成先王未竟的事业。
④ 识：察识，明察。百辟：诸侯。辟，君。享：享礼，诸侯朝见天子之礼节。
⑤ 多：重视。
⑥ 仪不及物：指物有余而礼不足。
⑦ 曰：谓。
⑧ 役志：用心。
⑨ 事：政事。爽：差错。侮：怠慢。
⑩ 颁：分，分担。
⑪ 听：听政。
⑫ 于：以。棐(fěi)：辅助。
⑬ 蘉(máng)：勉力，努力。
⑭ 时：善政。永：远，指推广。
⑮ 笃：督，督察。叙：铨选。正：长。父：同姓官长。罔不：没有不。若予：像我一样。
⑯ 兹：此，现在。明农：尽力务农。明：通"勉"。
⑰ 裕：此指教导。
⑱ 无：语气词。用：因此。戾：至。
⑲ 予冲子：我这个未成年人。
⑳ 称：发扬。丕(pī)：大。
㉑ 扬：继承。文、武：周文王、周武王。烈：事迹。
㉒ 和恒：和悦。
㉓ 师：洛邑。
㉔ 惇宗将礼：重视大礼。惇：重视，尊。将：大。
㉕ 秩：次序，安排。
㉖ 文：通"紊"。
㉗ 旁：普。穆穆：美。
㉘ 迓衡不迷：遭受横逆而心不迷乱。迓衡：一作"御衡"。御：从午声。午：逆。衡：同"横"。
㉙ 文武：文武官员。

毖祀①。”王曰：“公功棐迪②，笃罔不若时③。”

王曰：“公！予小子其退④，即辟于周⑤，命公后⑥。四方迪乱未定⑦，于宗礼亦未克敉⑧，公功迪将⑨，其后监我士、师、工⑩，诞保文、武受民⑪，乱为四辅⑫。”

王曰：“公定⑬，予往已。公功肃将祇欢⑭，公无困哉⑮！我惟无斁其康事⑯，公勿替刑⑰，四方其世享⑱。”

周公拜手稽首曰⑲：“王命予来承保乃文祖受命民⑳，越乃光烈考武王弘㉑，弘朕恭㉒。孺子来相宅，其大惇典殷献民㉓，乱为四方新辟㉔，作周恭先㉕。

---

① 毖：谨慎。

② 功：同“攻”，善长于。棐：教导。

③ 笃：信，实在。若：顺。时：承。

④ 退：自洛邑退去，即还镐京。

⑤ 辟：君位。

⑥ 后：指后续于洛，继续居洛。

⑦ 迪：教导。乱：治。

⑧ 敉（mǐ）：安抚，安定。

⑨ 将：扶持。

⑩ 士、师、工：指各级官员。

⑪ 诞：语气词。受民：所受于天之民。

⑫ 四辅：官名。相传古代天子身边的四个辅佐。《尚书·洛诰》有“四辅”之称。《尚书·益稷》有四邻，《史记·夏本纪》作“四辅”。至《尚书大传》、贾谊《新书》始有疑、承、辅、弼（《新书》作道、弼、辅、承）为“四辅”之说，皆出于秦汉间人的依托。至王莽托古改制，置四辅以配三公，又为其子置师疑、傅承、阿辅、保拂（弼）之官。明太祖曾置春、夏、秋、冬官，也叫“四辅”。

⑬ 定：止，留下。

⑭ 肃：同“速”。祇欢：指敬重和睦商朝遗民。

⑮ 困：困苦。

⑯ 斁（yì）：厌倦，懈怠，厌弃。康事：章太炎以为即庚事。庚，更事也。更事，更习吏事。

⑰ 替：止，停止。刑：通“型”，示范。

⑱ 享：朝享。

⑲ 周公拜手稽首：孔传：“拜而后言，许成王留。”

⑳ 文祖：周文王。受命民：受于天命之民，指殷民。

㉑ 烈：业绩。考：先父。弘：大，宏大。

㉒ 弘朕：古人或以为当作“弘训”。

㉓ 惇（dūn）：厚，尊重。典：礼。献民：贤民。

㉔ 乱：语气词。辟：法。

㉕ 作周恭先：作周法的先例。恭：共。

曰：'其自时中乂[①]，万邦咸休，惟王有成绩[②]。予旦以多子越御事笃前人成烈[③]，答其师[④]，作周孚先[⑤]。'考朕昭子刑[⑥]，乃单文祖德[⑦]。"

"伻来毖殷[⑧]，乃命宁予以秬鬯二卣[⑨]。曰：'明禋[⑩]，拜手稽首休享[⑪]。'予不敢宿[⑫]，则禋于文王、武王。惠笃叙[⑬]，无有遘自疾[⑭]，万年厌于乃德[⑮]，殷乃引考[⑯]。王伻殷乃承叙万年[⑰]，其永观朕子怀德。[⑱]"

戊辰，王在新邑烝[⑲]，祭岁，文王骍牛一[⑳]，武王骍牛一。王命作册逸祝册[㉑]，惟告周公其后[㉒]。

王宾杀禋咸格[㉓]，王入太室[㉔]，祼[㉕]。王命周公后，作册逸诰，在十有二月。惟周公诞保文、武受命[㉖]，惟七年。

---

① 时：此。乂(yì)：治理。

② 惟：宜。成绩：成就功绩。

③ 多子：众卿大夫。笃：理。前人：指周武王。武王始议宅洛。

④ 答：通"合"。师：众。

⑤ 孚：通"郛"，外城。一说孚先指诚信与表率。孚，信。

⑥ 考：成。昭：通"诏"，告示。刑：法。

⑦ 单：大，光大。

⑧ 伻：使。毖：慰劳。

⑨ 宁：安，问安，安慰。秬鬯(jù chàng)：古代以黑黍和郁金香草酿造的酒，用于祭祀降神及赏赐有功的诸侯。卣(yǒu)：古代一种盛酒的器具，口小腹大，有盖和提梁。

⑩ 禋(yīn)：古代烧柴升烟以祭天。

⑪ 休：幸运。享：献。

⑫ 宿：经宿，过夜。

⑬ 惠：顺。笃：厚、重视。叙：顺，次第。

⑭ 遘：遇，遭受。疾：病。

⑮ 厌：满，这里是饱受的意思。乃德：您的德泽。

⑯ 殷：指处理的殷人之事。引：长。考：成。

⑰ 伻(bēng)：使。承叙：承顺。

⑱ 朕子：指成王。怀德：怀民的恩德。

⑲ 烝：古代特指冬天的祭祀。

⑳ 骍(xīng)：赤色。

㉑ 作册：官名。史官之一，殷朝始见，迄于西周。西周中期以后为内史类史官属官。参与祭祀。《作册矢令尊铭》："王命周公子明保尹三事四方，受卿事寮。丁亥，命矢告于周公宫。"逸：作册的名字。祝册：帝王祭祀用的文书为"祝册"。

㉒ 告周公其后：告诉文王、武王周公留后洛阳处理殷人之事。

㉓ 王宾：助祭的诸侯。杀：杀牲。禋：祭。咸：全，都。格：至。

㉔ 太室：太庙中央之室，亦指太庙。

㉕ 祼(guàn)：是周代重要的仪节(礼仪、礼节)，主要有祼祭和祼飨两类。祼祭，据《说文》解释："祼，灌祭也。"就是将酒浇在地上，用于祭奠祖先。

㉖ 诞：乃。受命：所受的天命。

多 士[1]

惟三月,周公初于新邑洛,用告商王士。

王若曰:"尔殷遗多士,弗吊旻天[2],大降丧于殷,我有周佑命,将天明威[3],致王罚,敕殷命终于帝[4]。肆尔多士[5]!非我小国敢弋殷命[6]。惟天不畀允罔固乱[7],弼我,我其敢求位?惟帝不畀,惟我下民秉为[8],惟天明畏[9]。"

我闻曰:"上帝引逸[10],有夏不适逸[11];则惟帝降格[12],向于时夏[13]。弗克庸帝[14],大淫泆有辞[15]。惟时天罔念闻[16],厥惟废元命[17],降致罚;乃命尔先祖成汤革夏,俊民甸四方[18]。自成汤至于帝乙[19],罔不明德恤祀[20]。亦惟天丕建保乂有

① 见《尚书·周书》。多士:指众多殷商旧臣。《书序》曰:"成周既成,迁殷顽民,周公以王命诰,作《多士》。"孔颖达《尚书正义》云:"成周之邑既成,乃迁殷之顽民。民性安土重迁,或有怨恨。周公以成王命诰此众士,言其须迁之意。史叙其事,作《多士》。"

② 吊:善。旻天:天。孔颖达曰:"天有多名,独言旻天者,旻,愍也。"古人以为人间不幸是上天的惩罚。

③ 明威:圣明而威严的旨意。

④ 敕:同"饬",整饬,整顿。终:完成。帝:天。

⑤ 肆:现在。

⑥ 弋:夺取。

⑦ 畀(bì):给予。允:佞,惯于用花言巧语谄媚。罔:诬罔,以不实之词欺骗他人。固:蔽,隐瞒真相。乱:惑,惑乱人心。

⑧ 秉为:作为。秉:执。

⑨ 畏:威。

⑩ 上帝引逸:古代成语,意为上天对人的行为经常加以引导和规诫。引:牵引,牵制。逸:奔放不羁。

⑪ 有夏:这里指夏桀。有:词缀,用在某些朝代名称的前面。适:悟。

⑫ 格:教令。

⑬ 向:劝导。

⑭ 庸:用。

⑮ 淫泆:即"淫佚",恣纵逸乐。辞:讼,即罪状。

⑯ 念:顾念。闻:通"问",恤问,怜悯。

⑰ 元命:大命,这里指国运。

⑱ 俊民:贤人,才智杰出的人。甸:治。

⑲ 帝乙:商代国君,太丁子。继太丁即位,屡征夷方,时殷益衰微。其长子微子启以母出身贱,不得嗣位。及帝乙卒,少子辛即位,即纣。

⑳ 恤:慎。

殷[1],殷王亦罔敢失帝[2],罔不配天其泽[3]。在今后嗣王[4],诞罔显于天[5],矧曰其有听念于先王勤家[6]?诞淫厥泆[7],罔顾于天显民祇[8],惟时上帝不保,降若兹大丧。惟天不畀不明厥德[9],凡四方小大邦丧,罔非有辞于罚。"

王若曰:"尔殷多士,今惟我周王丕灵承帝事[10],有命曰:'割殷[11],告敕于帝。'惟我事不贰适[12],惟尔王家我适。予其曰惟尔洪无度[13],我不尔动[14],自乃邑[15]。予亦念天即于殷大戾[16],肆不正[17]。"

王曰:"猷[18]!告尔多士,予惟时其迁居西尔[19],非我一人奉德不康宁,时惟天命。无违,朕不敢有后[20],无我怨。惟尔知,惟殷先人有册有典,殷革夏命。今尔又曰:'夏迪简在王庭[21],有服在百僚[22]。'予一人惟听用德[23],肆予敢求于天邑商[24],予惟率肆矜尔[25]。非予罪,时惟天命。"

---

① 丕:大。建:立,使之立。保乂:安治。乂:治理,安定。
② 失帝:违背天意。
③ 其:之。
④ 后嗣王:指纣王。
⑤ 诞:大。
⑥ 矧:何况。
⑦ 厥:语助词,无义。泆:同"佚"。
⑧ 天显:天命。祇(qí):通"疷",病患。
⑨ 不明厥德:不努力施行其德政。明:勉力。
⑩ 灵:善,善于。
⑪ 割:夺取。
⑫ 适:通"敌"。
⑬ 洪:大。
⑭ 不尔动:不动尔,即没有扰乱你们。
⑮ 乃邑:你们自己的封邑。
⑯ 戾:罪。
⑰ 肆:现在。正:治罪。
⑱ 猷:感叹词。
⑲ 时:是,这。迁居西尔:迁尔居西,即迁殷民向西居于洛阳。
⑳ 有后:有所延迟,有所迟后。
㉑ 迪:进用。简:选拔。
㉒ 服:效力。百僚:百官。
㉓ 听:顺。
㉔ 肆:所以。天邑商:商都。
㉕ 率肆:用赦免的方式。率:以,用。肆:缓。矜:怜悯。

王曰:“多士,昔朕来自奄[①],予大降尔四国民命[②]。我乃明致天罚,移尔遐逖[③],比事臣我宗[④],多逊[⑤]。”

王曰:“告尔殷多士,今予惟不尔杀,予惟时命有申[⑥]。今朕作大邑于兹洛,予惟四方罔攸宾[⑦],亦惟尔多士攸服奔走臣我[⑧],多逊。尔乃尚有尔土,尔乃尚宁干止[⑨],尔克敬,天惟畀矜尔[⑩];尔不克敬,尔不啻不有尔土[⑪],予亦致天之罚于尔躬!今尔惟时宅尔邑[⑫],继尔居;尔厥有干有年于兹洛[⑬]。尔小子乃兴[⑭],从尔迁。”

王曰:“又曰时予[⑮],乃或言尔攸居[⑯]。”

---

① 奄:一作郁、盖。商的盟国,嬴姓,在今山东曲阜城东二里。《书序》:“成王东伐淮夷,遂践奄。”因以其地封周公。《续汉书·郡国志》:“鲁国,古奄国。”

② 降:下达。四国:指管、蔡、商、奄。

③ 遐逖(tì):远方。

④ 比:近。事臣:臣事。我宗:我周朝宗室。

⑤ 逊:恭敬。

⑥ 时:是,这。有:又。

⑦ 攸:所。宾:通“摈”,摈弃。

⑧ 服:服务,效劳。臣我:臣事于我周朝。

⑨ 宁:安。干:安。止:休息。

⑩ 畀:赐予。矜:怜悯。

⑪ 啻:只。

⑫ 时:如此,这样。

⑬ 有年:有丰年。

⑭ 小子:后代。

⑮ 时予:顺从我。时:顺从。

⑯ 言尔:教导你们。攸:通“悠”,长久。

逸周书

《逸周书》，原名《周书》，在性质上与《尚书》类似，是我国古代历史文献汇编。旧说《逸周书》是孔子删定《尚书》后所剩，是为《周书》的逸篇，故得名。今人多以为此书主要篇章出自战国人之手。

作雒解[①]

武王克殷，乃立王子禄父[②]，俾守商祀。建管叔于东[③]，建蔡叔、霍叔于殷[④]，俾监殷臣。

武王既归，乃岁十二月，崩镐，肂于岐周[⑤]。周公立，相天子。三叔及殷、东、徐、奄及熊盈以略[⑥]。

周公、召公内弭父兄[⑦]，外抚诸侯。元年夏六月[⑧]，葬武王于毕[⑨]。二年，又作师旅，临卫攻殷[⑩]，殷大震溃。降辟三叔[⑪]，王子禄父北奔，管叔经而卒[⑫]，乃囚蔡叔于郭凌[⑬]。凡所征熊盈族十有七国，俘维九邑。俘殷献民[⑭]，迁于九

---

① 选自《逸周书》卷五《作雒解》。

② 王子禄父：指武庚，纣王之子。武王灭殷后，武庚获封诸侯，统殷遗氏，后叛周被杀。

③ 管叔：名叔鲜，武王弟。东：西周国名，在今河南濮阳县西南。

④ 蔡叔：名叔度，武王弟。霍叔：叔处，亦武王弟。

⑤ 肂(sì)：停柩不葬。岐周：今陕西岐山县境，周王古公亶父迁周定都之地。

⑥ 徐：在今江苏泗洪县南大徐台子。《左传·昭公元年》："周有徐、奄"，即此。春秋昭公三十年(公元前512年)为吴所灭。西汉置徐县。奄：国名，又名郶、盖。嬴姓，商的盟国，在今山东省曲阜市。周成王即位时，随同武庚和东方夷族反抗周朝，为周公所灭。《史记·周本纪》："东伐淮夷，残奄""成王自奄归"，即此。熊盈：指淮夷、东夷。略：谋略、谋划，意指谋划推翻周室。

⑦ 弭(mǐ)：平息，安抚。

⑧ 元年：周成王即位之年，公元前1042年。

⑨ 毕：在今陕西咸阳市西北毕原。

⑩ 卫：今河南淇县、卫辉一带。

⑪ 降辟：降伏治罪。

⑫ 经：上吊。

⑬ 郭凌：亦作"郭郤"，今河南上蔡县境。

⑭ 献民：谓殷贵族。

毕①。俾康叔宇于殷②,俾中旄父宇于东③。周公敬念于后,曰:“予畏周室不延,俾中天下④。”及将致政⑤,乃作大邑成周于土中⑥。城方千七百二十丈⑦,郛方七十里⑧。南系于洛水,北因于郏山⑨,以为天下之大凑⑩。制郊甸方六百里⑪,因西土为方千里。分以百县⑫,县有四郡⑬,郡有四鄙⑭,大县城方王城三之一,小县立城,方王城九之一。都鄙不过百室,以便野事⑮。农居鄙⑯,得以庶士⑰。士居国家⑱,得以诸公大夫⑲。凡工、贾、胥市⑳,臣、仆、州里㉑,俾无交为㉒。

乃设丘兆于南郊㉓,以祀上帝,配以后稷㉔,日月星辰、先王皆与食。封人社壝㉕,诸侯受命于周。乃建大社于国中,其壝东青土,南赤土,西白土,北骊

---

① 九毕:谓雒邑。雒邑背倚邙山,邙山远望如壁。

② 康叔:西周时卫国始祖,名封,周武王弟,因初封于康,故有康叔之称。周公旦攻灭武庚后,把殷氏七族和商故都周围地区封给他,国号卫。成王还任他为周的司寇。宇:同“寓”,寓居。

③ 中旄父:《史记》谓康伯,康叔之子。平叛后,殷旧地地域太广,让康伯驭牧殷旧地东部。

④ 中:这里作动词。

⑤ 致政:谓还政于周成王。

⑥ 土中:国家的中心地区。

⑦ 方:方圆。

⑧ 郛:外城。

⑨ 郏山:北邙山,在今河南洛阳市北。《水经·谷水注》:“京相璠曰:郏,山名。”《寰宇记》卷三《河南县》:“芒山一作邙山,在县北十里。一名平逢山。亦郏山之别名也。”

⑩ 大凑:谓大都。雒邑规模,有称天子之城方九里。

⑪ 郊甸:上古国都城外百里以内曰郊,郊外称甸,此谓王畿。

⑫ 县:王畿内行政区划单位。周时治域大于郡。

⑬ 郡:秦代以前郡比县小,从秦代起郡比县大。

⑭ 鄙:周代地方组织单位之一,五百家为一鄙。

⑮ 野事:指农事。

⑯ 农:农奴。

⑰ 得以庶士:意谓从士那里得到食物。庶士:众士。

⑱ 国家:古代诸侯的封地称国,大夫的封地称家。

⑲ 得以诸公大夫:意谓从诸公、大夫那里租到土地。

⑳ 工:手工业者。胥:小吏。市:交易。

㉑ 臣:战俘。州里:古代二千五百家为州,二十五家为里。本为行政建制,后泛指乡里或本土。

㉒ 俾:使。交:交往。

㉓ 丘兆:圜丘兆域,祭天场所。

㉔ 后稷:姓姬,名弃。古代周族始祖,相传其母为有邰氏女,因在野外踏巨人脚迹受孕而生。好农耕,善于稼穑,尧、舜时曾任农官,教民耕种,号曰后稷。

㉕ 封人:官名。《周礼》谓地官司徒属官,掌管修筑王畿、封国、都邑四周疆界上的封土堆和树木。壝(wéi):古代祭坛四周的矮墙。

土①,中央衅以黄土②,将建诸侯,凿取其方,一面之土,焘以黄土③,苴以白茅④,以为土封。故曰,受列土于周室⑤。乃位五宫:大庙、宗宫、考宫、路寝、明堂⑥,咸有四阿⑦,反坫⑧,重亢、重郎、常累、复格、藻棁、设移、旅楹、春常、画旅、内阶、玄阶、隄唐、山廧、应门、库台、玄阃⑨。

---

① 骊:黑色的马,此谓黑色。

② 衅:缝隙。亦作动词,指古代用牲畜的血涂器物的缝隙,这里指用黄土筑建中间部分。

③ 焘:覆盖。

④ 苴(jū):包裹。

⑤ 列土:分封土地。

⑥ 位:立。大庙:太庙,天子的祖庙。路寝:古代君主处理政事的宫室。《诗·鲁颂·宫》:“路寝孔硕。”毛传:“路寝,正寝也。”明堂:古代天子朝会及举行封赏、庆典等活动的地方。《礼记·明堂位》:“昔者周公朝诸侯于明堂之位,天子负斧依南乡而立。”

⑦ 四阿:屋宇或棺椁四边的檐霤,可使水从四面流下。《周礼·考工记·匠人》:“四阿重屋。”郑玄注:“四阿,若今四注屋。”贾公彦疏:“此四阿,四霤者也。”《逸周书·作雒解》:“乃位五宫:大庙、宗宫、考宫、路寝、明堂,咸有四阿。”孔晁注:“宫庙四下曰阿。”朱右曾校释:“四阿,四注屋,四面有霤阿下也。”《左传·成公二年》:“椁有四阿。”杜预注:“四阿,四注椁也。”孔颖达疏:“郑玄云:‘阿,栋也。’四角设栋也,是为四注椁也。”

⑧ 反坫(diàn):坫,土筑的平台。互相敬酒后,把空酒杯放还在坫上,为周代诸侯宴会时的一种礼节。

⑨ 重亢:谓重檐屋顶的梁,或谓累栋。重郎:谓重屋。常累:张于檐下的网,防鸟筑巢。复格:斗拱。藻棁(zhuō):有彩画的短柱。设移:附设在楼阁或正堂旁边的小屋。旅楹:众多的楹柱。春常:彩绘藻井。画旅:君主专门的屏风,饰有王者纹样。内阶:王升朝用的台阶。玄:黑色。隄(dī)唐:殿堂前人行步道,中间略高,以利水流。隄:同“堤”。廧:通“墙”。应门:古代宫廷的正门。《礼记·明堂位》:“九采之国,应门之外,北面东上。”玄阃(kǔn):黑石做的门限。

司马迁

司马迁(约公元前145—?),字子长,西汉夏阳(今陕西韩城南)人,司马谈之子。二十岁时曾游历全国各地,考察风俗,采集历史遗闻。汉武帝时初为郎中,奉使巴蜀。公元前108年,继父职任太史令。太初元年(公元前104年),与唐都、落下闳共制订《太初历》。后因替投降匈奴的李陵辩解,触怒汉武帝,被系狱处以腐刑。出狱后,任中书令,发愤完成所著史籍,时称《太史公书》,后人称为《史记》。《史记》是我国第一部通史著作,开创了我国纪传体史书的体例。

鲁周公世家[①]

周公旦者,周武王弟也。自文王在时,旦为子孝,笃仁,异于群子。及武王即位,旦常辅翼武王,用事居多。武王九年[②],东伐至盟津[③],周公辅行。十一年,伐纣,至牧野,周公佐武王,作《牧誓》。破殷,入商宫。已杀纣,周公把大钺[④],召公把小钺[⑤],以夹武王,衅社[⑥],告纣之罪于天及殷民。释箕子之囚。封纣子武庚禄父,使管叔、蔡叔傅之,以续殷祀。遍封功臣同姓戚者,封周公旦于少昊之虚曲阜[⑦],是为鲁公。周公不就封,留佐武王。

武王克殷二年,天下未集[⑧],武王有疾,不豫[⑨],群臣惧,太公、召公乃缪

---

① 出自《史记》卷三十三。

② 武王九年:公元前1046年。

③ 盟津:今洛阳孟津县。

④ 钺(yuè):古代兵器,青铜制,像斧,比斧大,圆刃可砍劈,中国商及西周盛行,又有玉石制的,供礼仪、殡葬用。

⑤ 召公:召公奭,姓姬,名奭。因食邑于召,故称召公。曾佐周武王灭商。封于燕,为周代燕国始祖。本人不就国,留于朝中辅政,只以长子就封。成王时任太保,负责治理陕以西地方,和周公旦同为三公。周公摄政,他曾猜疑,经解释,转而支持周公平定东方叛乱。所在有治绩,甚得民和。

⑥ 衅:古代祭祀时用牲畜的血涂器物的缝隙。社:土地神。

⑦ 少昊:又作少皞,系传说中五帝之一,姓己,名挚,号金天氏,徙都曲阜,修太昊之法,以鸟名官。

⑧ 集:通"辑",安定。

⑨ 豫:安乐。

卜[1]。周公曰:"未可以戚我先王[2]。"周公于是乃自以为质[3],设三坛,周公北面立,戴璧秉圭[4],告于太王、王季、文王[5]。史策祝曰[6]:"惟尔元孙王发[7],勤劳阻疾[8]。若尔三王是有负子之责于天[9],以旦代王发之身。旦巧能,多材多艺,能事鬼神。乃王发不如旦多材多艺,不能事鬼神。乃命于帝庭,敷佑四方[10],用能定汝子孙于下地,四方之民罔不敬畏。无坠天之降葆命[11],我先王亦永有所依归。今我其即命于元龟[12],尔之许我,我以其璧与圭归[13],以俟尔命。尔不许我,我乃屏璧与圭[14]。"周公已令史策告太王、王季、文王,欲代武王发,于是乃即三王而卜。卜人皆曰吉,发书视之,信吉。周公喜,开籥[15],乃见书遇吉。周公入贺武王曰:"王其无害。旦新受命三王,维长终是图。兹道能念予一人[16]。"周公藏其策金縢匮中[17],诫守者勿敢言。明日,武王有瘳[18]。

---

① 缪:通"穆",恭敬。

② 戚:(使)忧愁。

③ 质:以人身为供品。

④ 戴璧秉圭:《集解》中孔安国曰:"璧以礼神,圭以为贽。"

⑤ 太王:相传为后稷十三代孙。周文王姬昌之祖父。因戎族狄族侵逼,由邠迁岐山下之周原,改号周。筑城郭宫室,立宗庙,设官吏,开垦荒地发展农业生产。武王时追尊为太王。王季:季历。周太王古公亶父幼子,文王父。其兄太伯、虞仲知古公欲立季历以传文王,遂逃往荆蛮。季历继周君位,臣属于殷。殷帝武乙时,朝殷,得赏土地、玉与马。殷帝太丁二年,伐燕京之戎,败。四年,克余无之戎,受命为殷之牧师。七年,克始呼之戎。十一年,战胜翳徒之戎。后为太丁所杀。

⑥ 史:史官。祝:祝祷。《集解》中孔安国曰:"史为策书祝也。"郑玄曰:"策,周公所作,谓简书也。祝者读此简书,以告三王。"

⑦ 发:周武王。姬姓,名发。文王子,嗣为西伯。遵文王灭商遗志,盟诸侯于孟津,兴师伐纣。牧野之战大胜,灭商,建立周王朝,都镐,分封诸侯。灭商后二年而死,在位十九年。

⑧ 阻:一作"淹",停留。

⑨ 负:《索隐》记载"《尚书》'负'为'丕',今此为'负'者,谓三王负于上天之责,故我当代之"。郑玄亦曰"丕"读曰"负"。

⑩ 敷:通"溥",普遍。

⑪ 葆:通"宝"。

⑫ 今我其即命于元龟中《集解》:孔安国曰:"就受三王之命于元龟,卜知吉凶者也。"马融曰:"元龟,大龟也。"

⑬ 归:通"馈",赠送。

⑭ 屏:藏。《集解》中孔安国曰:"不许,不愈也。屏,藏。言不得事神。"

⑮ 籥:《集解》中王肃曰:"籥,藏占兆书管也。"一说,"籥"古同"钥",锁钥。

⑯ 兹道能念予一人:《集解》中马融曰:"一人,天子也。"郑玄曰:"兹,此也。"

⑰ 藏其策金縢匮中:《集解》中孔安国曰:"藏之于匮,缄之以金,不欲人开也。"金縢:用金属制的带子将收藏书契的柜封存。匮:柜。

⑱ 瘳(chōu):病愈。

其后武王既崩，成王少，在襁褓之中。周公恐天下闻武王崩而畔[①]，周公乃践阼代成王摄行政当国[②]。管叔及其群弟流言于国曰[③]："周公将不利于成王。"周公乃告太公望、召公奭曰[④]："我之所以弗辟而摄行政者[⑤]，恐天下畔周，无以告我先王太王、王季、文王。三王之忧劳天下久矣，于今而后成。武王蚤终，成王少，将以成周，我所以为之若此。"于是卒相成王，而使其子伯禽代就封于鲁[⑥]。周公戒伯禽曰："我文王之子，武王之弟，成王之叔父，我于天下亦不贱矣。然我一沐三捉发，一饭三吐哺[⑦]，起以待士，犹恐失天下之贤人，子之鲁慎无以国骄人。"

管、蔡、武庚等果率淮夷而反。周公乃奉成王命，兴师东伐，作《大诰》。遂诛管叔，杀武庚，放蔡叔。收殷余民，以封康叔于卫，封微子于宋，以奉殷祀。宁淮夷东土，二年而毕定。诸侯咸服宗周。

天降祉福，唐叔得禾，异母同颖[⑧]，献之成王，成王命唐叔以馈周公于东土，作《馈禾》。周公既受命禾，嘉天子命，作《嘉禾》。东土以集[⑨]，周公归报成王，乃为诗贻王[⑩]，命之曰《鸱鸮》[⑪]。王亦未敢训周公[⑫]。

---

① 畔：古同"叛"。

② 践阼：走上阼阶主位。古代庙寝堂前两阶，主阶在东，称阼阶，阼阶上为主位。指即位；登基。摄：代理。当国：执政；主持国事。

③ 管叔：姓姬，名鲜。周武王弟，周公旦之兄。武王灭商后，封于管，和蔡叔、霍叔共同统治商代遗民，史称"三监"。武王去世，成王年幼，周公摄政，他和蔡叔等不服，扬言周公将不利于成王，并联合纣王子武庚举行叛乱，后周公率兵东征，平定叛乱，他被处死。

④ 太公望：吕尚，或作姜尚，西周齐国国君。东海人，姜姓，吕氏，名尚，字子牙。家贫，钓于渭滨，文王遇之，与语，大悦曰："吾太公望子久矣。"故称太公望，俗称姜太公。佐文王、武王为计灭商，有大功。武王时尊为师尚父。封于齐，都营丘，为齐之始祖。至国修政，民多归之。留周为太师，有征伐五侯九伯之权。兵书《六韬》传为所作。

⑤ 辟：《正义》谓"音避"。

⑥ 伯禽：西周鲁国国君。姬姓，字伯禽，亦称禽父，周公姬旦长子。成王以商奄之地及殷民六族封伯禽，国号鲁，都曲阜。受封三年然后报政。周公问何以迟，伯禽以"变其俗，革其礼，丧三年然后除之"对。后辅成王政，率师征淮夷徐戎，誓于费，平徐戎，定鲁。在位四十六年。

⑦ 一沐三捉发，一饭三吐哺。沐：洗头。捉：用手攥（zuàn）住。哺：口中含嚼的食物。洗一次头和吃一顿饭，中间都要停下三次。形容渴求贤才，谦恭下士；也形容为延揽贤才而操心忙碌。语出《吕氏春秋·谨听》："昔者禹一沐而三捉发，一食而三起，以礼有道之士，通乎己之不足也。"

⑧ 异母同颖：《集解》中"徐广曰：'一作"穗"。'颖即穗也。"《索隐》中"《尚书》曰'异亩'，此'母'义并通。"

⑨ 集：通"辑"，安定。

⑩ 贻（yí）：赠给。

⑪ 鸱鸮：《集解》中"《毛诗序》曰：'成王未知周公之志，公乃为诗以遗王，名之曰《鸱鸮》。'"

⑫ 训：《集解》中"徐广曰：'训，一作"诮"。'"

成王七年二月乙未，王朝步自周，至丰[①]。使太保召公先之雒相土[②]。其三月，周公往营成周雒邑[③]，卜居焉，曰吉，遂国之。

成王长，能听政。于是周公乃还政于成王，成王临朝。周公之代成王治，南面倍依以朝诸侯[④]。及七年后，还政成王，北面就臣位[⑤]，匑匑如畏然[⑥]。

初，成王少时，病，周公乃自揃其蚤沈之河[⑦]，以祝于神曰："王少未有识，奸神命者乃旦也。"亦藏其策于府[⑧]。成王病有瘳。及成王用事，人或谮周公，周公奔楚[⑨]。成王发府，见周公祷书，乃泣，反周公[⑩]。

周公归，恐成王壮，治有所淫佚，乃作《多士》，作《毋逸》。《毋逸》称："为人父母，为业至长久，子孙骄奢忘之，以亡其家，为人子可不慎乎！故昔在殷王中宗[⑪]，严恭敬畏天命，自度治民[⑫]，震惧不敢荒宁[⑬]，故中宗飨国七十五年。其在高宗[⑭]，久劳于外，为与小人[⑮]，作其即位，乃有亮闇，三年不言[⑯]。言乃讙[⑰]。

① 王朝步自周，至丰。《集解》："马融曰：'周，镐京也。丰，文王庙所在。朝者，举事上朝，将即土中易都，大事，故告文王、武王庙。'郑玄曰：'步，行也，堂下谓之步。丰、镐异邑，而言步者，告武王庙即行，出庙入庙，不以为远，为父恭也。'"

② 相：视，考察。

③ 成周：《集解》中"公羊传曰：'成周者何？东周也。'何休曰：'名为成周者，周道始成，王所都也。'"

④ 南面倍依以朝诸侯：古代以北位最尊，为天子所居。此时周公在王位，故位北面南而朝诸侯。倍：负。依：斧依，又作"扆（yǐ）"。古代帝王置于门窗之间类似屏风的器具，因上面有斧形文，故名。

⑤ 北面：古代臣子朝见君主时居南位，面向北。所以"北面"即指向人称臣的意思。

⑥ 匑匑（gōng gōng）：义同"鞠躬"，尊敬，恭敬谨慎。

⑦ 自揃其蚤：剪掉自己的指甲。揃：修剪。蚤：通"爪"。

⑧ 藏其策于府：将祝告的册文藏于府中。府：古代帝王藏书的场所。

⑨ 人或谮（zèn）周公，周公奔楚。《索隐》："经典无文，其事或别有所出。而谯周云'秦既燔书，时人欲言金縢之事，失其本末，乃云成王少时病，周公祷河欲代王死，藏祝策于府。成王用事，人谗周公，周公奔楚。成王发府见策，乃迎周公'，又与蒙恬传同，事或然也。"谮：说别人的坏话，诬陷，中伤。

⑩ 反：同"返"。这里是使动用法。

⑪ 殷王中宗：商朝第十代王太戊。

⑫ 度：《集解》中"孔安国曰：用法度也。"

⑬ 不敢荒宁。《集解》："马融曰：知民之劳苦，不敢荒废自安也。"

⑭ 高宗：商王武丁，盘庚弟小乙之子。初即位，大权旁落，政事多决于大臣，后擢拔民间的贤才傅说为相，任用祖己等贤臣，整顿吏治，安抚人民，商国大治，史称高宗。

⑮ 久劳于外，为与小人。《集解》："孔安国曰：父小乙使之久居人间，劳是稼穑，与小人出入同事也。马融曰：武丁为太子时，其父小乙使行役，有所劳役于外，与小人从事，知小人艰难劳苦也。"

⑯ 作其即位，乃有亮闇，三年不言。《集解》："孔安国曰：武丁起其即王位，则小乙死，乃有信，三年不言，言孝行着也。郑玄曰：楣谓之梁，闇谓庐也。"

⑰ 言乃讙。《集解》："郑玄曰：讙，喜悦也。言乃喜悦，则臣民望其言久矣。"

不敢荒宁，密靖殷国[①]，至于小大无怨，故高宗飨国五十五年。其在祖甲[②]，不义惟王，久为小人于外[③]，知小人之依，能保施小民，不侮鳏寡[④]，故祖甲飨国三十三年。”《多士》称曰：“自汤至于帝乙，无不率祀明德，帝无不配天者。在今后嗣王纣，诞淫厥佚，不顾天及民之从也。其民皆可诛。”“文王日中昃不暇食[⑤]，飨国五十年。”作此以戒成王。

成王在丰[⑥]，天下已安，周之官政未次序，于是周公作《周官》，官别其宜，作《立政》，以便百姓，百姓说[⑦]。

周公在丰，病，将没，曰：“必葬我成周，以明吾不敢离成王。”周公既卒，成王亦让[⑧]，葬周公于毕[⑨]，从文王，以明予小子不敢臣周公也。

周公卒后，秋未获，暴风雷，禾尽偃，大木尽拔。周国大恐。成王与大夫朝服以开金縢书[⑩]，王乃得周公所自以为功代武王之说。二公及王乃问史百执事[⑪]。史百执事曰：“信有，昔周公命我勿敢言。”成王执书以泣，曰：“自今后其无缪卜乎！昔周公勤劳王家，惟予幼人弗及知。今天动威以彰周公之德，惟朕小子其迎，我国家礼亦宜之。”王出郊[⑫]，天乃雨，反风，禾尽起。二公命国人，凡大木所偃，尽起而筑之[⑬]。岁则大孰。下载是成王乃命鲁得郊祭文王[⑭]。鲁

---

① 密：《集解》中“马融曰：密，安也”。

② 祖甲：或称帝甲、辛甲，商朝国君。祖庚弟。继祖庚即位，淫乱，殷复衰，延七世，以至灭亡。

③ 不义惟王，久为小人于外。《集解》：“孔安国曰：为王不义，久为小人之行，伊尹放之桐宫。马融曰：祖甲有兄祖庚，而祖甲贤，武丁欲立之，祖甲以王废长立少不义，逃亡民间，故曰‘不义惟王，久为小人’也。武丁死，祖庚立。祖庚死，祖甲立。”

④ 知小人之依，能保施小民，不侮鳏寡。《集解》：“孔安国曰：小人之所依，依仁政也。故能安顺于众民，不敢侮慢惸独也。”

⑤ 中昃（zè）：指日中及日偏斜或日过午而渐西斜。

⑥ 丰：亦作酆，即京，在今陕西长安西沣河西岸。《索隐》：“丰，文王所作邑。后武王都镐，于丰立文王庙。按：丰在鄠县东，临丰水，东去镐二十五里也。”

⑦ 说：通“悦”。

⑧ 让：谦让。

⑨ 毕：商、西周封国。在今陕西咸阳市西北毕原。《左传》：昭公九年（公元前533年），“王使詹桓伯辞于晋，曰：‘我自夏以后稷，魏、骀、芮、岐、毕，吾西土也。’”《正义》：“《括地志》云：周公墓在雍州咸阳北十三里毕原上。”

⑩ 成王与大夫朝服以开金縢书。《索隐》：“据《尚书》，武王崩后有此雷风之异。今此言周公卒后更有暴风之变，始开金縢之书，当不然也。盖由史迁不见古文尚书，故说乖误。”

⑪ 二公：召公、姜太公。史：史官。执事：祭祀时的专职官员。

⑫ 郊。《集解》：“孔安国曰：郊，以玉币谢天也。”

⑬ 筑。《集解》：“徐广曰：筑，拾也。”

⑭ 成王乃命鲁得郊祭文王。《集解》：“《礼记》曰：鲁君祀帝于郊，配以后稷，天子之礼。”“《礼记》曰：诸侯不得祖天子。郑玄曰：鲁以周公之故，立文王之庙也。”

有天子礼乐者,以褒周公之德也。

周公卒,子伯禽固已前受封,是为鲁公①。鲁公伯禽之初受封之鲁,三年而后报政周公。周公曰:“何迟也?”伯禽曰:“变其俗,革其礼,丧三年然后除之,故迟。”太公亦封于齐,五月而报政周公。周公曰:“何疾也?”曰:“吾简其君臣礼,从其俗为也。”及后闻伯禽报政迟,乃叹曰:“呜呼,鲁后世其北面事齐矣!夫政不简不易,民不有近;平易近民,民必归之。”

① 《索隐》:“周公元子就封于鲁,次子留相王室,代为周公。其余食小国者六人,凡、蒋、邢、茅、胙、祭也。”

范晔

范晔(398—445年):南朝宋顺阳(今河南淅川)人,字蔚宗,范泰子。少好学,善文章,能隶书,晓音律。袭封武兴县五等侯。初为彭城王刘义康冠军参军,后为檀道济司马,随军北征,迁尚书吏部郎。文帝元嘉九年,触犯义康,左迁宣城太守。不得志,乃删取诸家而作《后汉书》。元嘉十七年,义康以专权被黜,晔迁左卫将军,官至太子詹事。元嘉二十二年末,因涉及孔熙先等欲迎立义康事,被杀。

礼仪志上(节选)[①]

明帝永平二年三月[②],上始帅群臣躬养三老、五更于辟雍[③]。行大射之礼[④]。郡、县、道行乡饮酒于学校[⑤],皆祀圣师周公、孔子,牲以犬[⑥]。

① 见《后汉书》卷九十四《志·礼仪上》。

② 明帝:汉明帝(公元28—75年),即刘庄。光武帝第四子,建武十九年(公元43年)立为皇太子。公元58年即位,年号永平。在位期间,社会安定,徭役较轻,户口增加;开凿汴渠,重视农业;遣将窦固、耿秉出击北匈奴,并经营西域,设置西域都护、戊己校尉。死后谥为明帝,庙号显宗。永平二年:公元59年。

③ 三老:古代官名。乡县郡都有设置,掌管教化,由年老的长者担任:十亭一乡,乡有三老。五更:古代官名。以年老致仕的官员充任,受朝廷礼遇。辟雍:辟,通"璧"。本为西周天子所设大学,校址圆形,围以水池,前门外有便桥。东汉以后,历代皆有辟雍,除北宋末年为太学之预备学校(亦称"外学")外,均为行乡饮、大射或祭祀之礼的地方。

④ 大射:射礼之一种。古代重武习射,常举行射礼。射礼有大射、宾射、燕射、乡射四种。将祭择士为大射;诸侯来朝或诸侯相朝而射为宾射;宴饮之射为燕射;卿大夫举士后所行之射为乡射。

⑤ 乡饮酒:周代乡学三年业成大比,考其德行道艺优异者,荐于诸侯。将行之时,由乡大夫设酒宴以宾礼相待,谓之乡饮酒礼。历朝沿用,亦指地方官按时在儒学举行的一种敬老仪式。

⑥ 牲:用牺牲(猪、牛、羊等祭品)祭祀。

刘 芳

刘芳(453—513年),字伯文,彭城(今江苏徐州市)人。北魏大臣,著名文学家、礼仪学家。少时颠沛,业尚贞固,聪敏过人,笃志坟典。初为中书博士,迁中书侍郎,转太子庶子、散骑常侍、徐州大中正。宣武帝即位,迁中书令,国子祭酒如故,出除安东将军、青州刺史,转太常卿。北魏延昌二年(513年)卒,年61。追赠镇东将军、徐州刺史,谥号文贞。著述甚丰,有《周官仪礼音》《尚书音》《国语音》等凡十四种,今皆佚。

郊坛疏(节选)[①]

臣闻国之大事,莫先郊祀。郊祀之本,实在审位。是以列圣格言,彪炳绵籍。先儒正论,昭著经史……周公庙所以别在洛阳者,盖姬旦创成洛邑,故传世洛阳,崇祀不绝,以彰厥庸[②]。夷齐庙者[③],亦世为洛阳界内神祠,令并移太常[④],恐乖其本[⑤]。天下此类甚众,皆当部郡县修理,公私施之祷请。窃惟太常所司郊庙神祇[⑥],自有常限。无宜临时斟酌以意。若遂尔妄营,则不免淫祀[⑦]。二祠在太常,在洛阳,于国一也。然贵在审本。臣以愚蔽,谬忝今职,考括坟籍[⑧],博采众议,既无异端,谓粗可依据。今玄冬务隙[⑨],野罄人闲[⑩],迁易郊壇[⑪],二三为便。

---

① 见《魏书·刘芳传》。

② 厥:其。庸:功绩。

③ 夷齐:伯夷、叔齐。

④ 太常:官名。秦置奉常,汉景帝六年更名太常,掌宗庙礼仪,兼掌选试博士。历代因之,则为专掌祭祀礼乐之官。

⑤ 乖:不顺,不和谐。

⑥ 神祇(qí):天神与地神。

⑦ 淫祀:不合礼制规定的祭祀。《礼记·曲礼下》:“非其所祭而祭之,名曰淫祀。”

⑧ 坟籍:古代典籍。

⑨ 玄冬:冬天;冬季。

⑩ 磬:古同“罄”,空,尽。

⑪ 郊壇:古代天子祭祀天地的地方。

李　渊

李渊(566—635年),即唐高祖,唐王朝的建立者。字叔德。祖籍陇西成纪(今甘肃秦安),一说陇西狄道(今甘肃临洮)人,一说钜鹿(今属河北)郡人。西凉太祖暠七世孙,袭封唐国公。隋大业十三年(617年),一说大业十二年,任太原留守。他乘隋末农民大起义之机于太原起兵,攻取长安,立隋炀帝之孙侑为帝。次年,逼杨侑让位,建立唐朝。在位九年,传位次子李世民,自称太上皇。

令国子学立周公孔子庙诏[①]

盛德必祀,义存方策,达人命世,流庆后昆[②]。建国君人,弘风阐教,崇贤彰善,莫尚于兹。自八卦初陈,九畴攸叙[③],徽章互垂,节文不备[④]。爰始姬旦,匡翊周邦[⑤],创设礼经,尤明典宪。启生人之耳目,穷法度之本源。化起二南[⑥],业隆八百,丰功茂德,冠于终古。暨乎王道既衰,颂声不作,诸侯力争,礼乐陵迟[⑦]。粤若宣父[⑧],天资睿哲。经纶齐、鲁之内[⑨],揖让洙、泗之间[⑩]。综理遗文,弘宣旧制[⑪]。四科之教[⑫],历代不刊[⑬];三千之文,风流无歇。惟兹二圣,道著群生,守祀不修,明褒尚阙。朕君临区宇,兴化崇儒,永言先达[⑭],情深绍

① 见《全唐文》卷一,又见《旧唐书》卷一百八十九上《儒学序》。系于唐武德二年(619年)。

② 庆:可祝贺的事。后昆:后嗣;子孙。

③ 九畴:畴,类。九畴指传说中天帝赐给禹治理天下的九类大法,即《洛书》。泛指治理天下的大法。攸:所。

④ 节文:礼节,仪式。

⑤ 匡翊(yì):匡正辅佐。

⑥ 二南:周南、召南,指周公、召公分管的地区。

⑦ 陵迟:衰微的意思。

⑧ 粤若:同“曰若”。语助,用于句首。宣父:旧时对孔子的尊称。

⑨ 经纶:整理过的蚕丝。比喻规划、管理政治的才能。

⑩ 洙、泗:洙、泗二水。古时二水自今山东泗水东合流西下,至鲁国国都曲阜北,又分为二水,洙水在北,泗水在南,洙、泗之间,即孔子聚徒讲学之所。

⑪ 弘宣:宣扬而使弘大。

⑫ 四科:孔门四种科目。指德行、言语、政事、文学。

⑬ 不刊:古代文书书于竹简,有误,即削除,谓之刊。不刊谓不容更动和改变,引申为不可磨灭。

⑭ 永言:长言;吟咏。先达:学问好、道德高尚的前辈。因先我而闻道,故称为“先达”。

嗣[①]。宜令有司于国子学立周公、孔子庙各一所,四时致祭。仍博求其后,具以名闻,详考所宜,当加爵土[②]。是以学者慕向,儒教聿兴[③]。

① 绍嗣:继承。
② 爵土:官爵和封地。
③ 聿(yù):文言助词,无义,用于句首或句中。

房玄龄

房玄龄(579—648年),唐齐州临淄人,字乔。房彦谦子。隋开皇时举进士,为隰城尉。唐兵入关中,归李世民,任秦王府记室。唐高祖武德中,与长孙无忌等策划玄武门之变。太宗贞观元年为中书令,封邢国公。后任尚书右仆射,改魏国公,监修国史。唐贞观十一年,徙梁国公。居相位十五年,与杜如晦共掌朝政,世称“房谋杜断”。进司空,累表固辞。卒谥文昭,曾受诏重撰《晋书》。

请尊孔子为先圣议①

武德中,诏释奠于太学,以周公为先圣,孔子配享。臣以周公、尼父,俱称圣人,庠序置奠,本缘夫子。故晋、宋、梁、陈及隋大业故事②,皆以孔丘为先圣,颜回为先师,历代所行,古今通允。伏请停祭周公,升夫子为先圣,以颜回配享。

① 见《册府元龟·学校部·奏议》。

② 大业:605年正月至618年三月,是隋炀帝杨广的年号,历时13年多。其名称来自《易经·系辞上》:“盛德大业至矣哉,富有之谓大业,日新之谓盛德。”

长孙无忌

长孙无忌(？—659年),河南洛阳人,字辅机。先世出于北魏皇族,长孙晟子,唐太宗长孙皇后之兄。博涉书史,尝与撰《隋书》诸志。唐高祖武德九年,决策发动玄武门之变,佐太宗登帝位。累官尚书右仆射、司空、司徒,封赵国公,曾奉命与房玄龄等修定《唐律》。贞观末,受命辅立高宗。高宗即位,进太尉、同中书门下三品,又奉命与律学之士条释唐律,撰成《唐律疏义》。因谏高宗立武则天为后,削爵流黔州,自缢死。

先代帝王及先圣先师议(节选)[①]

……今新礼及令,无祭先代帝王之文,今请聿遵故实,修附礼令,依旧三年一祭。仍以仲春之月,祭唐尧于平阳,以契配,祭虞舜于河东,以咎繇配;祭夏禹于安邑,以伯益配;祭殷汤于偃师,以伊尹配;祭周文王于酆,以太公配;祭周武王于镐,以周公、召公配;祭高祖于长陵,以萧何配。又按新礼,孔子为先圣,颜回为先师。又准贞观二十一年诏[②],亦以孔子为先圣,更以左丘明等二十二人。与颜回俱配尼父于太学,并为先师。今据永徽令文,改用周公为先圣,遂黜孔子为先师,颜回、丘明并为从祀。谨按《礼记》云:"凡学,春官释奠于其先师。"郑元注云:"官谓诗书礼乐之官也,先师者,若汉礼有高堂生,乐有制氏,诗有毛公,书有伏生,可以为师者。"又《礼记》云:"始立学,释奠于先圣。"郑元注云[③]:"若周公、孔子也。"据礼为定,昭然自别。圣则因天合德,师则偏善一经。汉魏已来,取舍各异。颜回、夫子,互作先师;宣父、周公,迭为先圣。求其节文,递有得失。所以贞观之末,亲降纶言[④],依《礼记》之明文,酌康成之奥说,正夫子为先圣,加众儒为先师,永垂制于后昆,革往代之纰谬。而今新令不详制旨,辄事刊改,遂违明诏。但成王幼年,周公践极,制礼作乐,功比帝王。所以禹、汤、文、武、成王、周公,为六君子。又说明王孝道,乃述周公严配,此即

① 见《全唐文》卷一百三十六。
② 贞观二十一年:公元647年。
③ 郑元:郑玄。以避讳,改。
④ 纶言:帝王诏令的代称。

姬旦鸿业,合同王者祀之。儒官就享,实贬其功。仲尼生衰周之末,拯文丧之弊,祖述尧舜,宪章文武,宏圣教于六经,阐儒风于千代。故孟轲称生灵已来,一人而已。自汉已来,奕叶封侯,崇奉其圣,迄于今日,胡可降兹上哲,俯入先师?又且丘明之徒,见行其学,贬为从祀,亦无故事。今请改令从诏,于义为允。其周公仍依别礼,配享武王。谨议。

许敬宗

许敬宗(592—672年),杭州新城(今浙江富阳西)人。举秀才,仕隋,又从李密,后归唐。唐高宗时位至宰相,甚得信任礼遇。特赞成立武昭仪为后,借机诬陷长孙无忌等大臣。性贪婪,主修国史,随意虚美隐恶。曾主持编撰武德、贞观实录及《五代史志》《晋书》《文思博要》诸书。辞官后卒。

请定释奠主祭奏①

按《礼记·文王世子》:"凡学,春官释奠于其先师。"郑元注云:"官,谓《诗》《书》《礼》《乐》之官也。"彼谓四时之学,将习其道,故儒官释奠,各于其师。既非国学行体,所以不及先圣。至于春、秋二时合乐之日②,则天子视学,命有司典秩,即总祭先圣、先师焉。秦、汉释奠,无文可检。至于魏武,则使太常行事③。自晋、宋已降,时有亲行,而学官主祭,全无典实。且名称国学,乐用轩悬,樽俎威仪,盖皆官备,在于臣下,理不合专。况凡在小神,犹皆遣使行礼,释奠既准中祀,据理必须禀命。今请国学释奠,令国子祭酒为初献④,祝辞称"皇帝谨遣",仍令司业为亚献⑤,国子博士为终献⑥。其州学,刺史为初献⑦,上佐为亚献⑧,博士为终献。县学,令为初献,丞为亚献,博士既无品秩,

① 《旧唐书》卷二十四《礼仪志四》。

② 合乐:众乐同时合奏。《仪礼·乡饮酒礼》:"乃合乐。"贾公彦疏:"谓歌乐与众声俱作。"

③ 太常:官名。秦置奉常,汉景帝六年更名太常,掌宗庙礼仪,兼掌选试博士。历代因之,则为专掌祭祀礼乐之官。北魏称太常卿,北齐称太常寺卿,北周称大宗伯,隋至清皆称太常寺卿。

④ 祭酒:汉魏以后官名。汉代有博士祭酒,为博士之首。西晋改设国子祭酒,隋唐以后称国子监祭酒,为国子监的主管官,清末始废。

⑤ 司业:学官名。隋以后国子监置司业,为监内的副长官,协助祭酒,掌儒学训导之政,至清末始废。

⑥ 博士:职官名。起源于战国,秦、汉时设置。掌通古今,以备咨询,为学术顾问的性质。

⑦ 刺史:官名。西汉武帝时,于全国十三部(州)置刺史,为监督官,后数次改刺史为州牧。三国至南北朝各州多设刺史。隋代州长官称刺史。此后州刺史实即从前的郡太守,宋以后渐成虚衔。

⑧ 上佐:部下属官的通称。

请主薄及尉通为终献[①]。若有阙,并以次差摄。州县释奠,既请各刺史、县令亲献主祭,望准祭社,同给明衣。修附礼令,以为永则[②]。

① 主薄:主簿。官名,汉代中央及郡县官署多置之。其职责为主管文书,办理事务。至魏晋时渐为将帅重臣的主要僚属,参与机要,总领府事。此后各中央官署及州县虽仍置主簿,但任职渐轻。唐宋时皆以主簿为初事之官。明清时各寺卿也有设主簿的,或称典簿。外官则设于知县以下,为佐官之一。后省并。尉:官名。武官统称。秦国曾以国尉为武官之长。县、郡所设掌一县或一郡之兵政。秦始皇统一天下后,中央设太尉等,又分天下为三十六郡,各郡有都尉、县有县尉。汉代沿置。魏晋南朝亦置,员数、品秩有不同。隋代为郡县属官,位丞下正上。隋炀帝大业三年(607 年)改曰正。唐高祖武德七年(624 年)复曰尉。

② 修附礼令,以为永则:《旧唐书》卷二十四《礼仪志四》作"修附礼令为永式"。

吴兢

吴兢(670—749年),汴州浚仪(今河南开封)人。唐代大臣,著名史学家。武周时入史馆,修国史,迁右拾遗内供奉。唐中宗时,改右补阙,累迁起居郎,水部郎中。唐玄宗时,为谏议大夫,修文馆学士,卫尉少卿兼修国史,太子左庶子,也曾任台、洪、饶、蕲等州刺史,加银青光禄大夫,迁相州,封长垣县子,后改邺郡太守,回京又任恒王傅。有《乐府古体要解》《唐春秋》《唐书备阙记》《太宗勋史》《睿宗实录》《中宗实录》《贞观政要》《则天实录》《唐高宗实录》(与刘知己合撰)等,仅《贞观政要》传于今。

崇儒学(节选)①

贞观二年,诏停周公为先圣,始立孔子庙堂于国学,稽式旧典,以仲尼为先圣,颜子为先师,两边俎豆干戚之容②,始备于兹矣。

① 见《贞观政要》第二十七。

② 俎豆:俎和豆。古代祭祀时盛食物的礼器。干戚:干(盾)和戚(大斧)。古代武舞执干戚。

李隆基

李隆基(685—762 年),即唐玄宗,亦称唐明皇,睿宗第三子。善骑射,通音律、历象之学。始封楚王,后为临淄王。中宗景龙四年,密谋匡复,起兵诛韦后,奉父睿宗即帝位。旋受禅为帝,在位四十四年。初以姚崇、宋璟为相,革除弊政,国力强盛,史称开元之治。后宠杨贵妃,用李林甫、杨国忠相继执政,吏治腐败。至唐天宝十四载(755 年),爆发安史之乱,避难奔蜀。太子李亨即位灵武,李隆基被尊为太上皇。返京居西内,左右悉遭贬逐,抑郁而卒,谥至道大圣大明孝皇帝。

追谥孔子十哲并升曾子四科诏

弘我王化,在乎儒术。孰能发挥此道,启迪含灵,则生人已来,未有如夫子者也。所谓自天攸纵,将圣多能,德配乾坤,身揭日月。故能立天下之大本,成天下之大经,美政教,移风俗,君君臣臣,父父子子,人到于今受其赐。不其猗欤!于戏!楚王莫封,鲁公不用,俾夫大圣,才列陪臣,栖迟旅人,固可知矣。年祀寖远,光灵益彰,虽代有褒称,而未为崇峻,不副于实,人其谓何?

朕以薄德,祗膺宝命,思阐文明,广被华夏。时则异于今古,情每重于师资。既行其教,合旌厥德。爰申盛礼,载表徽猷[①]。夫子既称先圣,可追谥为文宣王。宜令三公持节册命,应缘册及祭,所司速择日,并撰仪注进。其文宣陵并旧宅立庙,量加人洒扫,用展诚敬。其后嗣可封文宣公。至如辨方正位,著自礼经,苟非得所,何以示则?昔缘周公南面,夫子西坐,今位既有殊,坐岂如旧,宜补其坠典,永作成式。自今已后,两京国子监,夫子皆南面而坐,十哲等东西列侍。天下诸州亦准此。

……

---

① 徽猷:美善之道。猷:道,指修养、本事等。

刘昫

刘昫(887—946年),五代后唐文学家,字耀远,涿州归义(河北容城)人。为人美风仪,兄弟均以好学知名燕蓟之间。后为定州王处直观察推官。后唐庄宗时,拜太常博士,翰林学士。后唐明宗时,累迁兵部侍郎,迁端明殿学士。长兴三年(932年),拜中书侍郎兼刑部尚书、宰相。末帝时,迁吏部尚书、门下侍郎,监修国史。后晋高祖时,为东都留守,判盐铁。后晋出帝开运中,拜司空,宰相。契丹入汴京,刘昫以目疾罢为太保,是岁卒,年60。曾奉敕修撰《唐书》,后改称《旧唐书》。

儒学序(节选)①

至三年②,太宗讨平东夏,海内无事,乃锐意经籍,于秦府开文学馆③,广引文学之士……贞观二年,停以周公为先圣,始立孔子庙堂于国学,以宣父为先圣,颜子为先师。大征天下儒士,以为学官。

礼仪志四(节选)④

高祖武德二年,国子立周公、孔子庙……。

……

高宗显庆二年七月⑤,礼部尚书许敬宗等议:"依令,周公为先圣,孔子为先师。又《礼记》云:'始立学,释奠于先圣。'郑玄注云:'若周公、孔子也。'且周公践极,功比帝王,请配武王。以孔子为先圣。"

则天天授三年⑥,追封周公为褒德王,孔子为隆道公……。

开元二十七年八月⑦,又下制曰⑧:"……昔缘周公南面,夫子西坐,今位既有殊,坐岂如旧,宜补其坠典,永作成式……"

---

① 见《旧唐书》卷一百八十九上。

② 三年:武德三年,公元620年。

③ 秦府:唐太宗李世民(599—649年)隋末劝其父起兵反隋,唐高祖武德元年(618年),为尚书令,进封秦王。

④ 见《旧唐书》卷二十四。

⑤ 显庆二年:公元657年。

⑥ 天授三年:公元692年。

⑦ 开元二十七年:公元739年。

⑧ 制文见本书所录李隆基《追谥孔子十哲并升曾子四科诏》。

赵 恒

赵恒(968—1022年),即宋真宗,谥应符稽古神功让德文明武定章圣元孝皇帝,太宗子。初封韩王,改封襄王,后封寿王,任开封尹。宋至道三年(997年),即帝位,以李沆等为相。景德元年(1004年),辽圣宗率军进犯中原,在宰相寇准促使下亲征,主力和议,遣曹利用为使,至契丹营议和,力拒割地,与辽订立"澶渊之盟"。既崇道且信佛,广建宫观、佛寺,劳民伤财。在位二十六年,病死。

追封周公为文宪王诏

敕中书门下①:方岳盛仪②,克修于封祀;古先茂烈,允尚于追甄③。周公昔在宗周,蔚为上圣。营鼎邑之宅,王制建中;秘金縢之书,忠规盖世。诰东征而法正,辅南面以道遵。创礼乐之懿文,配日月之久照。姬诵所倚④,宣尼式瞻⑤。焕乎旧章,垂之千载。今以详求古典,昭报玄休。陟降告成,抚巡问俗。弥节岱宗之域,鸣銮少昊之墟⑥。逖览遗风⑦,缅怀前哲。始公胙土⑧,实惟此邦,故其嗣君,得用王祭。而祠宇未构,阙孰甚焉。特议褒崇,以伸旌显。盛德不泯,载钦可久之贤;列爵有加,爰晋通王之号。式宣殊礼,永耀芳徽。可追封为文宪王,于曲阜县建庙,春秋委本州正官致祭,祝文特进署,仍令有司择日备礼册命。故兹昭示,想宜知悉。

大中祥符元年十一月一日⑨。

① 中书门下:官署名。《新唐书·百官一·宰相之职》:"初,三省长官议事于门下省之政事堂,其后,裴炎自侍中迁中书令,乃徙政事堂于中书省。开元中,张说为相,又改政事堂号'中书门下',列五房于其后:一曰吏房,二曰枢机房,三曰兵房,四曰户房,五曰刑礼房,分曹以主众务焉。"

② 方岳:四方之山岳。古指东岳泰山、西岳华山、南岳霍山(一指衡山)、北岳恒山。

③ 追甄:谓整修昭显坟墓。

④ 姬诵:即周成王。西周国王,武王子。武王死时,他年幼,由叔父周公旦摄政。

⑤ 式瞻:敬仰,景慕。

⑥ 少昊:上古五帝之一。黄帝之子,嫘祖所生,名挚,修太昊之法,故称为"少昊"。都于曲阜,在位八十四年。

⑦ 逖(tì):远。

⑧ 胙土:指帝王将土地赐封功臣宗室,以酬其勋劳。《左传·隐公八年》:"天子建德,因生以赐姓,胙之土而命之氏。"孔颖达疏:"胙,训报也。有德之人,必有美报。报之以土,谓封之以国。"

⑨ 大中祥符元年:公元1008年。

文宪王赞

若夫夹辅文、武，垂范成、康，措刑辟而惠民，制礼乐而正俗。宜乎大公刘之业[①]，克致于隆周；启伯禽之封，遂成于东鲁者也。朕以载新盛典，肇建明祀，既峻极于徽章，复揄扬于懿美。赞曰：

伟哉公旦，隆彼宗周。刑罚以息，王泽斯流。

① 公刘：姓姬，名公刘，后稷曾孙。夏末，周族迁居于西北戎狄族地区，他领导周人进行农业生产，社会经济迅速发展。后又率周人迁居于豳，定居农耕，周族由此兴盛。

吕祖谦

吕祖谦(1137—1181 年),字伯恭,婺州(今浙江金华)人,祖籍淮南寿州(今安徽凤台县)。郡望东莱郡,人称“小东莱先生”。南宋理学家、文学家,许国公吕夷简六世孙、仓部员外郎吕大器之子。吕祖谦出身于“东莱吕氏”,门荫入仕,起家将仕郎。宋隆兴元年(1163 年),进士及第,调补南外宗学教授,累迁直秘阁学士,提举亳州明道宫,参与重修《宋徽宗实录》,编纂刊行《皇朝文鉴》。淳熙八年(1181 年),逝世,享年四十五岁。宋宁宗时,追谥为“成”。嘉熙二年(1238 年),改谥“忠亮”,追封开封伯。景定二年(1261 年),配享孔庙。吕祖谦博学多识,主张明理躬行,学以致用,反对空谈心性,开“浙东学派”之先声,在理学发展史上占有重要地位,与朱熹、张栻齐名,并称“东南三贤”。有《东莱集》《历代制度详说》《东莱博议》等,并与朱熹合著《近思录》。

祀典(节选)①

唐高祖武德二年②,释奠以周公为先圣③,孔子配享。正观二年④,房玄龄议晋宋梁陈及隋大业,皆以孔子为先圣,颜回为先师。诏罢周公祠,更以孔子为先圣,颜回为先师……高宗显庆二年⑤,长孙无忌等议,永徽令改用周公为先圣⑥,孔子为先师。请改从正观。从之。

---

① 见吕祖谦《历代制度详说》卷二。

② 武德二年:公元 619 年。

③ 释奠:古代在学校设置酒食以奠祭先圣先师的一种典礼,出自《礼记·王制》。

④ 正观二年:即贞观二年,公元 628 年。

⑤ 显庆二年:公元 657 年。

⑥ 永徽:650 年正月至 655 年十二月,是唐高宗李治的第一个年号。

二、洛阳周公庙古代文献

佚 名

金人铭[①]

古之慎言人也，戒之哉：
无多言，多言多败。
无多事，多事多患。
“安乐必戒，无所行悔[②]。”
勿谓何伤，其祸将长；
勿谓何害，其祸将大。
“勿谓不闻，神将伺人。
焰焰不灭[③]，炎炎若何[④]？
涓涓不壅[⑤]，终为江河。
绵绵不绝，或成网罗。
毫末不札[⑥]，将寻斧柯[⑦]。
诚能慎之，福之根也。
口是何？伤祸之门也。
强梁者不得其死[⑧]，好胜者必遇其敌。

---

① 金人铭：古代周公庙，多以金人从祀。本书录王来庆《重修周公庙记》、李健人《洛阳古今谈》均有洛阳周公庙中祀金人之记载，惜金人今已不存。《金人铭》见《说苑》《孔子家语·观周》等。《孔子家语·观周》云：“孔子观周，遂入太祖后稷之庙。庙堂右阶之前有金人焉，三缄其口，而铭其背曰：‘古之慎言人也……天道无亲，而能下人。戒之哉！’孔子既读斯文也，顾谓弟子曰：‘小人识之。此言实而中，情而信。《诗》曰：“战战兢兢，如临深渊，如履薄冰。”行身如此，岂以口过患哉？’”其作者或言为黄帝，无据。今人多以为近道家之言，老子或参与其创作。

② 无所行悔：不去做使自己后悔的事。

③ 焰焰：火苗初起貌。

④ 炎炎：火势兴盛、向上貌。

⑤ 涓涓：细小的水流。壅：堵塞。

⑥ 札：夭死。

⑦ 斧柯：斧柄。

⑧ 梁：强壮有力；勇武。

盗憎主人，民怨其上。
君子知天下之不可上也，故下之；
知众人之不可先也，故后之。
温恭慎德，使人慕之。
执雌持下①，人莫逾之。
人皆趋彼，我独守此。
人皆或之②，我独不徙。
内藏我智，不示人技。
我虽尊高，人弗我害。
谁能于此？
江海虽左，长于百川，以其卑也。
天道无亲，而能下人。
戒之哉！

金人铭③

古之慎言人也，戒之哉，戒之哉。
无多言，多言多败。
无多事，多事多患。
安乐必戒，无行所悔。
勿谓何伤，其祸将长。
勿谓何害，其祸将大。
勿谓何残，其祸将然。
勿谓莫闻，天妖伺人。
荧荧不灭，炎炎奈何。
涓涓不壅，将成江河。
绵绵不绝，将成网罗。
青青不伐，将寻斧柯。
诚不能慎之，祸之根也。
曰是何伤，祸之门也。
强梁者不得其死，好胜者必遇其敌。

---

① 执雌：谓保持柔顺之德。
② 或：迷惑，不确定。
③ 此为《黄帝六铭》之《金人铭》，见《说苑·敬慎篇》。与《孔子家语》本差别较大，故附录于此。

盗怨主人,民害其贵。

君子知天下之不可盖也,故后之下之,使人幕之。

执雌持下,莫能与之争者。

人皆趋彼,我独守此。

众人惑惑,我独不徙①。

内藏我知,不与人论技。

我虽尊高,人莫我害。

夫江河长百谷者,以其卑下也。

天道无亲,常与善人。

戒之哉,戒之哉?

① 徙:一作“从”。

荀 子

荀子(约公元前313—前238年),名荀况,又名荀卿,汉人避宣帝讳称为孙卿。曾游学齐国稷下,三为祭酒。之楚,春申君用为兰陵(今山东枣庄)令。春申君死后,荀卿被废,家居兰陵,著书数万言而卒。今本《荀子》共三十二篇。

欹器铭①

孔子观于鲁桓公之庙②,有欹器焉。孔子问于守庙者曰:"此为何器?"守庙者曰:"此盖为宥坐之器③。"孔子曰:"吾闻宥坐之器者,虚则欹,中则正,满则覆。"孔子顾谓弟子曰:"注水焉。"弟子挹水而注之,中而正,满而覆,虚而欹。孔子喟然而叹曰:"吁,恶有满而不覆者哉④?"

---

① 欹(qī)器铭:见《荀子·宥坐篇》。又《刘子》卷七《慎隙章》:"昔仲尼观欹器而革容。"袁注:周公庙中有祭器,常倾欹不正,号之欹器。太满则倾,不满亦欹,惟平则正矣。孔子于周公庙见之,问主器曰:"此器何名?"曰:"欹器。"孔子曰:"吾闻欹器,太满则倾,不满亦欹,惟平则正。"本书所录乾隆十年《洛阳县志》所载《周公庙祭祀礼乐》云:"正殿:元圣周公。左立磨兜坚。右设欹器。"王来庆《重修周公庙记》亦云周公庙中有欹器。故录之。欹:通"攲",斜。

② 鲁桓公(?—公元前694年):名允,惠公子。公元前712年,使公子挥杀其兄隐公而即位。与宋、蔡等诸侯相会于曹,伐郑纳厉公。公元前694年,和夫人至齐,被齐襄公使公子彭生击杀。

③ 宥(yòu):宽容,饶恕,原谅。

④ 恶(wū):古同"乌",疑问词,哪、何。

周 布

周布，生平事迹不详。据文后落款，知其曾为汉代河东太守。

元圣宗谱序碑[①]

天下常尊者，道；圣贤重崇者，学。夫道与学并焉以彰，先周公，后孔子也。周公制礼作乐，功同天地；孔子兴书立教，道贯古今。故周公相天下之业，包乎天地之外；而孔子师万世之教，出于日月之前。春祠秋尝[②]，卜世卜年之盛[③]；笙簧俎豆[④]，赤文赤字之图[⑤]。崇祀典仪，万代不朽。

然师圣故尊，亦有根源。其国之根源曰史，家之根源曰谱。《大学》云："欲治其国，必齐其家。"于齐家之要，在谱。而周公万代师圣，分氏故多，宗谱可废耶！

余考谱牒向被吕秦煨烬[⑥]，漫无所稽[⑦]，心甚恻然。遂历天下考集郡书，获曲阜公祠壁中，仅存世系分赐诸氏册一。余按派序之。其先始于有熊氏，至后稷、公刘、太王、王季、文王，后绩而伯禽[⑧]，传三十四世，皆为鲁公，记年八百七十有三。然周公嫡派赐氏，由伯禽及诸子者，始姬、周，而鲁、孟，而仲、季，而叔、蒋，而邢、茅，而钟离，而东野，十有二氏。至于周之分国，以国为氏者，曰

---

① 元圣宗谱序碑。姬传东、汪承兴、杨慧敏的《解读周公 中国国学探源》（新华出版社，2015 年）曰："洛阳庙内原有'元圣宗谱序碑'，立碑时间、被毁时间皆不详。2005 年 4 月 20 日，河南省偃师市东石罢周公嫡裔姬姓族人牵头捐资近两万元，重立'元圣宗谱序碑'于洛阳周公庙南门里西侧，并于 24 日举行了隆重的祭祖祀典暨揭碑仪式。"并录有全文。然碑文后所署"渊源相继二千余年""旹大汉建元四年岁次乙丑中秋"等，似有可疑之处，待考。

② 秋尝：古代天子与诸侯于秋季举行的宗庙之祭。按：姬传东、汪承兴、杨慧敏的《解读周公 中国国学探源》原作"秋赏"，疑误，改之。

③ 卜世卜年：以占卜预测传国世代及享国年数。见《左传·宣公三年》："成王定鼎于郏，卜世三十，卜年七百，天所命也。"

④ 笙簧：指笙。簧：笙中之簧片。俎（zǔ）豆：俎和豆。古代祭祀时盛食物的礼器。引申为祭祀、奉祀。

⑤ 赤文赤字：本作"绿文赤字"。绿文赤字是古代传说中的一种符瑞。谓河洛所出图箓皆为绿色，或用朱书刻于石碑上，故云。《宋书·志序》："圣帝哲王，咸有瑞命之纪，盖所以神明宝位，幽赞祯符……握河括地，绿文赤字之书，言之详矣。"《梁书·武帝纪上》："绿文赤字，征河表洛。"

⑥ 吕秦：旧因秦始皇乃吕不韦之私生子，称之曰吕秦。煨烬：灰烬，燃烧后的残余物。

⑦ 稽：考核，考查。

⑧ 绩：继。

晋、卫,曰蔡、曹,曰滕、燕,曰郑、吴,曰魏、韩,曰何、虢,曰郭、管,曰焦、滑,曰霍、聃,曰郜、浩,曰雍、毕,曰酆、郇[①],曰郕、盛[②],曰于、痃(里边为么),曰凡、昨,曰作、贾,曰芮、随,曰巴、胡,曰遂、顿,曰道、邠,曰耿、岑,曰彤、刖,四十有四。又各国赐氏者,四十二氏:而王、冯,而孙、沈,而杨、施,而潘、卞,而郎、毛,而秋、明,而成、臧,而庞、项,而恒、闵,而原、解,而应、单,而翁、左,而惠、荀,而甘、宁,而符、武,而詹、郏,而温、阎,而晁、古,而公、万,而文、康[③],而令狐,而公孙,皆周后裔。计九十八氏。

余思吾祖周公之德,上承文、武,下启孔、颜,炳炳麟麟[④],光昭史册,无容称述。然以明垂统之九十八姓本源[⑤],皆知周公乃吾祖也、先也、圣也、贤也。一本万株,支流委泽,莫不以大海为宗者也。渊源相继二千余年,庶在谱诸氏,虽千百世之远,开卷一目了然,始知姓氏出自姬周苗裔,岂不美欤!于是序之,以示我后人恒鉴耳。

时大汉建元四年岁次乙丑中秋西楚第四十九代孙系河东太守布同弟威国侯心百拜谨录于西洛元圣祠中[⑥]。

---

① 酆(fēng):即丰。国在今陕西户县东。郇(xún):国在今山西省临猗县西南。《左传·僖公二十四年》:"管、蔡、郕、霍、鲁、卫、毛、聃、郜、雍、曹、滕、毕、原、酆、郇,文之昭也。"

② 郕(chéng):又作成,西周封国。在今河南范县东南,一说在汶上县西北二十里。

③ 而文、康:姬传东、汪承兴、杨慧敏的《解读周公 中国国学探源》原作"曰而文、康","曰"字疑衍,删之。

④ 炳炳麟麟:光明显赫的样子。

⑤ 垂统:把基业留传下去,多指皇位的承袭。

⑥ 建元四年:公元前137年。建元,西汉汉武帝刘彻的年号,也是中国历史上第一个年号。布:周布。心:周心。二人皆不详。

魏 收

魏收(507—572 年),字伯起,小字佛助,巨鹿下曲阳(今河北晋县)人。北朝魏齐间文学家、史学家。历仕北魏、东魏、北齐数朝,官至尚书右仆射,加特进。博学多才,然轻薄好色,人称"惊蛱蝶"。与温子升、邢邵齐名,世称"北地三才""大邢小魏"。工诗善赋,赋已不存,诗浮艳淫靡,如《美女篇》《永世乐》等,与南朝宫体同一格调。曾奉命撰《魏书》百三十卷,记北魏一代史实,因借修史酬恩报怨,人称"秽史",被迫修改两次。原有集六十八卷,已散佚。明人辑有《魏特进集》。

高祖纪(节选)①

十有六年②……二月……丁酉,诏祀唐尧于平阳,虞舜于广宁,夏禹于安邑,周文于洛阳③。丁未,改谥宣尼曰文圣尼父,告谥孔庙。

刘芳传④

刘芳,字伯文,彭城人也,汉楚元王之后也⑤。

……

迁中书令,祭酒如故⑥。出除安东将军、青州刺史。为政儒缓,不能禁止奸盗,廉清寡欲,无犯公私。还朝,议定律令。芳斟酌古今,为大议之主,其中

① 见《魏书》卷七下《帝纪第七下·高祖纪下》。

② 十有六年:北魏太和十六年(492 年)。

③ 周文:钱大昕《廿二史考异》卷二十八:"周文当为周公之讹。"

④ 见《魏书》卷五十五。

⑤ 楚元王(?—公元前 178 年):字游,秦末沛县(今属江苏)人。刘邦异母弟,随刘邦起兵入关,初封文信君。公元前 201 年韩信被废为淮阴侯,分楚国为二,他被封为楚王。好书,多才艺。就封后以名儒申公等为中大夫。曾作《诗》传,号《元王诗》,今佚。

⑥ 祭酒:古时宴饮必推一年长德高者一人举杯先祭,称为祭酒,后为官名。西汉时置六经祭酒,秩上卿;东汉置博士祭酒,秩六百石,为五经博士之首。见《后汉书·百官二·博士祭酒》。晋武帝咸宁四年立国子学,置国子祭酒、博士各一人,助教十五人以教生徒,见《晋书·职官志》。南北朝时,南朝宋齐梁陈,北朝北魏北齐皆置国子祭酒。隋代初称国子祭酒,为国子寺长官,统国子、太学、四门、书算学。见《隋书·百官下·国子寺》。隋炀帝即位,改国子学为国子监,改国子祭酒为国子监祭酒。自此以后,唐、五代、宋、辽、金、元、明、清都置国子监祭酒。

损益,多芳意也。世宗以朝仪多阙[①],其一切诸议,悉委芳修正。于是朝廷吉凶大事皆就谘访焉。转太常卿[②]。芳以所置五郊及日月之位,去城里数,于礼有违。又,灵星、周公之祀[③],不应隶太常,乃上疏曰……[④]。

礼志[⑤]

二月丁酉[⑥],诏曰:……周文公制礼作乐,垂范万叶,可祀于洛阳。其宣尼之庙,已于中省,当别敕有司。飨荐之礼,自文公已上,可令当界牧守,各随所近,摄行祀事,皆用清酌尹祭也[⑦]。

---

① 世宗:北魏世宗拓跋恪(483—515年),北魏孝文帝元宏次子,母文昭皇后高照容,南北朝时期北魏第八位皇帝,499—515年在位。太和七年(483年),元恪出生于平城宫。太和二十一年(497年),被立为皇太子。太和二十三年(499年),孝文帝去世,元恪即位,是为宣武帝。延昌四年(515年),元恪去世,终年三十三岁,庙号世宗,谥号宣武皇帝,葬于景陵。

② 太常卿:官名,汉置,俸中二千石,掌礼仪祭祀。每祭祀,先奏其礼仪;及行事,常赞天子。每选试博士,奏其能否。大射、养老、大丧,皆奏其礼仪。每月前晦,察行陵庙,有丞一人。见《后汉书·百官志》,后世多沿置。

③ 灵星:星名。又称天田星、龙星,主农事。古代以壬辰日祀于东南,取祈年报功之义。

④ 疏文本书另有收录。

⑤ 见《魏书》卷一百八之一《志第十 礼四之一》。

⑥ 时在太和十六年,公元493年。

⑦ 尹祭:古代用于祭祀的切割方正的干肉。

魏征

魏征(580—643年),唐初杰出的政治家和历史学家。字玄成,巨鹿下曲城(今河北晋县)人。少时孤贫落破,曾出家为道士。后参加李密的反隋起义军。李密失败后投奔李渊,唐太宗时成为重要辅臣,官至左光禄大夫,封郑国公。孔颖达等撰周、隋各史,魏征受诏总加撰定。深通历朝政事及兴败之由,敢于对当朝时弊和不当之举进行劝谏,上疏直陈。唐太宗器重,所言多被采纳。他的著作流传下来的,除《隋史》序论、《梁书》等总论外,还有《魏郑公诗集》《魏郑公文集》,其言论多见于唐代吴兢所撰的《贞观政要》。

王世充传(节选)[①]

未几,李密破化及还[②],其劲兵良马多战死,士卒皆倦。充欲乘其敝而击之,恐人不一,乃假托鬼神,言梦见周公,乃立祠于洛水之上,遣巫宣言周公欲令仆射急讨李密[③],当有大功,不则兵皆疫死。充兵多楚人,俗信妖妄,故出此言以惑之。众皆请战。充简练精勇,得二万余人,马千余,迁营于洛水南。密

① 王世充:字行满,本姓支,西域胡人。寓居新丰(今属陕西临潼)。颇涉经史,尤好兵法。隋炀帝时累升至江都(今江苏扬州)丞,兼领江都宫监。大业九年(613年),打败江南义军刘元进。大业十年,采用示敌以弱的战法,乘其懈而击破孟让起义军于盱眙(今属江苏)都梁山。大业十二年,升任江都通守,击破格谦余众和卢明月等起义军。大业十三年,李密进逼东都(今河南洛阳),炀帝命世充率兵拒李密于洛口,前后百余战,未有胜负。引军渡洛水与李密战,大败还洛阳。大业十四年隋炀帝被杀,越王侗于东都即位,授吏部尚书,封郑国公。东都小朝廷内讧,世充执杀元文都,任尚书左仆射,总督内外诸军事,专掌朝政。世充利用李密胜宇文化及后骄傲轻敌的心理,在李密营地附近设伏,前后夹击,打败李密。逼杨侗禅位,即皇帝位,国号郑。唐武德四年(621年)二月降唐,为仇人所杀。

② 李密破化及还:事在大业十四年(618年)。时隋炀帝遇弑,王世充拥立杨侗为帝,自为尚书左仆射,总督内外诸军事。李密(582—618年),隋末瓦岗军领袖,字玄邃,一字法主,京兆长安(今陕西西安附近)人。出身贵族家庭。多谋略,文武兼备。隋文帝开皇年间,袭父爵为蒲山郡公。大业九年,参与杨玄感起兵反隋,失败被捕,后在途中逃奔瓦岗军。得到翟让信任,被尊为魏公兼行军元帅。隋大业十三年(617年)杀翟让。义宁二年(618年),在东击宇文化及时,又派人接受隋越王杨侗的封号。与王世充交战失败,入潼关投降李渊。受封为邢国公。不久因反唐被杀。宇文化及(?—619年),代郡武川(今内蒙古武川)人。早年轻薄纳贿,多次免官。隋炀帝即位,任右屯卫将军。大业十四年,李密占领洛口,炀帝惧而留居江都(今江苏扬州),他与司马德戡合谋勒死炀帝,立秦王杨浩为帝,自为大丞相。后在率军北上途中,为李密所破,部属多叛,自知必败,遂纵酒欢娱,欲作一日之帝,设计毒死杨浩,自登皇位于魏县(今河北大名东北),国号许。为窦建德擒杀。

③ 仆射:王世充,时任尚书左仆射。

军偃师北山上。时密新得志于化及，有轻充之心，不设壁垒。充夜遣二百余骑潜入北山，伏溪谷中，令军秣马蓐食①。既而宵济，人奔马驰，迟明而薄密。密出兵应之，阵未成列而两军合战，其伏兵蔽山而上，潜登北原，乘高下驰，压密营。营中乱，无能拒者，即入纵火。密军大惊而溃，降其将张童儿、陈智略，进下偃师。

① 秣（mò）马：饲马。蓐（rù）食：早晨未起身，在床席上进餐。谓早餐时间很早。《左传·文公七年》："训卒，利兵，秣马，蓐食，潜师夜起。"《史记·淮阴侯列传》："亭长妻患之，乃晨炊蓐食。"裴骃《史记集解》引张晏曰："未起而牀蓐中食。"一说"蓐食"为饱食。

陶　谷

陶谷(903—970年),邠州新平(今陕西彬县)人。本姓唐,避晋祖石敬塘讳改,字秀实。后晋时,为仓部郎中。后汉时,为给事中。仕后周,任户部侍郎。显德中,迁兵部侍郎,加吏部侍郎。入宋,转礼部尚书。累加刑部、户部二尚书。卒,赠右仆射。博通经史,兼悉诸子佛老。多蓄法书名画,善隶书。有《清异录》。

龙门重修白乐天影堂记(节选)①

……今居守佐相太原武公②,自许下之抚三川也。登鄂坂③,望太室,且曰:"兹邑也,周公测景之地,土圭在焉④。吾当正厥躬,临甸民⑤,以报天子。"

---

① 影堂:寺庙道观供奉佛祖、尊师塑像及历代祖师画像之所。

② 佐相太原武公:武行德(908—979年),并州榆次人。家贫,樵采自给。体伟力大,石敬瑭召入帐内。后晋天福初,授奉国都头,改控鹤指挥使,宁国军都虞候。刘知远起兵太原,即称河阳都部署,奉表劝进。广顺初,加兼侍中,迁河南尹、西京留守。周世宗即位,兼中书令,进封宋国公。入宋,加中书令,进封韩国公,再授忠武军节度使,改封魏国公。以本官致仕,侍中被称为左相,故此处"佐相"当为"左相"。

③ 鄂坂(bǎn):当用鄂渚之典。鄂渚相传在今湖北武昌黄鹤山上游三百步长江中。隋置鄂州,即因渚得名。世称鄂州为鄂渚。《楚辞·九章·涉江》:"乘鄂渚而反顾兮,欸秋冬之绪风。"王逸注:"鄂渚,地名。"坂:斜坡,山坡。

④ 兹邑也,周公测景之地,土圭在焉:西周初,周公在阳城(今河南登封)用土圭测度日影,以推算岁时节候。今登封嵩山有周公测影台遗址。土圭:古代用以测日影、正四时和测度土地的器具。《周礼·地官·大司徒》:"以土圭之法,测土深,正日景,以求地中。"贾公彦疏:"土圭尺有五寸,周公摄政四年,欲求土中而营王城,故以土圭度日景之法测度也。度土之深,深谓日景长短之深也。"

⑤ 甸(diàn):田野。

刘 昫

作者简介见前文“一、周公生平、营洛及崇祀基本史料”。

王世充列传(节选)[①]

未几,李密破化及还,其劲兵良马多战死,士卒疲倦。世充欲乘其弊而击之,恐人心不一,乃假托鬼神,言梦见周公。乃立祠于洛水,遣巫宣言周公欲令仆射急讨李密,当有大功,不则兵皆疫死。世充兵多楚人,俗信妖言,众皆请战。世充简练精勇,得二万余人,马二千余匹,军于洛水南。密军偃师北山上。时密新破化及,有轻世充之心,不设壁垒。世充夜遣二百余骑潜入北山,伏溪谷中,令军人秣马蓐食,迟明而薄密[②]。密出兵应之,陈未成列而两军合战[③]。其伏兵发,乘高而下,驰压密营,又纵火焚其庐舍,密军溃。

① 见《旧唐书》卷五十四。

② 迟明:黎明天快亮时。薄:迫近。

③ 陈:同“阵”。

欧阳修

欧阳修(1007—1072 年),字永叔,号醉翁、六一居士,吉水(今属江西)人。北宋文学家、史学家,天圣进士。入朝为馆阁校勘,后被贬为夷陵令。宋庆历三年(1043 年)任知谏院。支持范仲淹,要求在政治上有所改良。嘉祐年间,加龙图阁学士、知开封府,拜礼部侍郎兼翰林侍读学士。嘉祐五年(1060 年)任枢密副使。次年,任参知政事。神宗时出知亳州(今安徽亳州)、青州(今山东益都)。王安石推行新法时,他曾对青苗法表示不满,主张文章应"明道"、致用,对宋初以来追求靡丽形式的文风表示不满,积极提倡古文,是北宋古文运动的领袖。其诗文雄健清新、其词和婉深挚,被列为"唐宋八大家"之一。另史学成就卓著,与宋祁合修《新唐书》,自撰《新五代史》,有《欧阳文忠集》。

王世充列传(节选)①

未几,李密破化及,还屯金墉,劲兵良马多死。世充欲击之,恐士心未一,乃谋以鬼动众,令德阳门卫张永通言梦人谓已曰:"我,周公,能以兵助讨密。"世充白侗②,立祠洛旁,使巫宣言:"周公令急击密,有大功;不然,兵且疫。"世充下皆楚人,信妖,遂请战。乃简精卒二万、骑二千,跨洛水为三桥以度兵。密军偃师北山,新破敌,有轻世充心,不设壁垒。世充夜遣二百骑蔽山伏,因秣马蓐食,迟明薄之,密阵未成,伏兵上北原,乘高驰下,压其营,纵焚庐落,密众大溃。

儒学传上(节选)③

贞观六年,诏罢周公祠,更以孔子为先圣,颜氏为先师④,尽召天下惇师老德以为学官。

---

① 见《新唐书》卷八十五。

② 侗:杨侗(604—619 年),字仁谨。炀帝孙,元德太子杨昭子。封越王。炀帝每巡幸,侗常留守东都。及炀帝凶讯至,留守诸臣奉杨侗为主于东都。建年号皇泰。诸臣不协,逐一为王世充所杀。世充又胁侗逊位,寻为世充所杀。谥恭。

③ 见《新唐书》卷一百九十八。

④ 颜氏:颜回(公元前 521—前 490),字子渊,或称颜渊,春秋末鲁国人,孔子学生。家贫,居陋巷,一箪食,一瓢饮,不改其乐。孔子称赞他好学而有德行,说他"不迁怒,不贰过,其心三月不违仁"。自他从师孔子以后,孔门弟子尊师好学之风日盛。早卒,孔子极悲恸。后世尊之为"复圣"。

司马光

司马光(1019—1086年),字君实,陕州夏县(山西夏县,今划归闻喜、垣曲二县)涑水乡人,人称涑水先生,宋代史学家、文学家。宝元进士。仁宗时,初任地方官,后为京官,任天章阁待制兼侍讲知谏院。英宗时,进龙图阁直学士。他立志编撰《通志》,作为封建统治的借鉴。宋治平三年(1066年)撰成战国迄秦的八卷上进,英宗命设局续修。神宗初,任翰林学士,并赐书名《资治通鉴》。神宗用王安石行新政,他以"祖宗之法不可变"为由,竭力反对,并与王安石在帝前争论。神宗不从,任为枢密副使,他坚辞不就,归洛阳,居十五年,继续编撰《资治通鉴》,至元丰七年(1084年)成书,从发凡起例至删削定稿,都亲自动笔。元丰八年(1085年)哲宗即位,高太后听政,召他入京主持国政,次年任尚书左仆射、兼门下侍郎,起用刘挚、范纯仁、范祖禹等人,排斥变法派,废青苗法,恢复旧制,是为"元祐更化"。为相八个月病死,谥文正,追封温国公。另有《司马文正公集》《稽古录》等。

唐纪二(节选)①

密破宇文化及还,其劲卒良马多死,士卒疲病。世充欲乘其弊击之,恐人心不壹,乃诈称左军卫士张永通三梦周公,令宣意于世充,当勒兵相助击贼。乃为周公立庙,每出兵,辄先祈祷。世充令巫宣言周公欲令仆射急讨李密,当有大功,不即兵皆疫死。世充兵多楚人,信妖言,皆请战。世充简练精锐得二万余人,马二千余匹,壬子,出师击密,旗幡之上皆书永通字,军容甚盛。癸丑,至偃师,营于通济渠南,作三桥于渠上。密留王伯当守金墉②,自引精兵出偃师北,阻邙山以待之。

---

① 见《资治通鉴》卷一百八十六。

② 王伯当(?—618年):隋荥阳浚仪人。隋末义军将领,从翟让聚众于瓦岗寨,荐李密于翟让,并劝让奉李密为主,称魏公。未几,密杀让,令伯当及徐世勣分统其众。后密为王世充所败,伯当等随密降唐。同年又叛,为唐军追杀。

郑 樵

郑樵(1104—1162 年),字渔仲,兴化军莆田(今属福建)人,南宋杰出史学家。不应科举,居夹漈山下,刻苦力学三十年,访书十年,知识渊博,学者称夹漈先生,自号溪西逸民。他注意实地考察,用力极勤,对天文、地理、草木、虫鱼等均有论述。绍兴中,以荐召对,授右迪功郎、兵部架阁。因被劾,改监南岳庙,后入为枢密院编修官。在史学上,他推崇司马迁、刘知几,反对歪曲历史,任意褒贬。生平著作极富,有《氏族志》《动植志》等八十余种。晚年编撰《通志》,搜罗各代历史,合为一书,为百科全书式的通史,其中的二十略,颇有创见。所著多有亡佚,存者除《通志》外,仅有《尔雅注》《夹漈遗稿》等。

周公祠(节选)[①]

开元二年立[②]。以上并西京。

① 见《通志》卷七十三《金石略第一》。

② 开元二年立:公元 714 年。据清《河南府志》卷七一《古迹志》十七《坛庙》云:“周公祠在石桥北二里,俗称其地为庙台,有唐开元周公祠碑。”“石桥”即天津桥,其北二里,正与今周公庙地望相合。惜该碑已亡佚,无可稽考。

佚　名

周公解梦碑[①]

周公解梦全书

诗曰：

夜有纷纷梦，吕望兆飞熊[②]。

黄粱巫峡事[③]，神鬼预吉凶。

丁固生松贵[④]，非此莫能穷。

庄周梦幻蝶[⑤]，江淹得笔聪[⑥]。

天地日月星辰第一

天门开处入荐引，天光照主病疾危。

---

① 《周公解梦》为后人托名周公之书。最早可能出现于三国时代，在隋唐以后开始流行，到明清以来在民间影响巨大。但版本甚多，各本语句差别甚大。明代洛阳周公庙在定鼎堂外东、西、北墙壁上嵌有19块"周公解梦"石碑。后因风化损坏，清代又重新雕刻，嵌于墙中。流传版本众多，异文甚为常见。今据周公庙存碑，并据他本约略校对。作者、时代不可详考，暂且系于明代。

② 吕望兆飞熊：《史记·齐太公世家》："吕尚盖尝穷困，年老矣，以渔钓奸（gān，求）周西伯（即文王姬昌）。西伯将出猎，卜之，曰：'所获非龙非螭，非虎非罴；所获霸王之辅。'于是周西伯猎，果遇太公于渭之阳，与语大说（悦），曰：'自吾先君太公曰："当有圣人适周，周以兴。"子真是邪？吾太公望子久矣。'故号之曰'太公望'，载与俱归，立为师。"

③ 黄粱：唐沈既济《枕中记》传奇中载：唐开元间青年卢生在邯郸官道上遇一道士，道士送他一只枕头，卢生枕后睡去，梦见他与崔氏女联姻，考中进士，升任节度使。后被馋入狱。后皇上赦免他的死罪，流放边地。数年后，皇上又起用他为相，直到晚年。此时醒来，店主人蒸的黄粱饭还没熟。后以"黄粱梦"喻指不可能实现的幻想，或指奢望的破灭。巫峡：战国楚宋玉《高唐赋》序："昔者先王尝游高唐，怠而昼寝。梦见一妇人，曰：'妾巫山之女也，为高唐之客，闻君游高唐，愿荐枕席。'王因幸之。去而辞曰：'妾在巫山之阳，高丘之阻，旦为朝云，暮为行雨，朝朝暮暮，阳台之下。'旦朝视之，如言，故为之立庙，号曰朝云。"

④ 丁固生松：三国吴丁固梦松树生腹上，自圆其梦，认为十八年后，当位至三公。后果为司徒，恰与所梦相合。东汉以太尉、司徒、司空为三公。后因以"丁固梦松""丁固梦"为宦途通显的典故，以"十八公"为松之别称。

⑤ 庄周梦幻蝶：《庄子·齐物论》："昔者庄周梦为蝴蝶，栩栩然蝴蝶也。自喻适志与！不知周也。俄然觉，则蘧蘧然周也。不知周之梦为蝴蝶与？蝴蝶之梦为周与？"

⑥ 江淹得笔：《太平广记》卷二七七引《南史·梁江淹》载：江淹少时，梦人授以五色笔，故文采俊发。又，《南史·江淹传》："（江淹）尝宿于冶亭，梦一丈夫自称郭璞，谓淹曰：'吾有笔在卿处多年，可以见还。'淹乃探怀中得五色笔一以授之。尔后为诗绝无美句，时人谓之才尽。"

天清雨散百忧去,天明妇女生贵子。
天门赤主有大喜,仰面向天大富贵。
乘龙上天主大贵,上天求妻儿女贵。
天上取物主王侯,飞上天堂贵大吉。
登天上屋得高官,日月初出家道昌。
日月照身得重位,日月没落忧父母。
渡天河主有所吉,天地富所求皆得。
天公使有大吉祥,天裂有分国之忧。
天星明主公卿至,天欲晓益寿命吉①。
日月昏暗孕妇吉,日月欲出有官职。
日月会合妻有子,日月横山奴欺主。
负抱日月贵侯王,吞日月当生贵子。
礼拜日月大吉昌,日月入屋官位吉。
日初出无云大吉,日出有光有好事。
云开日出凶事散,日入怀贵子淑女。
拜星月烧香大吉,云遮日月有阴私。
星入怀中生贵子,星落有病及官司。
星列行主添奴婢,持执星宿大富贵。
流星不落主移居,巡天魔星位公卿。
云起四方交易起,云五色主大吉昌。
云赤白吉青黑凶,见浮云做事不成。
雪下及时大吉利,雪落身上万事成。
雪不沾身主孝服,雪落家庭主丧事。
阴雪晦暗主凶事,行路逢雨有酒食。
雷霆作声官位至②,雷声恐怕移居吉。
雷从地震主志遂,身披霹雳主富贵。
雷光照身有吉庆,赤虹见吉黑虹凶。
云霞满天百事悦,狂风大雨人死亡。
风雨入衣主疾病,大风起园有号令。

① 天欲:一本作“人欲”。
② 雷:一本作“雪”。

地理山石树木第二

地动主迁官位吉，地裂主急病大凶。
修平田地大吉昌，地高下不平主病。
卧于石上主大吉，地中黑气上主凶。
运石入家主富贵，石上得利禄大吉。
磐石安稳无忧疑，登岩抱石官职迁。
手弄小石生贵子，身入土中百事吉。
自身取土被耻辱，升山落地主失位。
上山恐怕禄位至，上山悔坏主凶恶。
游看高山春夏吉，行走上山病患除。
居住高山有喜事，山行得财有福禄。
抱物上山生贵子，山中农家衣食丰。
枯木再发子孙兴，堂上地陷主母忧。
园林茂盛大吉利，树木枯死宅不安。
林中坐卧病欲愈，树木离林主大凶。
林中树生添贵子，种树木者大吉昌。
登天树名利显扬，上树忽折有死伤。
与人分花主分散，枯木开花兴子孙。
大树落人屋上吉，立树下贵人庇阴。
树生堂上父母忧，大树忽折主凶恶。
担木来家得财喜，砍伐大树多得财。
草木茂盛家道吉，门中生果树有子。
松生腹上位三公①，家中生松事转丰。
家中生柏大吉利，庭前竹木喜重重。
枫生屋上百事遂，芮生庭前主添孙。
果林中行主得财，入果园中大发财。
桑生井上主有忧，果树多熟子孙安。
折笋至家主有子，见笋者主添子孙。
扫地除粪家欲破，粪土堆者钱财聚。

身体面目齿发第三

自身白衣人所谋，梳头洗面百忧去。

① 松生腹上：见前文“丁固生松”注。

身拜尊长大吉昌，身上出汗主凶恶。
身病虫出得重职，身上虫行病患安。
绳索系身长命吉，枷锁临身病欲来。
身肥或瘦皆为凶，露体无衣大吉利。
面对官长主大吉，妇人被发有私情。
头白主长命大吉，头生两角有争竞。
头痛发落皆凶事，面生疮黑主大凶。
头发再生主长命，头发白落忧子孙。
沐浴还官主病除，洗手洗足除旧病。
照镜明吉暗者凶，破镜照人主分散。
手足脓血出大吉，尿屎污人大吉亨。
露头披发主人谋，披发盖面官讼至。
剪剃头发家内凶，眉与发齐禄位至。
齿自落者父母凶，齿落更生子孙兴。

冠带衣服鞋袜第四

戴冠登车官欲还，自戴[幞]头巾帽吉。
簪冠登台职位还，贵人与之衣冠吉。
新换衣冠禄位至，烧毁冠帽欲更官。
失去冠帽主退职，舍得冠带禄位至。
与人公服主得职，人与公服加官职。
女着冠带主生子，洗[笏]染服新官来。
执[笏]见贵人大吉，□梳□凶主不祥。
与人[笏]绶主官还，腰带者主官至吉。
文书用印有名声，待印主妻生贵子。
着新[袍]主添妻妾，着锦绣衣子孙安。
洗染衣服皆大吉，披麻衣主大恩至。
披油污衣大恩泽，衣服[忽]破妻外心。
新衣攒采百事凶，与衣服人主患至。
裁衣着孝衣皆吉，衣带自解百事凶。
着黄衣皂衣皆吉，着白衣主有人请。
着青衣神人助力，着蓝绣衣妻大利。

众人着紫生情弊，与人着青家人散。
众人着白主官事，众人着红大吉利。
妻着夫衣生贵子，女子着衫平无事。
与人共衣妻私情，失却衣服妻难产。
好被自盖主富贵，人着衣履妻有私①。
得靴鞋主奴婢吉，失履主奴婢逃走。
脱靴束带主有凶，鞋破子孙妻妾病。
着麻鞋百事和合，新授官爵主贵子。
乞得鞋履人助力，女履脱时已出厄。

刀剑旌节钟鼓第五

君主封杖有异吉，旌旗有龙大吉利。
抱旌节主贵人扶，旌节引入山主凶。
造旌盖主大吉利，羽盖遮身主富贵。
旗幡迎接大富贵，旗幡竟出主疾病。
手持旌节有恩赏，白盖覆身大吉利。
见做新旌大吉利，与人分伞主分散。
拔刀出行主大利，得人刀主行人至。
人与三刀作刺史，与人刀斫大吉庆。
拔刀出血得酒食，执刀刺人主失利。
刀斧自伤大吉利，得人刀斧禄位至。
刀落水中妻妾亡，失刀落地主破财。
带刀剑行有财利，磨刀剑锋快大吉。
与人刀剑皆有凶，剑在木头大吉利。
女人带刀大吉庆，女子拔刀主有子。
剪刀主分财之事，剪刀剪物主得财。
剪刀折股妻妾亡，甲胄披身主吉利。
枪槊主官位吉利，见军兵败主有凶。
钟磬有声远人来，钟鼓不鸣福禄至。

① 衣履：一本作“已履”。

打鼓有声远人来，见鼓住声欢乐吉。
见鼓不鸣凶乍至，看放烟火百忧散。

帝王文武呼召第六

帝王宣召有惊喜，后妃呼召饮有疾。
太子召呼大吉利，天子赐坐有财吉。
见老君言有仙分，拜佛欲动有大财。
看大上陈大事吉，神佛嗔怒皆不吉。
三侯并坐有大吉，来见贵人不得凶。
与圣贤说话大吉，使命入门大吉利。
白衣召作便死亡，拜尊长者有吉庆。
先祖考言求食吉，人云大好者即凶。
人云死者得长命[①]，人在外呼之招凶。
我欲共汝去大凶，人去不用汝大吉。
与恶人言有口舌，被杀害吉伏藏凶。
身生羽翼飞大吉，逃身脱去疾病除。
与人交易主有疾，贫穷共居主大吉。
合伴同行凶事至，一切贵人皆吉利。

宫室屋宅仓库第七

入帝王宫行大吉，拜朝廷者主富贵。
入王侯府库大吉，见远行道宫宫吉[②]。
坐官府中主大吉，神庙广大事事吉。
上楼阁坛主大吉，上高堂大富贵至。
高楼饮酒富贵至，家起高楼安稳事。
上城为人所拽吉，上城被执官职显。
城郭广大财喜多，城中行凶出门吉。
连城春色有喜色，登赤城主大吉利[③]。
盖城上屋大吉利，上屋主富出圆吉。

---

① 死：一本作“使”。
② 见远行道宫宫吉：一本作“行道宫见仙主声”。
③ 主大吉利：一本作“郭主大吉”。

上屋破坏家道凶，堂上有棺主安乐[1]。
正堂倒陷家主凶，覆盖屋宇长命吉。
屋宅更新主大吉，风吹屋动主迁移。
迁入他人新宅吉，居出宅主妻喜事[2]。
搬移破屋主美妻，人或典房主官位。
家道贫穷大吉利，洒扫宅舍远人来。
与卖田宅主失位，屋宅无人主死亡。
屋上穿舟有暗昧[3]，跌墙渡宅百事去[4]。
与人争屋主大吉，与妇人争屋主吉。
房梁忽折主大凶，院宅坑下主死亡。
妻男墙下官位至，墙上握土主更改[5]。
军人入宅主大吉，鸳鸯落瓦妇争斗。
屋中生马男信至，屋中生草家欲空。
屋上生松柏益寿，修理田舍有大吉。
入寺院中生男子，寺舍看经病人痊。
迁入尼寺主病至，起盖仓库福禄至。
入仓库中主大吉，仓库崩坏百事凶。

门户中灶厨厕第八

门户高大主富贵，新开门户大富贵。
门户忽开主大吉，门户大开大吉利。
门更新主生贵子，开自门妻有私情。
门户裂开主大吉，门户破坏有凶事。
城门大开主口舌，宫城塞者口舌至。
门户闭塞事不通，门户败坏主大凶。
门户自折奴仆走，门户内无人大凶。
修造门户大吉利，石为门户主寿命。
门前生洲作刺史，门前坑沟事不成。

---

① 棺：一本作“官”。
② 出：一本作“田”。
③ 屋上穿舟有暗昧：一本作“屋下穿身有昧暗”。
④ 跌墙渡宅百事去：一本作“踰墙度宅险事云”。
⑤ 墙上握土主更改：一本作“墙下掘土主更坟”。

天火烧门主凶事，屋开小门主私事[①]。
穿井见水远信至，井自损毁家大败。
井中沸溢主得财，井枯涸者家财散。
井中照身禄位至，身坠井中疾病凶。
屋在井中主见病，取井水清吉混凶。
井中负泥出财物，井中欲枯家欲破。
井中有鱼主身贵，窥井有声口舌生。
伏藏井中刑狱事，醉落井中官司至。
家住井中长子凶，人云出井喜气生。
掏井造井主大贵，器皿落井有急事。
灶下水流得横财，灶下燃火有声名。
灶釜破坏有死亡，灶下吹者家破败。
灶下器鸣主口舌，屋有二灶事不成。
修造厨灶大吉利，粪中坐下主大凶。
自炊囱中妻妾亡，掏厕者主得横财。
下厕在尿屎中吉，厕中屎溢大吉利。
在官厨中大财禄[②]，粪土堆积主得财。

金银珠玉绢帛第九

金银宝者主富贵，金银珠玉大吉利。
金银作铛器大吉，金银杯皿有贵孕。
玉积如山大富贵，得银玉环生贵子。
铜铛主有口舌至，珠玉满怀主大凶。
得玉碗器物大吉，见铛器物主得财。
铅与锡者主得财，得铜物主大富贵。
镶嵌器物疾病去，还人钱财疾病去。
拾得钱物皆大吉，钱春夏吉秋冬凶。
家中分财主离散，赠财帛者主有权。
贵有赐绫锦官至，人赐绢帛大吉昌。
与人绣帛大凶恶，得他人麻布衣凶。

---

① 主私事：一本作“妻私情”。

② 在官厨中大财禄：一本作“上厕在尿屎中吉”。

得布帛远亲来至，与人衣服官司至。
寻丝绢主进人口，纺绩者主寿命长。
经络者主被人辱，箱器主口舌之事。

镜环钗钏梳篦第十

镜明者吉暗者凶，拾得镜者招好妻。
将镜自照远信至，镜照他人妻妾凶。
得他镜主有贵子，他人弄己镜自凶。
镜破主夫妻分别，金钗动有远行事。
金钿成双增爱妾，钗钏相交妻别凶。
金钗耀主生贵子，花钗妻妾有奸情。
银钏去妻主相殴，花押妻妾生外心。
人与梳篦得美妾，牙床梳旧事旧去。
见篦子者人提携，得篦者主美女至。
刷牙者病患不生，得胭脂粉主生女。
见脂粉主大财利，得粉袱妻生娇女。
手帕者主口舌事，针线得者百事成。

衣帐毡褥匙篦第十一

床帐改主官迁移，舒展床帐大富贵。
新安床帐远人来，床帐出门者妻亡。
床帐改换移居吉，床上有蚁至不祥。
床帐破损妻欲亡，开帐幔主得酒食。
帐幔坏者妻子病，床脚新换奴仆凶。
上床卧者大凶恶，血在床妻妾有奸。
洗床帐则主大吉，荐席入吉出则凶。
破席者主失官位，好被自盖主大吉。
见好枕有贵人扶，见手帕主有口舌。
换席入吉出则凶，席箪主有力相助。
毡褥铺陈万事稳，毁帘幔者妻有奸。
新帘者主得好妻，铺席合坐得官位。
手中缚布病患至，毛扇忽持官司吉。
鼎鼐者主得大财，釜溢者主得大财。
玉石器主有人助，铜铛者主有口舌。
铁锅破主丧事来，铛盏破主有恶事。

磁罐者主酒食至，磁碟者主口舌至。
匙主益妻妾子孙，箸主益田宅奴仆。
盆主益仓库大吉，掇盆脱底主财散。
入盆瓮器大富贵，洗面盆者美妾至。
小大盆者主团圆，得盆子者所求得。
桶盛水者主大吉，桶无水者主大凶。
人送大桶主得利，桌架于宅事不成。
锯主有断决之事，碾衣食移居大吉。
锤钻者主侵害事，锤欲举动有人扶。
凿主被人驱使吉，熨斗盛火好事成。
熏笼者增益田产，人与秤者主权位。
绳索主长命大吉，绳索断者主凶恶。
人与凿者主失金，人送帚者主得位。

船车行游物件第十二

船飞行主大富贵，船浅在岸是非厄。
乘船渡江河得官，船中有水主得财。
乘船看日月得职，乘船与日月得富。
乘船饮酒远客至，与人同船主移居。
乘船风帆大吉利，乘船见船主安稳。
乘船桥下遇大吉，病人乘船必主死。
助父乘船官位至，身卧船中主有凶。
执火乘船主大吉，家中乘船主有财。
乘船看花酒食至，船车破碎主不详。
车轮破夫妻相别，车轮折倒主破败。
车载不起厄事去，驾车游行禄位至。
车行主百事和顺，车不行所求不遂。
车入门主有凶事，病人上车主大凶。
丧车过者主灾散，行车白马主大吉。
四马驾车吉文凶，以羊驾车事不常。
备马者主远行车，远行出入命通达。

道路桥梁亩集第十三

见四通路名利遂，道中得财主通达。
道泥荆棘事不成，大道崩陷主得财。

修桥梁者万事和,见渡桥主有官司。
桥上坐主禄位至,见桥坏主有官司。
携手上桥妻有孕,桥上呼唤讼得理。
新造桥者大和合,桥断者主有口舌。
桥柱折者子孙凶,桥路上住车皆吉。
夫妇人市主置产,见市中无人主凶。

夫妻产孕交欢第十四

夫妇宴会主相别,夫妇相骂主病患。
夫妻分钗主分离,夫妻相打欲和会。
同妇人行走失财,抱妇人主有喜事。
与妇人交有邪祟,与妇人共坐大吉。
抱妇主得大财喜,妇人与夫入水吉。
夫妇各与梳头吉,夫妻相拜主分散。
交接男子主失财,妻着锦衣生贵子。
妻有孕主外私情,见妇人阴主口舌。
妇人赤身主大吉,男子裸体命通达。
兄弟分别口舌临,抱小儿女主口舌。
小儿死者主口舌,见嫁娶及孝主凶。
新生男女主大吉,男子化为尼姑凶。

饮食酒肉瓜菜第十五

人请饮酒主命长,与人饮酒有口舌。
与人吃会富贵至,筵会客人家欲破。
饮酒者主哭泣事,饮酒至醉有疾病。
贵人赐宴主疾病,与贵人共饮大吉。
人请吃酥酪主喜,与人吃乳尊亲至。
与人吃蜜大吉利,呕吐者主人疾病。
食冰者主得大利,死人食者主疾病。
食牛肉于堂上吉,食犬肉主有争讼。
食猪肉主疾病至,刀割猪肉主生病。
食生肉凶熟肉吉,食自死肉主别离。
食鹅肉主妾疾病,食鸡鸭肉等皆吉。
食馒头主口舌散,见馒头未食主气。
食烂瓜主生疾病,食饼食饭心不遂。

食瓜子主生贵子，食柿[食]柑主疾病。
食柿桃离而复合，食枣者主生贵子。
食桑椹主生贵子，食栗者主有分别。
食梨者主失财帛，食一切菜者凶至。
食茄者主妻有子，食葱薤主有争斗。
食薤者有重伤至，食蒜者主火害至。
食菜见菜黄主凶，食油盐酱醋豆吉。

坟墓棺材迎送第十六

坟墓高者大吉利，新坟棺财主忧除。
坟墓上有云气吉，坟墓门开百事吉。
坟墓主明吉暗凶，坟墓生树吉折凶。
坟墓上开花大吉，棺自出墓中大吉。
将棺入宅禄位至，死人出棺外客至。
开棺与死人言凶，棺[敛]死人主得财。
见棺水上大得财，空远无人主远行。

文书笔砚兵器第十七

各色经书大富贵，五色纸者大益财。
吞五色纸诗书进，几上有书禄位至。
诗文书写字大吉，有人教书大富贵。
见读书者主聪明，看人唸书生贵子。
得历日者中黄甲，封书信者主通达。
手弄笔砚主远信，人与墨者文章进。
人将已笔文章退，他人送笔主才进。
君王队伍有异名，得大赦者合宅凶。
就人卜易主疾病，受人帋钱主大吉。
公坐移动主迁官，受职上官财物来。
佩印公爵主大吉，佩印执节主移居。
佩印信者名誉出，印绶改迁生贵子。
棋子主添丁进口，打球者主得虚名。
兵马入城福禄至，率众破城所求得。
在军阵中主大吉，将军徙行主喜事。
征人初出事未成，见军兵败主凶事。

征人回者主疾病，见军兵败主凶事。
己射人必主远行，人射己有行人至。
持弓矢者主大吉，挽弓断弦主凶恶。
人送弓弩得人力，弩弛难上兄弟散。
弓弩相开主争论，戈钺有光禄位至。
披甲杖剑得高官。

哀乐病死歌唱第十八

与人哭泣有庆贺，放声大哭欢乐生。
身着孝服官禄至，远人来悲泣主凶。
床上悲泣主大凶，见歌舞主口舌至。
家中欢喜百事吉，怀中瑟琶得人力。
他人与笛有名声，与人拍板有口舌。
堂上歌乐主丧事，吹笙者主有更改。
吹笛打鼓有吉庆，他人作乐讼有理。
露齿哭者有争讼，卧病为人扶加官。
病者主有凶事情，病人歌唱主大凶。
病人哭笑疾病除，死人立者主大凶。
病人起者必定死，病人装车必死亡。
死人哭泣有口舌，自疾病者主有喜。
死人哭坏者得财，死人复活主有信。
见人死自死皆吉，子死者有添喜事。
见先亡长者大吉，问吊他人主生子。

佛道僧尼神鬼第十九

诸佛菩萨大吉利，法师登座主疾病。
老君真人皆主吉，书神佛者得人钦。
入神庙神动大吉，造幡盖者大吉利。
僧师教人念经吉，道士女冠言语吉。
和尚尼姑看经卷，被鬼神打大不祥。
堂上神佛大吉利，神佛不成行大凶。
烧香礼拜皆大吉，迎神赛社有外财。
仙圣到家福禄至，遇鬼门者主延寿。
祭祀神道大吉利，身受戒行者子孝。
与神女通得贵子，与尼姑交主失财。

被害斗伤打骂第二十

被人杀害者大吉，杀死他人大富贵。
持刀自杀者大吉，杀人血污衣得食。
被刀刺火出快利，持刀相杀见血吉。
刀伤出血主酒食，砍刺见血主大吉。
炙身见血流大吉，刀斧自伤主大吉。
持刀砍人自食力，人砍头脑中二名。
被人打者主得力，被人脚踢主求财。
打妻妾者主失力，家中相斗主分散。
断头而行主大喜，女人相打主病至。
兄弟相打大吉利，被妻妾打主凶事。
看见杀人主大吉，被人签刺大吉昌。
手指折者主子病，向人叩头百事吉。
与人相骂者主吉，被骂佯颠大贵至。
被人凌辱主得财，杀猪豕者大吉利。
杀羊打羊主病凶，杀彘豹主有重印。
杀牛鹿者大富贵，杀牛食肉主生财。
杀驴骡马有酒食，杀龟者主有丧事。
杀鸟雀妻妾灾难，杀鸡鹅鸭主大吉。

捕禁刑罚狱具第二十一

牢狱崩坏有赦吉，巫狱中必有恩赦。
入狱受灾主荣贵，狱中死者官司散。
使人入狱得财吉，入牢狱主有大贵。
盗贼自入狱大凶，牢狱具污百事吉。
罪人走脱疾病去，赶贼行见者大吉。
枷锁临身疾病至，枷锁折损口舌散。
枷锁入宅主大凶，绳索挽舟大吉利。
身被网罗主官司，被罗网罩主酒食。
被人决罚禄位至，被人做贼者大吉。
被人绑住疾病至，被官打身主孝服。
自以杖决耻辱生，枷锁怕怖主分散。
入官词讼主大吉，邀人入官主酒食。
吏引入司主大吉，为吏所缉有急事。

贵人走马官司明，拷讯杖责主大贵。

田园五谷耕种第二十二

田中生草主得财，种田宽大有禄位。
自种田禾主出行，见种田者禄位至。
教人洪种远行至，使人种田地大吉。
买人田宅主进职，身在禾中大吉利。
破败田地主大吉，割收田禾家已安。
屋上生禾官位吉，禾苗豆稔富贵长。
见麦稻主得大财，粳精禾者有财吉。
五谷茂盛主得财，谷穗齐秀大吉利。
米谷堆吉散主凶，大小麦主妻私心。
大豆苗叶子孙凶，米麦相排大吉利。
坐卧米麦主大吉[1]，手中把谷主福禄。
得米谷者主大吉，得禾失禾主得秩。
粟米必有献物至，种菜主长命大吉[2]。
荞麦面饼官司迁，麸糠相交家欲俭。
酒曲必主枉屈事，葫芦者主恶事迁。
麻靠身者主疾至，麻生如林大吉利。

水火盗贼灯烛第二十三

水上行者主大疾，水上立者主凶事。
大火澄清大吉利，水上火出主大吉。
自在水中大吉利，自跌水中不出凶。
饮水不休得大财，流水绕身有狱讼。
火烧山野大显达，江海涨漫大吉昌。
人家有水儿子亡，河水砂石益文章。
看火烧有大人助，火烧河水长命吉。
身在火中贵人扶，火焰炎炎主发财。
火烧自屋主兴旺，火从地生疾病至。
执火而行官位至，大火烧天主国安。

① 米麦：一作“米中”。
② 菜：一作“禾”。

水流洋洋有新婚，火烟黑色主疾病。
把火行路大通达，把火烧井主疾病。
宅中火光大吉利，听庭燃火作明府。
火烧厨中有急事，火烧臭秽主大吉。
见烛者主发大财，灯烛光明大吉利。
众人圈火和合吉，恶人相引疾病至。
赶贼出市不出凶，强贼入宅主家破。
与贼同行大吉利，己身作贼所求得。

垢污沐浴凌辱第二十四

尿屎污身主得财，大便满地主富贵。
处厕中得官禄位，落厕出吉不出凶。
厕屋住卧主得财，厕中干者家主破。
架厕屋主有财喜，挑粪回家大吉利。
在泥中所求不成，失大小便主得财。
泥污衣裳主产凶，泥污衫衣主身辱。
男女沐浴上床凶，沐浴尘土疾病安。
洗头迁居疾病除，被辱骂惹人词讼。

龙蛇禽兽类第二十五

乘龙入水有贵位，龙眠水中求事遂。
龙当门者大吉昌，龙死亡主失贵位。
乘龙上山所求遂，官辱皆由龙入井①。
龙飞有官位大吉，乘龙入市主贵位。
龙蛇入门主得财，龙蛇入灶有官至。
蛇化龙行贵人助，妇人见龙生贵子。
龙蛇杀人主大凶，蛇咬人主得大财。
蛇入怀中生贵子，水行蛇主有荣迁。
蛇随人去妻外心，蛇入谷道主口舌。
蛇绕身者生贵子，蛇多者主阴私事。
蛇赤黑口舌青吉，蛇黄白主有官司。
凤凰主有贵人助，凤集拳上母命至。
孔雀者主大吉利，鹤上天主小口灾。

---

① 官辱皆由龙入井：一作“龙入井中官被辱”。

鹤鸣者禄位大显，鹤入怀中生贵子。
鹤驾车主征伐事，放鹤者主得财吉。
孔雀飞舞有文章，鹦鹉妇人主口舌。
鸳鸯散去主妻凶，鸟入宅主有大凶。
驾鹞者主禄位至，鸠雀者主得财吉。
燕飞入怀生贵子，燕子至有远客来。
空中鸟鸣主妻亡，飞鸟入怀皆主吉。
捉住飞鸟远信至，雀鼠争闹有官司。
鸭雀相噪主酒食，鹅鸭同游得好妾。
鸟赴蛇来主引见，洗鸡得官鸣口舌。
鸡抱卵者主大吉，鸡在树上主得财。
麒者主名振天下，白象江猪官位至。
狮子叫吼声名振，猛虎大吼主得官。
骑虎行者无恶事，虎入宅中官职重。
虎狼不动见官吉，豺狼恶狗有盗贼。
狼啖脚者主不得，骆驼豹豸得重印。
熊狐主身生贵子①，獐鹿在家得官禄。
群兔上天得贵位，活兔在园百忧去。
猫捕鼠者主得财，白鼠引路人提携。
鼠咬人衣所求得，鼠犬走主有喜事。
山猴主有争讼端，白猿主有禄位传。

牛马猪羊六畜第二十六

黄牛来家主富贵，水牛主先祖索食。
牛上山坡大吉昌，牵牛上山主富贵。
牛角有血主三公，牛触人凡事不成。
牛出门好事立至，水牛来家主丧事。
牛生犊所求皆得，骑牛入城有喜临。
马舞庭前凶事散，牵牛羊家有欢乐。
马行千里大喜至，乘马快吉钝主凶。
走马行主文书事，马驼钱物失禄位。
马入室主奸情事，披衣放马皆喜事。

① 熊狐：一作“熊罴”。

群马奔远百凶解[1],罪人走马厄事去。
被马咬有禄位至,乘白马者主疾病。
杀猪者吉自死凶,骑驴骡主得财吉。
猪豚变人官司至,羊作豚行行人至。
猪羊搔痒主口舌,骑羊上街主得财。
子母羊益命大吉,犬吠人鬼来求食。
犬咬人主失财凶,屋中生马主大吉。

龟鳖鱼虾昆虫第二十七

龟入井宅主富贵,龟蛇相向主生财。
见龟者主贵人至,捉龟者主丧事至。
鱼飞水上百事散,见鳖者主有得财。
井内有鱼迁官至,张网捕鱼大吉利。
人捕鱼食至皆吉,抢鱼拾鱼主小疾。
水中钓鱼大吉利,林中鱼猎事难成。
群鱼行水主有财,鲤鱼妻有孕大吉。
大鱼扬动主声名,小鱼生子大吉利。
干鱼下水命复通,虾变鱼主得财吉。
身坐鱼虫病患除,螃蟹主百病消散。
蛤蟆鸣走有口舌,水蛭主女人生财。
螺蛳主在外不利,蛤蜊主老来生子。
飞蛾入灯他人败,蚕飞入兰主小吉[2]。
蜂蝶咬战事不成,峰螫人足有财喜。
螳螂作堆主失财,蜻蜓对飞美人来。
促织声烦有小恼,蝙蝠群飞阴事良。
蜈蚣咬人寿命吉,蚯蚓主田宅大吉。
蝇污人衣必有谗,蚰蜒主有小财吉。
蚊子咬人主有失,蝼蛄主有不明事。

① 奔远:一作“奔走”。
② 入兰:一作“不茧”。

文翔凤

文翔凤(1577—1642年),字天瑞,号太青,三水(今陕西旬邑)人。文在中长子,约明万历至崇祯时在世。明万历庚戌(1610年)进士,在山东莱阳、河南伊县、洛阳县作县官,文学、政事均有名。提学山西,"晋之人文一变"。升为南京光禄寺少卿,不去赴任而回乡闭门著述,"潜心皇极经世之学"。他论学以事天为最高准则,竭力排斥"西来之教",着《太微》以维护《易》。生平特爱辞赋,思深笔精,定要媲美古人辞赋。作《金陵六赋》,把它当作京都赋,如同班固《两都赋》、张衡《两京赋》、左思《三都赋》之作。诗词离奇傲兀,不受约束,才力施展充分,可与唐代诗人刘叉、马异争奇斗险。有《太微经》二十卷、《九极篇》(皇极、南极、西极、东极、北极、天极、地极、人极、物极)、《文太青文集》二卷、《函谷考》《函防议》等。

论祀谒①

本县自威灵祠登堂涖官,诘旦当礼先圣。是夕河北道之輶轩即以二鼓至②,当蚤发,惧将送之愆期,传礼生四鼓前导东郊礼庙。登堂听讲后,即当便道礼三明主庙,为周成王、汉光武、宋太祖。次至贾太傅祠③,次造西郊,礼周公庙。次至二程先生祠④,次至范文正公祠⑤,次至新创县城隍庙,归即修谒府道,当候送客轺于西郊之外。其邵子安乐窝在天津之畔⑥,不及往,以十四日夙兴祀⑦。

议周公庙营造⑧

窃惟以周公元圣,道隆礼乐,功被天壤,况郏鄏又其经营定鼎之邑乎!始

① 见《皇极篇》卷二十二《洛书子于役录》。作于乙卯。

② 輶(yóu)轩:古代天子之使臣所乘的轻便车子。

③ 贾太傅:汉代贾谊。

④ 二程先生:宋程颐、程颢。

⑤ 范文正公:宋范仲淹。

⑥ 邵子:宋邵雍。天津:洛河上之天津桥。

⑦ 夙(sù):早。

⑧ 见《皇极篇》卷二十三《洛书史太微堂日录一》。原注:丙辰。

焉衮衣系东山之恋[①],终焉七年有诞保之勤[②],又宜其神明之所独栖也。遗像俨然,薄夫亦肃[③]。而风雨交于檐阿,星日穿于眉宇,瞻拜之际悚乎弗安。百务尚可缓,图庙貌岂堪尚待。幸蒙雅询,已有本府估册在,以三十九金而妥大圣人之神,亦何爱而弗为。本县即先出俸十金佐其役,谨请诹吉[④],以便经始[⑤]。

洛记·政纲(节选)[⑥]

入洛以乙卯十一月之十二日[⑦],出洛以丙辰五月之三十日……周公庙其捐修,八蜡祠其更正也。

洛记·初政(节选)[⑧]

乙卯……十一月……洛阳令以十三日[⑨]。四更出东郊,诣县,谒先师,遂视学命讲。前诸生教之,遂便道谒贾太傅并三明主[⑩],即驰至西郊,谒新创之县城隍庙,遂自周公庙至范文正并二程先生祠。

---

① 衮衣:古代帝王及上公穿的绘有卷龙的礼服。借指帝王或上公。东山:《诗经·豳风》篇名。东山在今山东境内,周公东征伐奄驻军之地。

② 诞保:大力治理。《尚书·洛诰》:"惟周公诞保文、武受命,惟七年。"

③ 薄夫:刻薄的人、平庸浅薄的人。

④ 诹(zōu)吉:咨询商议,选定吉日。

⑤ 经始:开始营建;开始经营。《诗经·大雅·灵台》:"经始灵台,经之营之。"

⑥ 见《皇极篇》卷二十七《洛书史太微堂日录五》。

⑦ 乙卯:公元1615年,明神宗万历四十三年。

⑧ 见《皇极篇》卷二十七《洛书史太微堂日录五》。

⑨ 丙辰:公元1616年,明神宗万历四十四年。

⑩ 明主:贤明的君主。

王铎

王铎(1592—1652 年),字觉斯,一字觉之,号嵩樵、十樵、石樵等,孟津(今年属河南)人。明天启二年(1622 年)进士,授翰林编修、经筵讲官等职,明崇祯十七年(1644 年)授礼部尚书,清兵入关,至南明福王朱由崧朝任东阁大学士。清顺治三年(1646 年)仕清,官至礼部尚书。工诗文、书画。有《拟山园帖》《琅华馆帖》《拟山园集》等。

凿山塞路记[①]

乙亥,余转南掌院[②],九月抵津[③]。寇仇又逼津,人相顾盱愕[④]。余愿出城凿山塞咽道。咽道塞,北大河,西、南、东皆寇,即卷甲至[⑤],不能越此隘口深堑,薄津城矣。

遂轻骑率子弟家丁,一巡简随之[⑥]。余顾夫六十人,厚其口,赏锸锄诸铁器[⑦],邪许力作之声震林木[⑧]。土坚,多红石,器易缺折,辄更器而凿。穷一日,及二更,月色荧然,又取酒劳来诸勤者,惰者咸兢奋焉。锸触石,火光激射。两日夜凿深五丈,宽四丈,穴以竹枪削木,浮以土。

洛之周公庙、夹马营,余详以告示张戒商,曰:“商不可来也! 来则陷于窞[⑨],无完肌矣! 若流寇,请从山口入,吾津愿背城决雌雄!”

寇之逻者得告示。后二日,行耀店,以令旗掣其前队,曰:“孟津乡宦,告示诱我也! 闻彼凿阬深[⑩],不可往!”火光照远迩,势汹汹,竟掣回。

---

① 王铎《拟山园集》。

② 南掌院。掌院:明清两代翰林院掌院学士的省称,明代在南京设有南掌院。

③ 津:孟津。

④ 盱:通“吁”。

⑤ 卷甲:卷起铠甲,形容轻装疾进。《孙子·军争》:“是故卷甲而趋,日夜不处,倍道兼行,百里而争利,则擒三将军。”

⑥ 巡简:巡检。明初置巡检司长官,初较重视,后改为杂职,各一人,正九品。

⑦ 锸(chā):铁锹,掘土的工具。

⑧ 邪许:劳动时众人一齐用力所发出的呼声,即号子声。一人领呼称为号头,众人应和称为打号。《文子·微明》:“今夫挽车者,前呼邪轩,后亦应之,此挽车劝力之歌也。”《淮南子·道应训》:“今夫举大木者,前呼邪许,后亦应之,此举重劝力之歌也。”

⑨ 窞(dàn):深坑。

⑩ 阬(kēng):同“坑”。

兵部尚书豫石吕公墓志铭(节选)[①]

流寇破宜阳、永宁,窥洛,公縋家将李定国出城,杀寇十余人。总兵王绍禹寒心,率兵畏避大城楼后。分守道王胤长、乡宦、知县刘芳奕,无蚤见,遂令绍禹守城。夹之皆铍[②]、戈、钹[③],日骇。城内矢石颇强,可以无堕。

公守北城,方飧[④],其子璜、琳,族孙豸侍曰:"王绍禹兵城上与寇隐语,寇势弥张,攻不遗余力。非轻相□,此方用肘足时也[⑤]。大人急自爱。何拱手以须欤?"公曰:"小子何疑畏!洛大矣,赖皇上之灵,岂即破一东周国,万一破,我不能特立,平日讲圣贤学,何学乎?吾岂有所曲回也者!有进死,无退生。"饮食衎衎自如也。且督城士弩炮雷发以拒之,多所伤。少顷,绍禹城内百骑长矛鞺鞳[⑥],阑路驰杀人[⑦]。城上绳汲寇,腹背受敌。寇讧,众溃走。或曰:"更服跳[⑧]。"公曰:"否!否!"曰:"縋城?"公曰:"否!"曰:"避民舍?"公曰:"否!"仰天大哭。寇至,枝戟在面,扯公去,公收哭,无愁色。至城西闉周公庙[⑨],见大寇营中,坐雕几,公不跽。怒曰:"吕尚书总理招抚,汝请兵剿我,何太偪人[⑩]?"公厉声曰:"我为兵部尚书,今恨无兵马杀汝狗彘,今日惟有一死耳!"

时福藩与洛人士先缚于前[⑪],公顾之曰:"纲常为重!万万不可跽贼。"皆泣下。大寇令之降,公阳笑曰:"世宁有屈降吕尚书哉!我当国家事,死不顾。今之死不辱圣贤,不羞靦于天地[⑫]。生正人,死必为正神。"或欲生之,公更谩

---

① 据现存手稿影印件录。

② 铍(pī):长矛。

③ 钹(pō):一种两边有钩、有刃,下有长木柄的镰刀。

④ 飧(sūn):同"飱"。

⑤ 肘足:以肘触肘,以足蹑足。比喻暗中示意,互结其谋。

⑥ 鞺鞳(tāng tà):钟鼓声,亦指其他类似的响声。

⑦ 阑:通"拦"。

⑧ 更服:换衣。

⑨ 闉(yīn):古指瓮城的门。

⑩ 偪:同"逼"。

⑪ 福藩:指福王朱常洵(1586—1641年):明神宗第三子,母郑贵妃最受宠幸。明万历二十九年(1601年)封为福王。婚费、营洛阳宫邸费五十八万,十倍定制。万历四十二年(1614年)始到封地,赐庄田二万顷。崇祯十四年李自成攻陷洛阳,被杀。

⑫ 靦:同"腼"。

骂曰："生尚书不值钱。"北向拜皇帝，哭曰："圣恩未报，臣心已竭。"西向拜父母，伸颈就刃，遂死。呜呼，痛乎！人畴无死，龊龊效辕下驹，蜉蝣掘阅，何足重轻，安可与公抗颜哉！若公之死，爰得其所，可矣可矣！

事闻，皇上哀之……公生万历十五年丁亥七月二十日①，终崇祯十四年辛巳正月二十一日②，年五十有五。

① 万历十五年：公元1587年。

② 崇祯十四年：公元1641年。

谈迁

谈迁(1594—1658年),原名以训,字仲木,号射父,明亡后改名迁,字孺木,号观若。祖籍汴梁(今开封),随宋室南渡,定居于盐官西南枣林村,后江沙坍落,迁至马桥麻泾港西(今海宁马桥)。明诸生,自幼刻苦好学,家贫,靠替人抄写、代笔或作记室(秘书)来维护生活。南明弘光元年(1645年)为阁臣高弘图记室,出谋划策,力图恢复,很受高弘图、张慎言等赏识。后拟荐为中书舍人及礼部司务,他感到"时事日非,不足与有为",坚辞不就,后回家隐居。谈迁博鉴群书,善诸子百家,精研历史,尤重明代典故。

顺治十四年(1657年),去山西平阳(今临汾)祭奠先师张慎言,病逝于旅舍。著作有《国榷》《海昌外志》《枣林杂俎》《枣林集》《枣林诗集》《北游录》《西游录》《史论》《金陵对泣录》《枣林艺篑》《枣林外索》等。

国榷(节选)[①]

癸未嘉靖二年[②]。

……

正月……癸亥,立洛阳周公庙。巡抚何天衢言[③],观星、测景二台,公遗迹也。

① 见《国榷》卷五十二。

② 嘉靖二年:公元1523年。

③ 何天衢(?—1527年):字道亨,湖广道州人,弘治九年(1496年)进士,授嘉兴知县,擢监察御史,历官至工部侍郎。

查继佐

查继佐(1601—1676年),明末清初史学家、戏曲作家,海宁袁花人。本名继佑,因应县试时误写,遂沿用。生当乱世,累更字号:初字三秀,更字友三,又字伊璜、敬修,号与斋,又号左隐、方舟、发标、钓玉、兴斋,晚号东山钓叟。明崇祯六年(1633年)举人。少有异才,诗词曲皆擅长。入清后隐居不出,改名为查省。曾于雪中识铁丐吴六奇,厚加款待与馈赠,后因庄廷鑨私修《明史》案牵连,被逮问罪,而此时吴六奇官至提督,力为奏辩,查得免祸。著有《明季国语》《鲁春秋》《罪惟录》《班汉史论》等,剧作有杂剧《续西厢》和传奇《眼前因》《梅花谶》《鸣鸿度》,又辑有《九宫谱定》流传于世。

历代帝王贤圣祀典(节选)①

嘉靖二年②,建周公庙于雒阳,仍遣官视登封县公遗迹观风、测景二台,考正土圭表漏制度尺寸③。

① 见《罪惟录》卷八。

② 嘉靖二年:公元1523年。

③ 土圭:古代用以测日影、正四时和测度土地的器具。《周礼·地官·大司徒》:“以土圭之法,测土深,正日景,以求地中。”贾公彦疏:“土圭尺有五寸,周公摄政四年,欲求土中而营王城,故以土圭度日景之法测度也。度土之深,深谓日景长短之深也。”

李 清

李清(1602—1683 年),字心水,号碧,晚号天一居士,入清更名青,兴化(今江苏扬州)人,明末清初史学家。曾祖父李春芳,嘉靖进士第一,累官吏部尚书,隆庆初为首辅。清早年贫而力学,于明崇祯七年(1634 年)甲戌会试第一,累官大理寺左丞。居言路,中立无倚。福王时,请追谥开国名臣及武宗熹宗两朝忠谏诸臣,于是李善常等十四人、陆震等十四人、左光斗等九人,并得谥。清康熙间征修《明史》,辞以年老不至。有《澹守斋集史论》《女世说》《史略正误》《正史外史摘奇》《二十一史同异》《南渡录》《三垣笔记》《明史杂著》《南北史合注》等著作。其《南北史合注》与《读史方舆纪要》《梅氏历算全书》在当时并称为三大奇书。

南北史合注(节选)①

《伽蓝记》曰:世隆又立荣庙于芒岭首阳山。山旧有周公庙,世隆欲以荣比周公,故曰。庙成,为火所灾,有一柱焚之不尽。后三日,大雷霆,为霹雳击作数段。柱下石及庙瓦皆碎于山下。

① 见《南北史合注》卷一百三十五。

张彦珩

张彦珩(1605—1690年),字九如,河南洛阳人,张美含之孙。清顺治三年(1646年)进士,历任户部贵州司主事、两江员外郎、福建兴化府知府、广东琼州府海南提学道副使、按察晋、楚藩等。擅长书法,宗欧阳询。有《筹海纪略》《筹琼纪略》等。

重修周公庙记

周公之为圣人,五尺童子所知也。其勋懋迓衡①,诚感风雷者②,固彰著于《周书》诸篇。即《周礼》《周官》之尽制,《尔雅》《考工》之奥博,读书怀古之士,类能言之。若处稷、契、皋、夔之位③,传尧、舜、禹、汤之心,吾孔子切切于梦寐,颜、闵而下不及也④。厥后,孟子历叙道统,以公继文王之后,其尊之者至矣。

圣远言湮二千余年,又见瀛海王公⑤。公以一代真儒为中原师帅,下车伊始,有修葺二程祠宇之役。论者已知其由程、邵证周、孔,不知水橐之不振也。嘻,廉吏可为哉!节缩两年余,始得毕志于周公遗庙。其因革有精意,丹雘无遗力⑥,详具各碑文及自记中。总之,夫不雇不役,物不值不材,寸寸而积之,成兹伟烈,公盖与孔、孟一心也。

---

① 懋(mào):古同“茂”,盛大。迓衡:迎太平之政。

② 诚感风雷:见《尚书·金縢》。

③ 稷:后稷。姓姬,名弃。古代周族始祖,相传其母为有邰氏女,因在野外踏巨人足迹受孕而生。好农耕,善于稼穑,尧、舜时曾任农官,教民耕种,号曰后稷。契:名或作偰、离。传说中远古商代始祖,帝喾之子,其母简狄吞玄鸟卵怀孕而生。佐禹治水有功,舜乃命契为司徒,掌教化。赐姓子,封于商。一说居于蕃。皋:皋陶,又称咎繇,传说中的部落首领。相传曾在舜时任掌管刑法的官职,后被禹选为继承人,因早死,未继位。夔:传说中远古时人。尧时举用为乐正,舜时命夔为典乐。击石拊石,以像上帝玉磬之音,百兽率舞。授乐于国之子弟,使正五声,协六律,和谐八音。

④ 颜、闵:孔子弟子颜回和闵损(子骞)的合称。他二人都以品德高尚受到称赞,后借以指有德之士。《论语·先进》:“德行:颜渊,闵子骞,冉伯牛,仲弓。”《汉书·叙传上》:“伏周、孔之轨躅,驰颜、闵之极挚。”唐杜甫《赠郑十八贲》:“羁离交屈宋,牢落值颜闵。”

⑤ 王公:王来庆。详见下文。

⑥ 丹雘(huò):可供涂饰的红色颜料。此处为动词,涂饰色彩。

余因是有感也。学黄老者政清静[①],学申韩者政综核[②]。公早作夜思,一惟衮衣赤舄之是程[③],故其治皆成遗泽也[④]。兹复夹辅分陕之老[⑤],血食一堂[⑥];历代子惠之长[⑦],分配廊庑。后人入庙兴怀,公又以《二南》治吾洛于万世已[⑧]!

公讳来庆,号龙章,直隶河间人。

---

① 黄老:黄帝和老子的合称,为后世道家所宗。

② 申韩:指战国时法家申不害和韩非的并称。后世以"申韩"代表法家,亦以称申韩之学。

③ 衮衣:古代帝王及上公穿的绘有卷龙的礼服。赤舄(xì):古代天子、诸侯所穿的鞋,赤色、重底。

④ 遗泽:留下的德泽。

⑤ 夹辅:辅佐帝皇治理国家。分陕:陕即今三门峡市陕州区。相传,周初周公旦、召公奭分陕而治,周公治陕以东,召公治陕以西。后谓封建王朝官僚出任地方官为"分陕"。

⑥ 血食:谓受享祭品。古代杀牲取血以祭,故称。

⑦ 子惠:慈爱;施以仁惠。

⑧ 《二南》:指《诗》的《周南》和《召南》。

吴伟业

吴伟业(1609—1671 年),明末清初江南太仓人,字骏公,号梅村。明崇祯四年(1631 年),一甲二名进士,授编修。弘光时为少詹事,以马士英、阮大铖当权,乞假归。入清,闭门不出,仍主持文社,声名甚重。后以陈名夏、陈之遴等荐,地方官敦促就道,被迫于清顺治九年(1652 年)进京,官至国子监祭酒。顺治十四年(1657 年)南归家居。奏销案起,几至破家。遗命以僧服殓,题"诗人吴梅村之墓"。学问渊博,诗尤工丽,所作歌行均足备掌故。有《梅村家藏稿》《绥寇纪略》《太仓十子诗选》。

绥寇纪略(节选)①

十三年之十二月②……河南总兵王绍禹者,贪而无厌,好断军士缣谷以自肥③。贼近后,载重坚请入雒阳。又收福王犒士三千金入其橐④,兵益恨,乘夜反招自成入洛阳,陷福邸。缒城至迎恩寺⑤,为所得。吕尚书维祺亦被执⑥。自成见之于西关周公庙,曰:"吕尚书日议兵饷杀我曹,今当何如耶?"吕曰:"吾为兵部尚书,恨无兵磔汝狗鼠⑦。今日之事,惟有死耳。死不愧天地,不愧圣贤,夫何憾!"贼欲跪之,不屈。北拜阙,西拜父母,伸脰就刃⑧,色不变。福王趺坐于地⑨,贼逼之,王闭目摇首不语。已而大骂,因遇害。

---

① 见《绥寇纪略》卷八。

② 十三年:指崇祯十三年(1640 年)。

③ 缣(jiān):双丝的细绢。

④ 橐(tuó):口袋。

⑤ 缒(zhuì):用绳索拴住人或物从上往下放。

⑥ 吕尚书维祺:吕维祺(1587—1641 年),字介孺,新安(今属河南)人。万历四十一年(1613 年)进士。授兖州推官,擢吏部主事。天启间,累迁验封郎中,告归。开封建魏忠贤生祠,维祺遗书士大夫,戒勿参预。崇祯初起尚宝卿,累迁为南京兵部尚书。以义军破凤阳,复牵他故,除名。还居洛阳,河南大饥,出私财赈灾。李自成攻洛阳,维祺分守北城,城破被执。义军知为"赈饥公尚书",欲释之。不从,遂死。福王立,谥忠节。维祺精通等韵学,学者称明德先生。有《音韵日月灯》《明德堂文集》《孝经本义》等。

⑦ 磔(zhé):把肢体分裂。

⑧ 脰(dòu):脖子、颈。

⑨ 趺(fū)坐:佛教徒盘腿端坐,左脚放在右腿上,右脚放在左腿上。

太傅兵部尚书吕忠节公神道碑铭

明年正月,贼侵逼。河南总兵王绍禹坚以其兵入城。公门于北。绍禹门于西,副将罗岱之兵背西门而舍,诡云逐贼,实迎之。返而合围,势张甚。守陴者无人色[①]。公疾呼家将缒下,斗杀十数人。贼再用罗军炮具来攻。公须眉戟张,坐城头,叱左右,弓弩乱发,贼多死。绍禹之兵视而嘻道上,窃窃耳语,旦暮以城下贼[②],爇王府而分之[③]。罗军招与同叛。或得其语,告公,且劝之去。公叹曰:"我向固忧之,今事已去矣,计安出。虽然,雒阳重地,王神祖爱子,犹有神灵。此城必全。万一蹉跌[④],吾奉身以死之。临难苟免,岂儒者事耶!"

越日,王绍禹之兵乘夜挥刀杀守者。悬布于堞[⑤],贼乘之上城防。公北向恸哭,子弟牵衣请避贼。公曰:"我一死以上答所受,内副所学,于义得矣。去将何之!"天明,贼大至。有起于贼中者,曰:"公非赈饥吕尚书耶?我能活公[⑥],可乘间去[⑦]。"公弗动。

其众拥以下,遇福王于道,已反接[⑧]。公奋其首,顾王曰:"王!纲常至重,等死耳。毋诎于贼。辱国体。"贼渠见公于周公庙[⑨],曰:"吕尚书日请兵饷杀我曹,今定何如耶?"公瞠目骂曰:"吾天子大臣,恨无兵以磔汝狗鼠。今日之事,惟有死耳。死不愧天地,不愧圣贤,复何憾!"贼捽之地[⑩],欲屈之。公叱曰:"吾君在北。"北向再拜。又西向拜父母。申脰就刃[⑪],容色自若。是日也,福王亦遇害。

---

① 陴(pí):城上的矮墙,亦称"女墙",俗称"城垛子"。
② 下贼:下于贼。
③ 爇(ruò):烧。
④ 蹉(cuō)跌:失足跌倒。比喻受挫、失势。
⑤ 堞(dié):城上如齿状的矮墙。
⑥ 活:使……活,救。
⑦ 乘间(jiàn):利用机会,趁空子。
⑧ 反接:两手反绑在背后。
⑨ 贼渠:贼首。渠:大。
⑩ 捽(zuó):揪,抓。
⑪ 申:同"伸"。脰(dòu):脖子、颈。

董笃行

董笃行(1612—1687年),字天因,河南洛阳人。清顺治三年(1646年)进士,改庶吉士;四年授吏科给事中,首陈黜陟大典;五年典试浙江,转户科给事中;六年因言纳粟监生宜与绅衿一体优待,坐循情旷职,降三级,调外用;十二年补户科给事中,翌年转礼科都给事中。疏劾总河杨方兴徇纵河道方大猷赃私累万,请处分,以儆戒溺职者。主张用人不拘资俸,选用才品素著、谙练形势者掌执河工。以黔中士子多年不睹诗书,风教湮没,法纪荡然,建议简授学政、教官,振兴文教,以正人心;十六年授太仆寺卿,协理兵部督捕堂事;十七年迁右通政,次年迁太常寺卿,寻迁宗人府府丞。康熙元年(1662年)奉命祭南海,二年擢左副都御史。疏请严禁会试士子私谒,以杜因循请托之弊。康熙七年以原官致仕。卒于家。

重修周公庙记

按洛为九朝都会之地,名贤保厘之邦,自君奭告丰相宅①,而元公卜龟定鼎,迨迁殷以密迩王室,因属公以师保万民。历三纪之风移有征,实四世之弼亮相继②。其在书曰:"惟周公克慎厥始,惟君陈克和厥中③,惟毕公克成厥终④,三后协心,同底于道⑤。"此东郊之治,首自周公。因公留洛,而元子所以俾侯于鲁也⑥。由周至今,虽史称河南三尹,东平罕继,然要以里均洛会,治象先见于嵩邙;符剖周疆,秦阶平于张柳⑦。则转移风化,讵不重于中州师帅哉?是九朝间名宦,数君子又继成周三后而起者也。今之视昔,亦犹后之视今。自周公而下,若召公,若毕公,若君陈、禽父,皆宜合祀以旌勋。岂定鼎以后,如汉、魏,如晋、唐,如宋、齐、元、明,不可配飨以同徽欤?但前制独有正殿,且颓

① 君奭:召公奭。

② 弼亮:辅佐,亦指相位。

③ 君陈:西周王族,周公旦子。周公卒,成王命其分正东郊成周,以续周公之志。

④ 毕公:西周王族,名高,文王庶子。武王克殷,封高于毕。成王时为太史,成王死,遗命嘱与太保召公同辅康王。康王时命毕公高分居里,管理东都成周,安定周郊。《尚书·毕命》即记其事。

⑤ 底:古同"抵",达到。

⑥ 元子:伯禽。俾:使。

⑦ 张柳:我国古代天文学家把天空中可见的星分成二十八组,叫作二十八宿,东西南北四方各七宿。张柳,属于南方朱雀七宿。

废，沦于瓦砾。

我瀛海王公承简命，以保厘东郊，爰思九州之肠心在中，洛阳之盛衰关天下，欲起成周三后之治于今日，必汇汉唐诸公之美于一身。乃与郡倅任公、洛令井公朝夕图维，期追前轨。谓人情莫不欲寿，安全长养，曲尽其方。思守位惟贵乎仁，捍患御灾，更极其至。今已讼简而刑清，抑且军安而民悦，加以悬榻待士[①]，护彗礼宾[②]，汲引忘疲，奖提不倦，一如周公之吐哺握发之勤。因偕郡学师彭君，瞻谒周庙，夙怀式时猷训之思[③]，遂兴聿新轮奂之志[④]，慨然鸠工庀材[⑤]，抟埴优至[⑥]。身董其事[⑦]，经始于癸丑之秋[⑧]，迄今年落成，计费不赀[⑨]，皆公自捐省。上不动公币，下不累民力，而崇隆炜煌[⑩]，增昔数倍。正殿则庄绣，思兼遗像，冕蔬衮舄，俨如帝制，而勺受歌器祭物不假焉。后殿两配，胥列冕服之位。东西两庑，咸镌名臣之碑。肇称禋祀，广置祭田，务俾亿传有资，以继岁事于不衰。又于棂星路旁重建文昌高阁，登临四眺，则山川之回抱，形势之崚耸，地灵之凝结，气脉之郁葱，壮哉与凤城万堞相为环合。将见天下之治象，即可于洛阳之极盛而知乎！然则公真合汉、唐诸君为一人，而起成周三后于今日矣。由是弼亮圣皇[⑪]，俾太和元气在宇宙间者，非所谓“乐只君子，邦家之基”与[⑫]！

---

① 悬榻。《后汉书·徐稺传》："蕃（陈蕃）在郡不接宾客，唯稺来特设一榻，去则悬之。"后以"悬榻"喻礼待贤士。

② 护彗礼宾：古代迎客有"拥彗"之礼，彗即扫帚。宾客至，家中仆人双手拿扫帚躬身门前迎接，意思是说家中已打扫干净。

③ 猷（yóu）：计谋，打算，谋划。

④ 轮奂：形容屋宇高大华美。语本《礼记·檀弓下》："晋献文子成室，晋大夫发焉。张老曰：'美哉轮焉！美哉奂焉！'"

⑤ 鸠工庀（pǐ）材：招集工匠，准备材料。鸠：聚集。庀：准备、具备。

⑥ 抟埴（tuán zhí）：捏黏土做成陶器的坯子。《考工记》："抟埴之工二。"郑玄注："抟之言拍也；埴，粘土也。"

⑦ 董：监督管理。

⑧ 癸丑：康熙十二年，公元 1673 年。

⑨ 不赀：数量极多，无法计量。

⑩ 炜煌：犹辉煌。

⑪ 弼亮：辅佐。

⑫ 乐只君子，邦家之基：出自《诗经·小雅·白华之什》。

彭孙贻

彭孙贻(1615—1673年),字仲谋,号羿仁,浙江海盐人,清代诗人。彭孙遹从兄,明拔贡生,与同邑吴蕃昌创瞻社,为名流所重,时称“武原二仲”。豪于饮,人有“长鲸”之目。痛父殉国难,蔬食布衣二十余年,尚气节,终身不仕清。工诗,为王士禛所赏。《晚晴簃诗汇》谓其诗“沉壮郁勃,七言古间作初唐体,律诗亦偶涉宋法”,又称其集“当与《松桂堂集》(彭孙遹著)并传”。所著《流寇志》,记明末李自成事颇详。另有《茗斋集》《方士外纪》《彭氏旧闻录》等。

襄城行(节选)①

襄流何驶襄山横,夕烽一照无坚域。
岘首北临见洛水,周公庙里鸺鹠鸣②。

① 见彭孙贻《茗斋集》卷二。

② 鸺鹠(xiū liú):猫头鹰的别名,鸱鸮的一种,在古书中却常常视为不祥之鸟。

朱之翰

朱之翰，字鹤门，江宁府上元县（今南京）人。清顺治四年（1647 年）进士。初知蠡县，后改平湖，历升礼部精膳司郎中。康熙十三年（1674 年）任河南学政，所拔皆知名人士。任满告归，遂不复出，以恬退终于家。

重修周公庙记

河南府有周公庙，祀元圣周公也。问：按地志，周公相成王，营涧水东、瀍水西，定洛邑，为王城；又营瀍水东，处殷顽民，为成周，并在今河南洛邑境内。而洛阳即金墉城。去河南四十里，东西相望，疆场庐舍，交阴阳而会风雨，万年厌德之烈在焉。祀周公示有初也。考之古者，释莫先师，如唐虞之皋陶、伯益，商之伊尹，皆与周公崇祀瞽宗[①]，后世独尊事孔子，然皋、益有《谟》[②]，伊有《训》[③]，暨周公《召诰》《洛诰》诸篇，列于六经，而祭奠之典，不领于学宫，斯亦礼之可以义起者欤？夫坊、庸、马、蚕之属，世当严而奉之，与夫幽宗、雩宗、山林、川谷祭[④]，有其举之，莫或废也。以其不废，而熏藁朕盉，相与修其精意以导迎善气，则君子有取焉。矧公之法施于民，以劳定国，有合于秩祀者哉！然自兵燹以来，栋宇随颓，丹青漶灭，赤狐、苍鼠，窜伏于兔丝、燕麦之间。过者慨焉而无以致其肃，则有司之过也。

郡守瀛海王公，为政教养抚循，民大和会[⑤]。以其间，修葺公庙。尺椽片甃，一畚一镐，节缩俸钱，为之不烦鼛鼓[⑥]，不饰竿牍[⑦]，而丹雘壮丽视昔加[⑧]。予校试洛中，属当盛暑，拜瞻记下，奕然如公之陟降，低回留之而不能去也。居

① 瞽宗：商代的大学。《礼记·明堂位》："殷人设右学为大学，左学为小学，而作乐于瞽宗。"此指学校。

② 皋：皋陶（yáo），传说虞舜时的司法官。益：伯益。舜时东夷部落的首领，为嬴姓各族的祖先。相传伯益助禹治水有功，禹欲让位于益，益避居箕山之北。见《书·舜典》。

③ 伊：伊尹。名挚，商初的贤相。相传汤伐桀，灭夏，遂王天下。汤崩，其孙太甲无道，伊尹放诸桐宫，俟其悔过，再迎之复位。卒时，帝沃丁葬以天子之礼。

④ 雩（yú）宗：祭水旱之神的坛。

⑤ 和会：犹欢会。《书·康诰》："四方民大和会。"孔传："四方之民大和悦而集会。"

⑥ 鼛（gāo）鼓：大鼓。

⑦ 竿牍：竹简。

⑧ 丹雘（huò）：涂饰色彩，犹言藻饰。

次之郡,公以文来请曰:“愿有记。”予惟兹庙之修,阐长世之善经,崇稽古之弘道,所以流政教,惟广化源,可谓知所先务矣。昔梁公奉使江南,奏毁淫祠一千七百所,惟存泰伯、伍员、季札三祠[①]。侯之志,梁公同,而反本复古,至治馨香,固宜有无穷之闻。使分陕之绩,引诸勿替[②]。我观之子衮衣绣裳,不仅云粢龙桷[③],涂饰轮奂如浮屠老子之宫而已也。乃载笔而记之。

题周公庙联[④]

典祀肇天中,涧水东瀍水西,奕世馨香依巩洛;
硕肤弘圣业,文王子武王弟,万年礼乐仰成周[⑤]。

---

① 昔梁公……三祠:《旧唐书》记录狄仁杰本传“征为冬官侍郎,充江南巡抚使。吴、楚之俗多淫祠,仁杰奏毁一千七百所,唯留夏禹、吴太伯、季札、伍员四祠”。梁公:狄仁杰被追赠司空、梁国公。泰伯:亦作太伯。商代人,姬姓。周太王古公亶父长子,季历之长兄。古公亶父欲传位于季历,泰伯乃与弟仲雍避至江南,自号句吴。从当地习俗,传耕作筑城之术,众归之,建立吴国。一说建国于虞。伍员(?—公元前484年):伍子胥。春秋时楚国人,名员,字子胥。吴国大夫。父奢、兄尚为平王所杀,因逃亡吴。助阖闾刺死吴王僚,夺取王位,为行人。佐吴王阖闾攻楚,五战五胜,入楚都郢,掘平王墓,鞭尸三百。以功封于申,又称申胥。吴王夫差时,败越,越求和,力谏勿许,夫差不听。吴攻齐,子胥谏,又不听。后夫差信伯嚭谗,赐剑令自尽。后九年,越灭吴。季札:又称公子札。寿梦少子,诸樊弟。吴王诸樊与馀眜曾多次让位于他,他推让不受。封于延陵,称延陵季子。后又封州来,称延州来季子。馀祭时,曾多次出使于鲁、齐、郑、晋、徐等国,为各国贤士大夫所称誉。

② 替:衰废。

③ 粢(zī):谷子,子实去壳后为小米,泛指谷物。龙桷(jué):刻画有龙形的椽子。

④ 作者时任提学佥事。

⑤ 硕肤:大的美德,亦指德高望重之人。

佟凤彩

佟凤彩(1622—1677 年),字高冈,清汉军正蓝旗人。额驸佟养性从孙。初授国史院副理事官。清顺治七年(1650 年)巡按湖南。顺治十七年(1660 年),擢四川巡抚,筑成都府城,浚都江堰。康熙六年(1667 年)为贵州巡抚,更定本省赋役全书,以均赋役。康熙十一年(1672 年),改抚河南,疏请均定里甲派役,蠲免供应江南河工柳木,为河南民所称道。后卒于任。有《栖友堂集》。

重修周公庙记[①]

古来师万世者惟孔子;相天下者,惟周公。天既生周公,复生孔子,天之意以周公之后不可无孔子,孔子之前不可无周公。盖孔子之教出于日月之上,周公之业包乎天地之外,周公、孔子诚并行乎两间者也。孔子之庙遍国邑矣;周公之庙不少,概见有故址而不一为之修举焉。官斯土者,其能已乎!

康熙甲寅[②],宏农太守王君来庆[③],因郡城西廓外有周公庙故址,遂欲力举而新之。于是剪荆芜,辟瓦砾,鸠工庀材,殿堂门庑,悉仍旧制。中肖元公遗像,衮衣赤舄,焕如也。召公、毕公、伯禽、君陈皆塑绘,严翼祔焉。历代名宦列于殿之两庑,亦既配位攸宜,质文兼尽矣。犹欲振兴文教,复建文昌阁以佐之。庙貌巍峨,宏丽美备,猗与盛哉[④]!

是役也,王君僦民之力[⑤],故众不以为劳。蠲己之俸[⑥],故人不以为费。落成时,来请予记。予思周公之德之业,炳炳麟麟[⑦],光照史册,无俟予称述者。至斯庙之创自何代,圮于何时,或别有纪,或不必究其详者,皆不复道。独是周公为成王营洛邑,卜涧水之东、瀍水之西,定鼎焉。公之精诚眷恋于洛也,审

---

① 见《河南府志》。

② 康熙甲寅:康熙十三年(1674 年)。

③ 宏农:又作“弘农”。西汉元鼎四年(公元前 113 年)置郡,治弘农县(今河南灵宝市北)。取弘大农桑为名。辖境相当今河南省黄河以南,宜阳以西的洛、伊、淅川等流域,以及陕西省洛水、杜川河上游、丹江流域。东汉灵帝至北周,曾改名恒农郡。晋以后辖境渐小。隋初废,大业初复置,义宁元年(617 年)改名凤林郡。

④ 猗与:亦作“猗欤”,感叹词,表示赞美。

⑤ 僦(jiù):租赁。这里指以钱雇佣。

⑥ 蠲(juān):同“捐”。

⑦ 炳炳麟麟:光明显赫的样子。

矣。故孔子至洛,历郊庙之所,考明堂之则,察朝庙之制,喟然叹曰:“吾今乃知周公之圣与周公之所以王也。”

《诗》曰:“高山仰止,景行行止。”①吾愿洛之人士,皆灵承向慕乎周公。习其礼,乐其乐,砥砺乎诗书,汲养于道德,而文行交饬焉。若然,则无负乎周公在天之灵,即无负乎孔子;无负乎孔子,即无负乎朝廷作人之化。其于郡守,维持斯道之意,不重有光耶! 时其襄事者某某也②,董之者某某也③,爰并志焉。

题　额

德备三才④。

① 高山仰止,景行行止。《诗·小雅·车舝》:“高山仰止,景行行止。”高山:比喻高尚的德行。景行:比喻行为正大光明。

② 襄事:帮助办事。

③ 董:监督管理。

④ 三才:天、地、人。

耿介

耿介(1623—1693 年),原名冲璧,字介石,号逸庵,登封人,清顺治九年(1652 年)进士,选翰林院庶吉士,由检讨出为福州巡海道,积极修筑海防攻势,革除苛政,兴廉去贪。康熙元年(1662 年)改直隶大名道,奔母丧,遂家居不出。亲赴苏门山下与孙奇逢研讨理学,又兴复嵩阳书院。康熙二十五年(1686 年),以汤斌荐,授少詹事,入直上书房,辅导皇太子学习,常与康熙讨论中庸之要、河图洛书理数之源。在朝五十三日即引疾归,仍讲学嵩阳书院和大梁书院,恪守程朱家法。有《敬恕堂存稿》《河南通志》《嵩阳书院志》《孝经易知》《理学要旨》《中州导学》等。

重建洛阳周公庙碑记

公之庙在洛城西郭,仅存一殿,将圮。太守畿辅王公来领事①,视学之始,即瞻拜其下,怦然心动,思有以葺之,未遑也②。越明年,乃经营规制,庀材鸠工③。启旧殿而新之,修两庑拜殿。前为重门,由正殿旁折而入,建寝殿,颜曰"定鼎"④。东西两斋,缭以周垣。又前为文昌阁。肇始于庚戌正月⑤,落成于是年秋九月。历叙其始末,来求余为记。

窃惟古今之天下所以不敝者,道统与治统常相须⑥。然无圣人之德则道统不属⑦,而非以圣人之德在君相之位,则治统不彰。兼此者,其惟周公乎!

吾尝读《周易》而知公之道之大也。自《河图》泄先天之秘,伏羲画卦,文王系彖⑧,斯道犹未大备。至公而三百八十四爻⑨,立象尽意。明于消息盈虚

---

① 畿辅:国都附近的地方。

② 遑:闲暇。

③ 庀(pǐ)材:备齐材料,多指建筑材料。鸠工:聚集工匠。

④ 颜:题。

⑤ 庚戌:康熙九年,公元 1670 年。

⑥ 道统:宋明理学家称儒家学术思想授受的系统。治统:治理国家的一脉相传的统系。相须:亦作"相需"。互相依存;互相配合。

⑦ 属(zhǔ):连缀,接连。

⑧ 彖(tuàn):《易经》中解释卦义的文字。彖辞,亦称"卦辞"。

⑨ 爻(yáo):组成八卦中每一卦的长短横道。

之理，进退存亡之故，使人知修吉悖凶，纳天下于理道之域，盖天人性命之微，于是而益著。上以接尧、舜、禹、汤、文、武之统，下以开孔、曾、思、孟、周、程、张、朱之传，公之道公之圣为之与①。

吾尝读《周礼》，而知公之治之盛也。自天官冢宰②，以至于宫正、内竖、州长、遂师、缝人、牧人之属③，宏廓纤细，皆精神、心思所运用，酌乎至当不易，为万世班朝莅政之规④，故紫阳夫子谓之天理烂熟之书⑤。公之治，公之相为之与⑥。

而要之，开王业之根本，关治道之终始，莫过于营洛一事。公即卜涧水东、瀍水西为宅中图大之基。而留洛者七年，敉宁底定⑦，奏诞保和恒之绩⑧，迄今考成王之所以称公者，曰惟公之德，光明于上下，勤施于四方。则此洛邑者，公之相业于是为大，而公之神灵所式凭焉者也⑨。今日者顾瞻洛汭，有严有翼，鸟革翚飞者，公之庙也与哉⑩。而以仁厚为基，以礼为门，以义为路，以忠孝为

① 与：同“欤”，表示疑问、感叹、反诘等语气。

② 天官冢宰：周百官之长。《周礼·天官冢宰》：“惟王建国，辩方正位，体国经野，设官分职，以民为极。乃立天官冢宰，使帅其属，而掌邦治，以佐王均邦国。”

③ 宫正：周置，天官之属，为宫官之长，总掌宫中之事。《周礼·天官冢宰·宫正》：“宫正，上士二人，中士四人，下士八人，府二人，史四人，胥四人，徒四十八人。”注：“正，长也，宫正主宫中官之长。”内竖：官名，周朝宫中小臣，掌传达王命。《周礼·天官·内竖》：“掌外内之通令。”郑玄注：“内，后六宫；外，卿大夫也。使童竖通王内外之命。”州长：官名。周设此官，为州的长官，掌其州的教治政令等。《周礼·地官·州长》：“州长，各掌其州之教治政令之法。正月之吉，各属其州之民而读法，以考其德行道艺而劝之，以纠其过恶而戒之……凡州之大祭祀、大丧，皆涖其事。若国作民而师田行役之事，则帅而致之，掌其戒令，与其赏罚。岁终，则会其州之政令。”注：“二千五百家为州。”疏：“一乡管五州，中大夫一人为州长。”九州方伯也称州长。遂师：官名。《周礼》地官之属。周设此官，各掌其遂之政令戒禁。《周礼·地官·遂师》：“遂师各掌其遂之政令戒禁……凡国祭祀，审其誓戒，共其野牲。入野职野赋于玉府。”遂：五县为一遂。缝人：官名。《周礼》天官之属，一说为周朝置，掌管缝制王及王后衣服的宦官。《周礼·天官》：“缝人，奄二人，女御八人，女工八十人，奚三十人”“掌王宫之缝线之事，以役女御，以缝王及后之衣服”“掌凡内之缝事”。牧人：官名。《周礼》地官之属。《周礼·地官·牧人》：“牧人掌牧六牲，而阜蕃其物，以其祭祀之牲牷。”《诗经·小雅·无羊》：“牧人乃梦，众维鱼矣。”

④ 班朝：谓整肃朝班。莅政：临朝治理政事。

⑤ 紫阳：朱熹（1130—1200年）的别称。

⑥ 与：同“欤”，表示疑问、感叹、反诘等语气。

⑦ 敉（mǐ）宁：犹安抚。《尚书·大诰》：“民献有十夫予翼，以于敉宁武图功。”孔传：“四国人贤者有十夫来翼佐我周，用抚安武事谋立其功。”底定：平定，安定。

⑧ 诞保：大力治理。《尚书·洛诰》：“惟周公诞保文武受民，惟七年。”孔传：“大安文武受民之事。”和恒：和顺安定。

⑨ 式凭：依靠，依附。

⑩ 与：同“欤”，表示疑问、感叹、反诘等语气。

堂奥①,以谦让为阶级者,乃公之庙也。登公之堂,肃公之貌,衮衣绣裳②,赤舄几几者③,见公也与哉。而读公之书,志公之志,行公之事者,乃见公也。况夫内圣外王之德本道统,以开治统之传,固赫赫在人耳目也哉!

余因之有所感矣。上下数千年之后,而公所营卜之地,固依然存也。为问:"涧瀍之间,犹有昔时流风者乎?东郊之内,犹有昔时保厘者乎?高山景行④,其不能以是自励否乎?"或曰:"其祔以召公、毕公何也?"曰:"甘棠之遗,民思其德而爱其树。东都之作,惟毕公克成厥终也。""其及君陈何也?"曰:"孝友为政,亦犹法公之志也。""其及伯禽何也?"曰:"封于鲁而从于洛,以示其不敢忘周公也。""其又及太守吴公等何也⑤?"曰:"治行为天下第一,非达于政而能若是乎?其荐贾太傅有吐握之风焉⑥。"而其余又可类推矣。此我公修公之庙之意也,因书之,以为后来者考焉。

---

① 堂奥:奥,室的西南角。堂奥指屋子的角落深处。

② 衮衣:古代帝王及上公穿的绘有卷龙的礼服。绣裳:彩色下衣,古代官员的礼服。

③ 赤舄(xì)几几:语出《诗经·豳风·狼跋》:"公孙硕肤,赤舄几几。"赤舄:古代天子、诸侯所穿的鞋。赤色,重底。几几:安重貌。一说,鞋头尖而上翘。

④ 高山景行:《诗经·小雅·车辖》:"高山仰止,景行行止。"高山:喻高尚的德行。景行:比喻行为正大光明。后以"高山景行"比喻崇高的德行。

⑤ 吴公:《汉书·贾谊传》:"贾谊,洛阳人也。年十八,以能诵诗属书闻于郡中。河南守吴公闻其秀才,召置门下,甚幸爱。孝文皇帝初立。闻河南守吴公治平为天下第一,故与李斯同邑而尝学事焉,乃征以为廷尉。廷尉乃言谊年少,颇通诸子百家之书。文帝召以为博士。"

⑥ 贾太傅:贾谊(公元前201—前169年),西汉洛阳(今属河南)人。十八岁时,以能诵诗书,善于文章,著名于郡内。河南郡守吴公闻其才,召置门下,吴公升廷尉,荐他于文帝,被任为博士。不久,迁太中大夫。建议改正朔,兴礼乐,为元老大臣周勃、灌婴等排挤,贬为长沙王太傅。后为梁怀王太傅。后梁王坠马死,他自伤为傅失职,常悲泣,岁余亦死,年三十三岁。著有《吊屈原赋》《鹏鸟赋》及《过秦论》《陈政事疏》等,原有集,已佚。今人辑有《贾谊集》。吐握:"吐哺握发"。出自《史记·鲁周公世家》:"我一沐三捉发,一饭三吐哺,起以待士,犹恐失天下之贤人。"哺:口里咀嚼着的食物。吃饭时多次吐出口中的食物,洗头时多次把头发握在手中。比喻为了招揽人才而操心忙碌。

曾王孙

曾王孙(1624—1699年),字道扶,本姓孙,赘于曾氏,为其嗣,浙江秀水人。清顺治十五年(1658年)进士。授汉中府司理,后官部曹。有《清风堂集》。

漫游日记上(节选)[①]

(癸丑四月)廿九发洛阳之阕乡,宿南关。三十日过周公庙。泥深路滑……

① 载曾王孙《清风堂文集》卷二十三《杂记》。

王 昊

王昊(1627—1679年),字惟夏,江南太仓(今属江苏)人,清代诗人。明代文学家王世懋之孙,王曜升兄。明诸生。不就省试,往来江浙间与诸名士交好。时吴中文社盛起,争招之往。奏销案起,被逮入都,清康熙元年(1662年)得释。以其家渐困,遂归筑当恕轩,研治经史,授徒自给。康熙十八年(1679年)举博学鸿词,授正字。复加内阁中书衔,命下而已卒。沈德潜谓其诗"于'娄东十子'中尤铮铮有声"(《国朝诗别裁集》)。[①] 有《硕园诗稿》《当恕轩随笔》。生平事迹见《清史列传》卷七〇、《清史稿》卷四八四、《国朝耆献类征》卷四二六、《国朝先正事略》卷三八。

西雒太傅吕公忠节诗

崇祯十四年之春[②],雒阳城下豗烽尘[③]。
鹑火墟遭天狗舐[④],黎民悉化为黄巾。
大节精忠万万古,捐躯殉难惟孤臣。
孤臣已罢尚书职,洒泣登陴亲草檄。
平原止见颜真卿,泾川正闲段秀实[⑤]。
忆昔留都尚晏安[⑥],几番蒿目筹兵食。
也知填海事原虚,南庾南枢且拮据。

---

① 见王昊《硕园诗稿》。

② 崇祯十四年:公元1641年。

③ 豗(huī):撞击。

④ 本句自注:先是戊寅岁,天狗星见豫分。鹑火:星次名。南方有井、鬼、柳、星、张、翼、轸七宿,称朱鸟七宿。首位者称鹑首,中部者(柳、星、张)称鹑火(也叫鹑心),末位者称鹑尾。《晋书·卷一一·天文志上》:"自柳九度至张十六度为鹑火,于辰在午,周之分野,属三河。"

⑤ 段秀实(719—783年):字成公,陇州阳(今陕西千阳)人。天宝四年署别将。大历初授泾州刺史,加开府仪同三司,消弭了军中的两次作乱,制止了吐蕃的寇边。建中初受杨炎排挤,拜司农卿。建中四年伪降朱泚,暗中串连刘海宾等人,破坏了迎德宗回京的阴谋,在谋刺泚时,由于寡不敌众,被害。

⑥ 留都:朱棣迁都北京后,以南京为陪都,即留都。

未能功继裴中立①,剩有言传陆敬舆②。
只手搘撑竟何补③,纷纭贝锦谗人怒④。
自是痴肠忤要津,宁因微罪怼明主。
归去还耕故园田,独念乡闾周疾苦。
赈荒未了干戈起,白马青袍众如蚁。
官军追贼贼上城,城楼四面皆流矢。
北向再拜谢君王,臣力竭矣臣将死。
噀血犹闻骂贼辞⑤,仿佛衔须同嚼齿。
周公庙前天无光,愿舍七尺扶纲常。
满城共哭吕司马,不异唐代张睢阳⑥。
即论慷慨本非易,况复从容易靡丑。
居恒学问验于斯,孔曰成仁孟取义。
遗编邹鲁溯渊源,分明伊雒存苗裔。
始知梦月并生芝⑦,如此方堪应祥瑞。
箕尾骑归向天阙⑧,俎豆千秋报身殁。
更喜双龙得后贤,只今蝉冕高后阀。

① 裴中立:裴度(765—839年),字中立,河东闻喜(今属山西)人。贞元五年进士。由监察御史累迁门下侍郎、同平章事。宰相武元衡遇刺后,他力主削除藩镇。元和十年自请率兵攻陷蔡州,擒获吴元济,封晋国公,复知政事。因功高持正、直言不讳,累为朝臣排挤。太和八年徙东都留守,时宦官擅权,度已年衰,不以进退为意,常与白居易等名士酣饮游乐。

② 陆敬舆:陆贽(754—805年),字敬舆,唐苏州嘉兴人。代宗大历进士,又中博学宏词科。德宗即位,由监察御史召为翰林学士。建中四年,朱泚叛乱,随德宗奔奉天,起草诏书,情词恳切,虽武夫悍卒,读之无不挥涕感动。贞元七年,拜兵部侍郎。贞元八年,迁中书侍郎、同门下平章事。为相时,指陈弊政,废除苛税。贞元十年冬,为户部侍郎裴延龄所构,罢相。次年贬忠州别驾。顺宗时卒,谥宣。所作奏议,多用排偶,条理精密,文笔流畅。有《翰苑集》等。

③ 搘(zhī):古同“支”,支撑。

④ 贝锦:织有贝形花纹的锦缎。语出《诗经 · 小雅 · 巷伯》:“萋兮斐兮,成是贝锦。”成语贝锦萋菲,贝锦指锦文,比喻诬陷人的谗言。萋菲:通“萋斐”,文采相错杂,亦比喻谗言。

⑤ 噀(xùn):含在口中而喷出。

⑥ 张睢阳:张巡(709—757年),蒲州河东(今山西永济)人。进士。安史之乱时,官真源令,率兵保雍丘,以拒禄山。至德二年移镇睢阳,与太守许远共同抗击叛军,坚守长达十月。因援绝粮尽,城陷被杀。

⑦ 梦月并生芝:吕维祺因母亲梦月入怀而生。又,吕维祺家中曾有芝生。

⑧ 箕尾:星名。箕星、与尾星。两宿相接,属东方七宿。

古道苍凉照客颜，黄河逝水听潺湲。

好看赑屃碑亭在，长伴文山与叠山[①]。

① 文山：文天祥。叠山：谢枋得（1226—1289年），宋信州弋阳人，字君直，号叠山。理宗宝祐四年进士。除抚州司户参军。次年为建康考官，出题暗讥时事，忤贾似道，谪居兴国军。恭帝德祐初，以江东提刑知信州。元兵陷信州，乃变姓名入建宁唐石山。宋亡，居闽中。元世祖至元二十三年，程文海荐，辞不起。福建行省参政魏天祐强之北上，遂不食而死。门人私谥文节。有《文章轨范》《叠山集》。

蒋 伊

蒋伊(1631—1687 年)字渭公,号莘田,江苏常熟人。清代书画家、诗人。性孝友,负才略,工诗文,善绘事,清康熙十二年(1673 年)进士及第,由翰林院庶吉士改陕西道监察御史,官至河南提学副使。有《莘田诗文集》传世。

重修范文正公二程夫子邵康节先生朱文公四祠及安乐窝碑记[①]

洛阳居天地之中,阴阳风雨所会合,背邙面洛,左瀍右涧,古今一大都会也。自定鼎而后,平王迁焉。东汉亦都于此,隋唐为盛。宋号曰西京。讫明之季,流寇堕其城,城之故址殆尽。国初所修治者,仅东南一隅耳。其西北为元公庙,庙甚整,无事工作。其旁有四祠焉,为范文正公、二程夫子、邵康节先生、朱文公云。榱题相望[②],春秋以时致祭,旧矣。渡洛水而南,则康节先生安乐窝在焉。岁久倾圮……

题周公庙联[③]

瀍涧嵩少,犹留定鼎规模,入庙荐青萍,自永万年俎豆;
凡蒋邢茅,同属居东苗裔,登堂瞻赤舄[④],敢云百世箕裘[⑤]。

---

① 见《莘田诗文集》。朱文公:朱熹(1130—1200 年),卒后追封徽国公,谥文。

② 榱(cuī)题:屋椽的端头。通常伸出屋檐,因通称出檐。

③ 雍正《河南府志》卷三《附录》,原文:"属句成对,自五七言诗引为四六骈体,长者为序,其简者为小赋,为连珠体,盖赋之余也。他郡志不及录此,河南旧志录周公庙数联,因续录附艺文后……督学蒋伊,题周公庙云:……"

④ 赤舄(xì):古代天子、诸侯所穿的鞋。赤色,重底。

⑤ 箕(jī)裘:《礼记·学记》:"良冶之子,必学为裘,良弓之子,必学为箕。"孔颖达疏:"积世善冶之家,其子弟见其父兄世业鍜铸金铁,使之柔合以补治破器,皆令全好,故此子弟仍能学为袍裘,补续兽皮,片片相合,以至完全也……善为弓之家,使干角挠屈调和成其弓,故其子弟亦睹其父兄世业,仍学取柳和软挠之成箕也。"良冶、良弓:指善于冶金、造弓的人。意谓子弟由于耳濡目染,往往继承父兄之业。后因以"箕裘"比喻祖上的事业。

李因笃

李因笃(1631—1692年),字天生,又字孔德,号中南山人,陕西富平人。博学强记,深于经学,工诗。性质朴,尚气节,人称“关西夫子”。与盩厔(今陕西周至县)李颙、郿县(今陕西眉县)李柏称“关中三李”。明崇祯七年(1634年),李自成攻下关中,兵至李因笃居所,其祖母杨氏与族人登楼自焚,李家共死八十一人。时因笃方三岁,随母住外家幸免。赖外祖父教诲,李因笃天资颖悟,八岁能文,十一岁县试第一。李因笃反对清朝统治,决志复明。与顾炎武、屈大均深交,时人称之“自有名士以来,以布衣筓动四方,未有如公之盛者也”。(《李文孝先生行状》)。康熙称他与朱彝尊、姜宸英、亚纯孙为“四布衣”,决心诏他出山,官吏奉旨催促,因笃欲以死抗拒。迫于母命,参加康熙十八年会试,授翰林院检讨,命修《明史》,以母老辞,三上疏,康熙诏许终养。回家后深居简出,非公事不至城邑。清康熙二十三年(1684年),因笃应聘主讲关中书院,后又讲学朝阳学院。康熙二十八年(1689年),半身瘫痪。康熙三十一年(1692年)病故。有《受祺堂诗集》三十五卷,《受祺堂文集》四卷,续集四卷,《古今韵考》四卷,《广韵证》四卷,《汉诗音注》五卷等。

周公庙排律二首[①]

其一

邑望岐阳左[②],祠临雒水涯。
乾坤愁俭朴,制作待光华。
负扆身弥瘁,营周虑独赊[③]。
向今瞻绣衮,终古奠清笳。
束带微风肃,褰帘落日斜。
镌碑犹大诰[④],过客尽长嗟。
世降文明逮,功高礼数加。

---

① 见李因笃《受祺堂文集》。题下原注:在河南府城西。

② 岐阳:今陕西岐山一带。

③ 赊:长,远。

④ 大诰:《尚书》篇名。周公东征前对诸侯和王朝官吏发表的一篇讲话,经史官笔录而成。它假借占卜吉兆,振作士气,等于一篇誓师文告。

涧瀍仍召卜，华岳接王车。
翠竹寒鸣雨，苍松俨着华。
虎星驯绘素①，葵薁荐萌芽②。
顷想车书日，恭惟雅颂家。
此生衰未敢，为梦仰云霞③。
镐室西瞻久，河流北顾遥。

其二

深心延二代，大烈统三朝。
变起风雷及，恩融伏伺销。
民顽翻后去，译隔更同调。
俎豆于兹秉，讴歌自昔饶。
垂衣蒙旧德，露冕拭崇标。
砌合春阴霭，檐虚霁雪飘。
长廊图钜鬯④，老树革鸱鸮⑤。
忆下通天谷，徐经抱郭桥。
有文留陆海，遗爱泣渔樵。
暖托粉垣荫，馨闻沃野苗。
问津倚前躄，明发更停镳⑥。

---

① 绘素：在白色底子上绘画。引申指图画。
② 薁(yù)："郁李"，一种落叶小灌木，似李而形小，果味酸，肉少核大，仁可入药。亦称"唐棣"。
③ 此生衰未敢，为梦仰云霞：《论语·述而》载孔子语曰："甚矣吾衰也，久矣吾不复见周公。"
④ 鬯(chàng)：古代祭祀用的酒，用郁金草酿黑黍而成。
⑤ 鸱鸮：《诗经·豳风》有《鸱鸮》，据说为周公所作。
⑥ 镳(biāo)：本义马嚼子，指马口中所衔铁具露出在外的两头部分。代指马、马车。

王来庆

王来庆，直隶河间人，拔贡。清康熙十一年(1672年)任河南府知府。

重修周公庙记

天地之所以不朽者，曰道，圣贤之所以常尊者，曰学。自河图洛书而后，虞廷精一之旨[①]，至周公而大昌明于天下。上承尧、舜、禹、汤、文、武之统，下开孔、孟、周、程、张、朱之传，宣尼至圣，犹梦寐以之，况下此乎？

考诸前代崇祀之典，率以周公为先圣，孔子为先师，诚所谓不朽而当尊者也。盖公以圣人之德，夹辅王室，作述继美，《周礼》一书，无所不备。其奉成王命，大相东土，乃于涧水东、瀍水西，卜王城为朝会之所。自时中天，声施至今。此其于洛师尤著。

余承乏河郡，始至，展谒公庙，在城西廓，仅一殿，将圮。瞻拜其下，心怦然动，思有以葺之，未遑也。越明年，乃经营规制，庀材鸠工，启旧殿而新之。肖公像，衮衣绣裳，赤舄几几，俨然如在。列金人、欹器，不啻明堂遗制。公之庙也与哉[②]，公之灵实式凭之[③]。

爰是修拜殿、建两庑，以历代名宦如吴公等十六人从祀焉之。十六人者，皆能绍述周公之治以治洛者。按祭法，以劳定国，以死勤事，则祀之；能御大灾、捍大患，则祀之。非是族者，不在祀典。诗曰"蔽芾甘棠，勿剪勿伐"，非召公之余烈与？《尚书》曰："保釐东郊[④]，惟毕公克成厥终。"世称象贤[⑤]，不忘忠厚，封于鲁而从于洛者，其伯禽乎？而君陈令德孝友，亦犹昭公之训也。是以由殿旁折而入，构寝堂，颜曰"定鼎堂"。公像居中，召公、毕公配之，左右斋翼如伯禽、君陈祔之。若戟门、角门、棂星门，次第渐及。缭以周垣，五十余丈。门以外又建文昌阁。

是役也，肇始于甲寅正月，落成于今岁十二月。凡一木一石一匠一夫，皆

① 虞廷：指虞舜的朝廷。相传虞舜为古代的圣明之主，故亦以"虞廷"为圣朝的代称。

② 与：当作"兴"。因繁体相似，故误。

③ 式凭：依靠，依附。

④ 釐：理。

⑤ 象贤：谓能效法先人的贤德。《尚书·微子之命》："殷王元子，惟稽古崇德象贤。"《仪礼·士冠礼》："继世以立诸侯，象贤也。"郑玄注："象，法也，为子孙能法先祖之贤，故使之继世也。"

余设备。约费千金，未尝敢以丝粒扰民间也。犹虑庙成矣，而祀典不备，虽有其举之，犹或废之，复捐俸一百四十两，购良圃五十余亩，每年可得租银二十六两余，输赋之外，悉以供祭。且考祭品、置祭器，载之志乘，垂之奕世[①]，则祀事孔明，庶几永永不坠云。

嗟乎！以公之圣之赫赫在天下者，固不系乎庙之盛衰。然学者向往之心，非庙无以致其敬也。读其书，想见乎其人，况拜其像而不观感兴起者与？河洛夙号材薮，使其相与神而明之，悦公之道，学公之学，为忠、为孝、为节义，俾斯道常存天壤，是余之志也夫。

题周公庙对联[②]

相业攸隆，绍羲轩尧舜禹汤文武之传，著勋劳于八百廿世[③]；

圣功伊远，开孔颜曾孟周程张朱之学，享俎豆于亿万斯年[④]。

① 奕世：累世；世代。

② 原存周公庙，今不存。

③ 羲轩：伏羲氏和轩辕氏（黄帝）的并称。

④ 伊：文言助词。

范周

范周，江南吴县人，清顺治六年(1649年)进士。康熙元年(1662年)，任广西平乐府同知。布政司参议，粮储道，康熙十一年(1672年)，节减漕项耗羡银三万余两，以内升去任。

重修周公庙记

余自髫龄就师傅，八岁受《尚书》经义，至穆穆迓衡之句[①]，不禁掩卷神驰，曰：嗟乎，吾安得身成周故都，一瞻宅洛之遗烈哉[②]！

乃自少至壮，登仕籍者[③]，多历年所[④]，而始承简命[⑤]，以司此豫漕也。又以署之专于邺，而时而会计，时而轮挽，岁无暇晷。即间有暇，亦止凭眺韩陵、铜雀于荒烟蔓草间[⑥]，至东瀍西涧之胜，徒跂焉而莫及[⑦]，又未尝不拊膺太息[⑧]，曰："嗟乎！吾安得拜手稽首周公之堂，而副畴昔之愿哉！"

无何，而太守王君以洛邑内有公庙，岁久倾圮，特起而修之，爰以是工始未告。夫大有勋劳于王室，则祀之。古来之乃心王室者[⑨]，指不胜屈，然祀之于三代者，未必其祀之于汉、唐、宋、元、明；祀之于汉、唐、宋、元、明者，未必其祀之于吾朝。乃公之至于今也，已三千年矣。而周旋于朝庙者，执笾豆拜跪之仪，犹曰："某礼某礼是公之所折中而损益也。"识金石丝竹之器，犹曰："某乐某乐是公之所裁成而昭示也。"读六经六艺之文，犹曰："某书某书，是皆公之

---

① 穆穆迓衡：见《尚书·洛诰》。

② 遗烈：前人遗留的业迹。

③ 仕籍：旧指记载官吏名籍的簿册。

④ 年所：年数。

⑤ 简命：简任；选派任命。

⑥ 韩陵：今位于河南省安阳市东北，"韩陵"之名与汉初名将韩信相关。《彰德府志》卷载："汉韩信尝屯兵焉，故号韩陵。"同卷也载有另一说：因山上有一个名叫韩陵的大墓，山因墓得名，称韩陵。铜雀：铜雀台。汉末建安十五年冬曹操所建。周围殿屋一百二十间，连接榱栋，侵彻云汉。铸大孔雀置于楼顶，舒翼奋尾，势若飞动，故名铜雀台。故址在今河北省临漳县西南古邺城的西北隅，与金虎、冰井合称三台。

⑦ 跂(qǐ)：古通"企"，踮起。

⑧ 拊膺：拍胸，表示悲痛。

⑨ 乃心：思念，怀念。

所黼黻太平者也[①]。"且也黄童白叟,亲耒耜而履畎亩[②],虽不复睹井田之盛,然犹得于沟渎封洫之遗[③],而瞻我公之德不衰。则公也而安可无庙?公庙而安可任其倾圮而不为之再建哉!

然而,睹人士犹有疑焉者。谓公之德之业,自在今古,初不以有庙而彰,亦不以无庙而没。即曰人以庙传,而公之德之业遍于两京,遍于齐、鲁、秦、晋、郑、卫、吴、楚千八国之墟,而何独于洛?不知洛宅未相之前,"三监"且起而窥伺其隙[④]。而自东都既卜之后,则化仇民而友民,不特成各安其斡年,即万世下尹兹郊者,且阴食保厘之德于无穷[⑤]。是以在昔为元祀,在今为世庙耳。

然当兹军兴旁午[⑥],而郡牧捐俸而不吝,庶民趋事而恐后,几筵榱桷[⑦],更绵周公之德之业而重新。即余畴昔所愿而未副者,闻之而愈为色喜,亦俾来世知太守之勤劳于是邦也。

太守王君龙章,名来庆,直隶河间人。

题　额[⑧]

尼山寤寐[⑨]。

---

① 黼黻(fǔ fú):礼服上所绣的华美花纹。借指爵禄。此处谓辅佐。

② 畎(quǎn):田地中间的沟。

③ 封洫(xù):区分田界的水沟。泛指田界。

④ 三监:周武王灭商后,以商旧都封给纣子武庚,并以殷都以东为卫,由武王弟管叔监之;殷都以西为墉,由武王弟蔡叔监之;殷都以北为邶,由武王弟霍叔监之;总称三监。(见汉郑玄《诗·邶墉卫谱》)一说指武庚、管叔、蔡叔。(见《汉书·地理志下》、清王引之《经义述闻·三监》)汉代儒家依托周初三监的事,把三监作为周代的通制。

⑤ 保厘:治理百姓,保护扶持使之安定。

⑥ 旁午:四面八方,到处。

⑦ 榱桷(cuī jué):屋椽。

⑧ 原存周公庙,今不存。

⑨ 尼山寤寐:是指孔子寤寐思周公。尼山:在山东省南部京沪铁路以东、泗水以南、祊河(沂河支流)以西连绵丘陵的总称。主峰海拔344米,在曲阜市东南。东麓有夫子洞,相传孔子的父母祷于尼丘(尼山)而生孔子(见《史记·孔子世家》)。寤寐:醒和睡。

郎永清

郎永清(?—1686年),字定庵,广宁(今辽宁北镇)人。隶汉军镶黄旗。初授礼部笔帖式,清顺治六年(1649年)出知山西浑源州,招民开垦,豁免逋赋。升江西赣州知府。平反冤狱,官声颇佳。后历官山东按察使、湖南布政使。康熙十二年(1673年),调河南。师讨吴三桂,议养马南阳,永清请移牧湖广。河南协济湖广军米十万石,申巡抚题请改于江南、江西采运。在官十二年,课最。康熙二十五年(1686年),升山东巡抚。兴除弊政,劳绩丕著。卒后,士民追建专祠祀之。

题 额[①]

千古硕肤[②]。

① 原存周公庙,今不存

② 硕肤:为大的美德。亦指德高望重之人。出自《诗·豳风·狼跋》:"公孙硕肤,赤舄几几。"毛传:"硕,大;肤,美也。"

高一麟

高一麟(1635—1709年),字玉书,号矩庵。清代河南府登封界头村人。岁贡,曾任登封县训导。曾在嵩阳书院讲学。有《理学标正》《闽游记事》《矩庵诗质》《矩庵文汇》等传世。

洛阳古意二十首其一·周公庙①

定鼎夙推卜宅功,岿然一庙镇天中。
阴阳风雨屯王气,洛水年年尽向东。

① 见高一麟《矩庵诗质》。

褚人获

褚人获(1635—1682年),字稼轩,又字学稼,号石农、没世农夫等,江苏长洲(今江苏苏州)人,明末清初文学家。一生未曾中试,也未曾做官。但他有多方面的才能,著作颇丰。传世的有《坚瓠集》《读史随笔》《退佳琐录》《续蟹集》《宋贤群辅录》《隋唐演义》等。他交游广泛,与尤侗、洪升、顾贞观、张潮、毛宗岗等清初著名作家来往甚密。

梦周公王世充绝魏 弃徐勣李立邃归唐[①]

诗曰:

成败虽由天,良亦本人事。

宣尼惊暴虎[②],所戒在骄恣。

夫何器小夫,乘高肆其志。

一旦众情移,福兮祸所伺。

蛟螭失所居,遂为蝼蚁制。

噬脐徒空悲[③],贻笑满青史。

事到骑虎之势,家国所关,非真拨乱之才,一代伟人,总难立脚。何况庸碌之夫,小有才名,妄思非分,直到事败无成,才知噬脐无及。今且不说秦母归唐。再说贾润甫别了李靖等来到洛阳,打探王世充大行操练兵马,润甫要进中军去见他。世充早知来意,偏不令润甫相见,也不发回书。叫人传话道:"这里自己正在缺晌,那得讨米来清偿你家?直等我们到淮上去收了稻子,就便来当面与魏公交割。"贾润甫见他这样光景,明知他背德不肯清偿,也不等他回

---

① 见《隋唐演义》第五十三回。

② 暴虎:空手搏虎,比喻有勇无谋,鲁莽冒险。《论语·述而》:"子谓颜渊曰:'用之则行,舍之则藏,惟我与尔有是夫!'子路曰:'子行三军,则谁与?'子曰:'暴虎冯河,死而无悔者,吾不与也。必也临事而惧,好谋而成者也。'"冯:同"凭"。冯河:过河不借助工具,即徒步涉水过河。

③ 噬脐:亦作"噬齐"。自啮腹脐,喻后悔不及。《左传·庄公六年》:"亡邓国者,必此人也。若不早图,后君噬齐。"杜预注:"若啮腹齐,喻不可及也。"

札，竟自回金墉来回复魏公道[1]：“世充举动，不但昧心背德，且贼志反有来攻伐之意，明公不可不预防之。”李密怒道：“此贼吾亦不等其来，当自去问其罪矣。”择日兴师，点程知节、樊文超为前队，单雄信、王当仁为第二队，自与王伯当、裴仁基为后队，望东都进发。那边王世充，早有哨马报知，心上要与李密厮拼，只虑他人马众多，急切间不能取胜，闷坐军中。忽一小卒说道：“前年借粮军士回来，说李密仓粟，却被鼠耗食尽，升贾润甫补征猫都尉，宫中又有许多灾异。金墉百姓多说是僭了周公的庙基，绝了他的香火，故此周公作祟。”郑主道：“只怕此言不真。”小卒道：“来人尽说有此怪异，为甚说谎？”郑主笑道：“若然，则吾计得矣。但必要一个伶俐的人，会得吾的意思，方为奇妙。”说了，呆看着那小卒，小卒低着头微笑不言。

到了明日，擂鼓聚将，大宴群臣，计议御敌之策。郑主问道：“李密金墉之地，还要隋朝故宫[2]，还是他自己创造的？”张永通答道：“魏主宫室，原是周公神祠。李密谓周公庙宇当创建于鲁，此地非彼所宜，便撤去庙貌，改为宫闱。周公累次托梦于臣，臣未敢读奏。”郑主拍案道：“怪道孤昨夜三更时分，梦见一尊冠冕神人，说：‘吾乃周文王之子姬公旦便是，蒙上界赐我为神，庙宇在金墉城内，被李密拆毁了，把基址改为宫殿，木料造了洛口仓[3]，使我虎贲卫从，漂泊无依。今李密气数将尽，运败时衰，东郑王你替我报仇做主。’”众臣道：“神人来助，足见明公威德所致，此番魏邦土地，必归于明公矣。”郑主道：“富贵当与卿等共之，谅孤非敢独享也。”正说时，只见三四个小卒走上前来报导：“中军右哨旗丁陈龙，忽然披发跣足，若狂若痴，口中大叫道：‘我要见东郑王。’”郑主见说，笑逐颜开，对众臣道：“此卒素称诚朴，何忽有此举动？孤与卿等同去看他。”说了，齐上马，来到教场中。军师桓法嗣纵马先到演武场，只见陈龙闭着双眼，挺挺的睡在桌上，高声朗句的在那里诵《大雅》文王之诗曰：“文王在上，于昭于天。周虽旧邦，其命维新。”见郑主来，忽跳起身，站在桌上，朝着外边道：“东郑王请了，吾周公旦附体在此。前宵所嘱之言，何不举

① 金墉：金墉城。三国魏明帝筑，在今河南洛阳市东北汉魏故城西北隅。西晋时被废黜之皇帝、皇后、皇太子曾安置于此。十六国时洛阳城荒残，金墉城遂成为戍守攻战要地。北魏初年为“河南四镇”之一。隋洛阳城西迁后，遂在洛阳之东。隋末，瓦岗起义军据此进逼洛阳。唐贞观后废。今称故址为阿斗城。

② 还要：一作“还是”。

③ 洛口仓：隋大业二年（606 年）筑。《资治通鉴》在今河南省巩义市东北。因地处洛水入黄河口，故名。周围二十余里，穿窖三千，每窖可容粮食八千石。大业十三年（617 年），瓦岗军攻克此仓，增筑仓城，周围四十里。唐开元二十一年（733 年）裴耀卿实行分段运输法后，此仓地位更加重要。

行？勿谓梦寐，或致遗忘。若汝等君臣同心协力，吾还要助汝阴兵三千，去败魏师，幸毋观望，火速进兵为上。吾去也！”说了，跳将下来，满厅舞蹈扬尘。此时王世充与众臣，早已齐齐跪拜道：“谨遵大王之命，我等敢不齐心讨贼，以复故宫，重修殿宇峥嵘？”大家忙起身，看那个陈龙，面色如灰，手足冰冷，直僵僵横在草地上。郑主叫人负了他回去。

自此郑家兵将，个个胸中有个周公旦了。从来行兵诡道，王世充原是个奸狡多谋之人，兼那军师桓法嗣，又是个旁门邪术之徒，恰好在乱离中，逞志求荣，希图宝位，便有许多因邪入邪之事来凑他。郑王回朝，即便传旨军师桓法嗣，明日下演武场，点选彪形大汉三千，个个身长八尺，脚踩木橇一丈二尺，面上俱带鬼脸，身穿五色画就衣服。数日之内，演习停当。桓法嗣说：“此计只宜速行，攻其无备。”郑主准奏。这不过是要收拾完一个李密，成全一个应世之主。若李密是个明哲之士，见国中屡现灾异，便要安守金墉，悔改前愆，优恤臣下，犹可以为善国。无奈李密自恃才略高强，却忘了昔日死里逃生之苦，刻刻要想似汉高提着三尺剑，无敌于天下。先把一个足智多谋的军师徐世勣调去黎阳。萧铣乃癣疥之疾[①]，又把忠勇全备的秦叔宝、罗士信差他去拒守。贾润甫屡进奇谋不听，而置之洛口。邴元真贪利忘义小人，反置之左右。只剩单雄信、程知节等一班恃勇好斗之人，自统大兵前来。未及两日，何知王世充也拥着大队人马，在路上遇哨马报知，大家离着三四十里安营驻扎。李密安营于翠屏川东山。王世充结寨于翠屏川西山，军师桓法嗣带领细作[②]，随身兵马二三百，悄到镇东山顶，了望魏营，部伍整齐，如星辰垒落，看去杀气冲天，果是人惊鬼哭。

桓法嗣心中暗想：“吾虽练彪形高撬神兵，怎能够胜他人强马壮？”蹙着双眉，四下闲看，忽见东北方山角下，七八个大汉，在那里采樵。桓法嗣看他们运斧弄斤，丁丁伐木。不觉怡然而笑道：“吾更有计矣！”悄悄唤一家将近前来，附耳几句，自己即便上马归营。到了明日，进大营对郑主道：“臣昨夜也梦见周公对臣说道：‘桓法嗣听我吩咐：明日我暗引一人来助你们擒贼，你快去催主人作速进征，以决胜负。’”又附郑主耳上说了几句。郑主大喜。桓法嗣又将木排，多用红绿颜色，画成兽形，列为主城，将兵马尽藏其中。郑主坐中军大寨，看军师桓法嗣调度。只见帐下军士道：“拿着了李密。”及至解进来时，见绑着的却是一群打柴的人，为首又是李密。郑主问道：“是那里拿来的？”军士答道：“小人们奉令巡逻，到山坳斜径，遇着这干人，内中却有李密，小人们奋

① 癣疥：皮肤病。癣与疥，比喻小患或不难治理的问题。

② 细作（zuò）：暗探；间谍。

勇拿来请功。"郑主怒问,那为首喊叫冤枉道:"小人是国子监助教陆德明的家人,城中乏柴,着小人来樵采,说甚李密,现有同伴可证。"巡逻的道:"明是李密,假做采樵,窥探军情。"郑主又向众樵夫细问,果然是乡宦家人,差出来打柴的,郑主叫左右去了那干人的绑缚,对他们说道:"我晓得你们尽是平民,我如今正要用着你们。且问你众人里边,可有熟识北邙山幽僻路径的?"一个樵夫指道:"那个叫做满山飞金勇,那个叫做穿山甲庞元,他两个惯走山径,晓得路途。"郑主道:"妙!"先叫那像李密的前来,赏他一个中军把总。那两个金勇、庞元,赏他做了左右队长,多给衣帽战袍。又叫中军附耳,吩咐了领去。众樵夫大喜,叩谢出营,编入队伍。看两边是:

纷纷战血烟云洒,胜败存亡未可知。

颜光猷

颜光猷(1638—1710年),字秩宗,号澹园,颜子六十七代孙,曲阜人。清康熙十二年(1673年)进士,曾官庶吉士、行人司正、刑部郎中、贵州安顺知府、河东道盐运使等。有《易理》一卷、《易经说义》二卷、《县志说》《澹园文集》二卷、《水明楼诗》六卷、《水明楼制艺》二卷等。

周公庙[1]

洛阳城畔彩云通,八百卜年辙自东。
定鼎不知何处所,空余祠庙祀周公。

① 见《水明楼诗》。

王宽

王宽,字敷五,山西安邑县人。清代政治人物。清康熙九年(1670 年)中庚戌科进士。选翰林院庶吉士,散馆,授编修。

题额[①]

万世臣极。

① 原存周公庙,今不存

傅泽洪

傅泽洪,字育甫,号怡园,辽阳人。荫生,官江南淮扬道按察司副使。有《行水金监》《铸错草堂诗钞》。

行水金鉴(节选)

康熙二十三年五月十九日早[①],出河署起行……(六月)二十三日,西行,过周公庙。因甚早,不得进谒。三十里至磁涧。

① 康熙二十三年:公元1684年。

佚 名

周公庙世廪奉祀生员

先圣后裔，由儒童应试，充附入庠外，其有英年俊秀，通晓文理者，比照孔圣子孙例，给以衣衿，送儒学，习仪作养。每逢祭期，以衣顶入庙供祀，旧例遵行在案。康熙二十五年[①]，礼部题覆江南学院李疏称，圣贤后裔供祀庙庭者，例有衣衿奉祀，今值崇文重道之时，应留衣衿奉祀，着其宗子，官确查祀典例载者，准给衣衿奉祀，将名数汇册报部，以防冒滥，等因具题，奉旨，依仪钦此查得，姬圣裔孙应行奉祀者，着世袭衍圣公，查明报部，合咨前去，查照施行等因，到院遵此查得，鲁太庙原以世廪奉祀，应于姬姓中选择文行兼优者，申送学院补授，以主鲁元公祀事，遇缺选补。至于岐山、洛邑庙祀，咸阳毕郢墓祀[②]，俱应选西周裔孙，以世廪奉祀。其自始祖发祥以来，世有圣德，如后稷、公刘、太王、王季、文、武、成、康，庙祀墓祀，历代崇修，俱应以世廪奉祀。至于虢仲、虢叔、泰伯、仲雍，十乱诸臣[③]，俱列祀典，应给其后裔衣衿。鲁国贤侯贤大夫，如僖公、穆公、展禽、展僖、公仪休、孟僖子、孟献子、孟庄子、南宫适，有崇祀名宦乡贤者，有从祀圣庙者，其后裔亦例授衣衿。若同姓兄弟之国，在燕则召公；在卫则康叔、武公、蘧伯玉、公子荆；郑则有桓公、武公、庄公、太叔、子产、裨谌、世叔、子羽[④]；吴则有季札；滕则有叔绣、文公[⑤]。祀典例载者，亦应以衣衿承祀。但其同姓封建以后，支分派别，有以国与地为氏者，有以爵与谥为氏者，有以父字与讳为氏者，惟俟核其宗谱，取据各结，始给札给顶[⑥]，奉其先祀，将名数陆续汇部可也，咨缴礼部存照在案。

---

① 康熙二十五年：公元1686年。

② 毕郢：《孟子·离娄下》："文王生于岐周，卒于毕郢，西夷之人也。"毕郢，故地在今陕西咸阳东二十里。

③ 十乱：泛指辅佐皇帝的十个有才能的人。

④ 子产、裨谌、世叔、子羽：《论语·宪问》："子曰：'为命：裨谌草创之，世叔讨论之，行人子羽修饰之，东里子产润色之。'"行人：官名，掌管朝觐聘问事务，即外交事务。东里：子产所居之地，在今郑州市。裨（pí）谌（chén）：郑国的大夫。世叔：子太叔，名游吉，郑国的大夫。子产死后，继子产为郑国宰相。子羽：公孙羽，郑国的大夫。

⑤ 叔绣：《世本》："错叔绣，文王子。"（《汉书·地理志》师古注引）《路史·后记》："错叔绣封滕。"《世族谱》：滕，姬姓。文王子错叔绣之后，武王封之居滕。今沛郡公丘县是也。

⑥ 给札：朝廷对文士的特殊礼遇。

东野沛然

东野沛然，字郊霖。于清顺治八年（1651年）入曲阜儒学庠生，康熙二十四年（1685年）钦授世袭翰林院五经博士。

周庙志序

周封同姓之国六十，俱以鲁为宗国。则列国之公族，亦以鲁为宗者也。奈鲁自被楚伐之后，公族散失殆尽，惟东野一支乃元公季子之后[①]，世守太庙，主奉蒸尝三千余年矣[②]。每阅家志，感慨唏嘘，遥想西岐丰镐故都，必多圣祖云仍[③]。东迁以后，多徙于洛，族裔亦必繁庶。但恨世远代隔，家乘散轶，未能合为一谱，以示敦睦，是可悲耳！

甲子冬[④]，余受特恩，膺世翰[⑤]，主祀太庙。于祖庙祀典，宗族谱牒，有察核之责。旋奉旨祭告咸阳陵墓。西行过府县，见守牧，必访来族裔。至河洛，乃周室东都，圣祖分陕治地也，庙宇煌煌，祀事明备。入庙拜谒，欣慰者久之。有老人周君道昌，乃前太守访求圣裔以奉祀者。进而问之，复有姬族，多士同谒，皆系族裔。遂出其谱，余被览之，其载祀典、艺文、世系甚详，考之邑乘，王城、巩邑，封爵相衍，姬姓之族，洵有可据，盖系东周桓公讳揭之后裔也[⑥]。余乃序其庙志，而谓之曰：周道首重尊亲，公族与予同系圣裔，尚其率由宗训，亲亲长长，和于九族，以承先德，毋有贴戾，以添前徽，是则公族之所以不愧家乘者也，尚其最诸。

元圣周公七十三代嫡孙世袭翰林院五经博士曲阜宗生东野沛然题于洛阳道中[⑦]。

康熙二十六年岁次丁卯甲平之吉[⑧]

---

① 东野：东野氏系周公姬旦之后。周公之子伯禽代封于鲁，后由伯禽长子、二子相继承袭君位。三子鱼为鲁大夫，赐有东野之田，故以东野为姓，田为名，但后世仍以周公为始祖，伯禽为二世，东野田为三世。《东野志》："周公之后、伯禽之少子名鱼，食采于东野，因以为氏。"宋大中祥符元年（1008年）追封周公为文宪王，并在鲁太庙旧址为其建庙。

② 蒸尝：本指秋冬二祭。后泛指祭祀。

③ 云仍：亦作"云礽"，远孙。

④ 甲子：康熙二十三年，公元1684年。

⑤ 膺：接受，承当。

⑥ 周桓公：战国时西周国君。姬姓，名揭。考王弟。受封于河南，以续周公之职。

⑦ 七十三代：家谱载东野沛然为七十五代。

⑧ 康熙二十六年：公元1687年。

陈梦雷

陈梦雷(1650—1741 年),字则震,号省斋,号天一道人,晚号松鹤老人,福建闽县人。清代大臣,著名学者、文献学家。陈梦雷资质聪敏,少有才名。清康熙九年(1670 年),成进士,选庶吉士,散馆后授编修。康熙十二年(1673 年),回乡省亲,为逆贼耿精忠所虏。康熙三十七年(1698 年),侍奉皇三子胤祉读书,康熙四十年(1701 年),受命主编《古今图书集成》。雍正元年(1723 年),因牵连胤祉,被再度流放到黑龙江。乾隆六年(1741 年),卒于戍所。

周公庙[①]

周公庙即定鼎堂,在府城西关。嘉靖四年建。太守王来庆重修。同县令井洛如[②],各置有祭田。

---

① 此处所列三则均见《钦定古今图书集成方舆汇编·职方典》第四百三十三卷《河南府部汇考七·河南府祠庙考上》。

② 井洛如:字冉文。东平州(今山东东平)人。清康熙二年(1663 年)举人,康熙六年(1667 年)成进士。曾任洛阳知县、宁波知府等。擅长书法。

吕履恒

吕履恒(1650—1719年),字元素,号月岩,又号坦庵,河南新安人。吕谦恒兄。清康熙三十年(1691年)进士,授宁乡知县。康熙四十二年(1703年),由青城知县行取湖广道御史。官至户部侍郎。沈德潜《国朝诗别裁集》称许其诗"不但不落唐以下,并蕲追六代以上而从之,可云特立独行"。《晚晴簃诗汇》亦以为其诗"命意瑰奇,结响苍远,非优孟唐贤者比","在国初中州诸贤中当推大家"。而杨际昌《国朝诗话》则称其诗"气格声调似明七子,故非卑响,终未免规模痕"。邓之诚《清诗纪事初编》则指出其"奉王士禛、陈廷敬为师,而诗格不类"。著有《冶古堂文集》《梦月岩诗集》《梦月岩词》及《洛神庙》传奇。生平事迹见《国朝耆献类征》卷六五、《乾隆河南通志》卷五八。

洛阳春兴八首(其二)

晓日关城思寂寥,元公遗庙在青霄。
涧瀍春水环沙屿,郏鄏云山带石桥。
盟府丹书悲旧社,战场金镞认前朝①。
孤臣碧血千秋在,歌哭苍天恨未消②。

洛阳杂咏十首(其二)

元公遗庙春秋时,古木悲风向晚吹。
驻马尘途还泣拜,遗民新立尚书碑③。

---

① 镞(zú):箭头。
② 自注:"谓先太傅",即吕维祺。
③ 自注:先忠节公骂贼死节处。按,清代立有"明太傅吕忠节公殉难处碑",今不存。

陈欲达

陈欲达，江南盐城人，恩贡。曾任洛阳等地知县。曾修康熙《永宁县志》、康熙《四会县志》，辑有《双莲纪瑞诗集》一卷。

题　额[①]

衮绣崇瞻[②]。

署洛阳县陈欲达题[③]。

① 原存周公庙，今不存

② 衮绣：相传周公东征，周大夫为作《九罭》之诗，其辞曰："九罭之鱼鳟鲂，我覯之子，衮衣绣裳。"又曰："是以有衮衣兮，无以我公归，无使我心悲兮。"后因以"衮衣西归"谓功勋卓著，位拜三公而归。

③ 署：暂代。

东野枝盛

东野枝盛，字郁文，东野沛然长子，清康熙三十三年(1694年)承袭翰林院五经博士。

郡侯赵公栽培圣裔碑[1]

我元圣祖，承接道统，继往开来，功德昭著。其血食自万世不蔽。子孙承祀者，我曲阜为嫡派，始以衣衿承祀。继授世廪主鬯[2]，即族裔亦获膺衣衿，故历代相因者也。自康熙二十三年甲子[3]，皇上幸曲阜，特授世翰以主祀，凡族裔在鲁者，比照孔圣子孙例，由宗子核选，给衣衿入庙，送儒学作养，以示优异。若世廪员缺，则于弟侄中选补。此圣朝恩例，一视同仁者也。又于康熙二十五年，礼部题覆江南学院李疏[4]，称圣贤后裔，向有衣衿奉祀，仍留衣衿奉祀，将名数报部等因，具题奉旨依议，钦遵通行在案。

兹洛邑为周室东都，以营洛分陕，庙祀周公、召公、毕公、鲁公、君陈，宠锡明禋[5]。自古迄今，奉祀岂得无人。况先公裔孙，自平王东迁，世爵世家者，俱徙居洛王城、巩邑，封爵相沿，姬、周两族，公姓繁庶[6]。考之史书，按之邑乘，俱昭彰可据，自应比照曲阜，同沾恩例，袭授世廪衣衿，以光祀典者也。奈历代兵荒相继，庙宇荒颓，圣裔在籍者，亦无异编氓[7]，其入庙拜谒者寥寥矣。

自前太守王公莅郡[8]，加意圣祀，重修殿宇，捐买祭田，明礼兴乐，祀事焕然聿新[9]。复访求圣裔姬一宽，俾世守于庙。但栽培圣脉之典未及行，而王公致仕。岁乙酉春[10]，我济南赵公，以名世大儒，受特简来守是邦[11]，崇祀先圣，加

---

① 康熙四十八年(1709年)八月立。选录于河南新安县《姬姓宗谱》。

② 主鬯(chàng)：犹主器。鬯：祭祀用的香酒。

③ 康熙二十三年甲子：公元1684年。

④ 题覆：明代六部向皇帝进呈的一种公务文书。意谓题本奏覆。多用于回答垂询。

⑤ 宠锡：恩宠赏赐。明禋：洁敬。指明洁诚敬的献享。

⑥ 繁庶：众多。

⑦ 编氓：编入户籍的平民。

⑧ 前太守王公：王来庆。

⑨ 聿(yù)：文言助词，无义，用于句首或句中。

⑩ 乙酉：清康熙四十四年，公元1705年。

⑪ 特简：皇帝对官吏的破格选用。

意修明,一遇圣裔,破格优礼。凡族散居者,咸感激奋起。余乃遴选族生,得俊秀娴礼者数人,俾袭廪并授衣衿。达部之外,移府施行。公亦垂念祀典,急为作养,以府庠备办祭品,遂送府庠习仪,且于本生杂徭[1],檄行豁除。令于祭期,陪祀公职。圣人之祀典,万古常新。族裔之衣衿,亦奕永绵矣[2]。此固圣朝崇重先圣之特典[3],而实赵公优异圣裔之新恩也。庙庭之俎豆生辉[4],洛郡之文教振兴,通族均感宁有既极者也。爰勒瑱珉[5],以志不朽云尔。

公讳于京,字丰原[6],山东历城籍,辛酉孝廉[7]。

元圣七十四代嫡孙世袭翰林院五经博士曲阜东野枝盛顿首。

元圣七十五代孙奉祀姬兴光　姬克顺　姬文龙　姬文印　姬克岐　姬非熊　姬丕扬　姬麟仁　姬丕官　姬钺　姬文德　姬镳

康熙四十四年八月十六日邑学生员商兆隆书。

---

① 本生:个人,自身。

② 亦:当为"奕奕",光明貌、亮光闪动貌。

③ 特典:特殊的恩典。

④ 俎豆:俎和豆。古代祭祀时盛食物的礼器。引申为祭祀、奉祀。

⑤ 瑱珉:贞珉,石刻碑铭的美称。

⑥ 公讳于京:赵于京,字静立,一字丰原,号香陂,山东历城人。

⑦ 辛酉:康熙二十年,公元1681年。孝廉:明清两代对举人的称呼。

刘 洙

刘洙,生平不详。

周公庙前吊吕明德先生死节[①]

流氛陷落日[②],就义果谁能。
一寝周公梦,先生醒未曾[③]。

① 载清龚崧林《洛阳县志》卷二十三。
② 落:疑当为“洛”。
③ 自注:先生平日即书于堂曰:“从容就义。”

田文镜

田文镜(1662—1732年),汉军正黄旗人,监生出身,清康熙二十二年(1683年)出仕县丞,久淹州县官,康熙五十六年(1717年)始为内阁侍读学士。雍正元年(1723年)署山西布政使。雍正二年(1724年)出任河南藩司,同年升本省巡抚。雍正五年(1727年)七月晋河南总督,加兵部尚书衔,后转迁山东总督。雍正七年(1729年)加太子太保。雍正八年(1703年)兼北河总督。雍正十年(1732年)十一月,以久病请解任,八日去世,谥端肃。田文镜监生出身,曾任久淹州县官、福建长乐县丞、内阁侍读学士。雍正元年出任山西布政使,因他清理积压的案牍,使吏治为之一新,雍正遂评他"忠诚体国,公正廉明"。主修(雍正)《河南通志》。

周公祠(节选)①

在府城。明嘉靖四年建②。

① 见(雍正)《河南通志》卷四十八《河南府》,文渊阁四库全书本。

② 嘉靖四年:公元1525年。

张廷玉

张廷玉(1672—1755年),字衡臣,一字砚斋。张英次子。清康熙三十九年(1700年)进士,授检讨,直南书房,迁洗马,历庶子、侍讲学士、内阁学士。康熙五十九年(1720年),授刑部侍郎,旋转吏部侍郎。雍正元年(1723年)擢礼部尚书;为诸皇子师,加太子太保,继调户部尚书;四年,授文渊阁大学士;六年,拜保和殿大学士,兼吏部尚书;七年,加少保;八年,清廷设军机处,受命为军机大臣。历任乡试同考、会试主考,屡充朝廷阅卷大臣,选拔人才甚众。清廷开馆编修《三朝实录》《玉牒会典》《治河方略》《国史》《明史》《通鉴纲目三编》时,均受命为总裁。其中《通鉴纲目三编》采明一代事迹,以续朱子及商辂之书。其《明史》一书,为史学界所推重。另有《澄怀园全集》《四库全书总目著录》行于世。谥文和。

周公庙[①]

周公庙在河南府城西关。

吕维祺列传[②]

吕维祺,字介孺,新安人。祖母牛氏以守节被旌。父孔学,事母孝,捐粟千二百石振饥,两旌孝义。维祺举万历四十一年进士,授兖州推官,擢吏部主事,更历四司。光宗崩,皇长子未践阼,内侍导幸小南城。维祺谒见慈庆宫,言梓宫在殡,乘舆不得轻动,乃止。天启初,历考功、文选员外郎,进验封郎中,告归。开封建魏忠贤生祠,遗书士大夫戒勿预。忠贤毁天下书院,维祺立芝泉讲会,祀伊洛七贤。

崇祯元年,起尚宝卿,迁太常少卿,督四夷馆。明年四月,廷议军饷,维祺陈奏十五事。其冬,奏防微八事,言:"陛下初勤批答,今或留中,留中多则疑虑起,当防一。初虚怀商榷,及拟旨一不当,改拟径行,岂无当执奏,当防二。初无疑厌,疑厌诸臣自取,今且共、夔并进,当防三。初日御讲筵,今始传免,当防四。初寡嗜欲,慎宴游,今或偶涉,当防五。初慎刑狱,今有下诏狱者,且登

① 见《通鉴纲目三编》卷三十八,文渊阁四库全书本。
② 见《明史》卷二百六十四。

闻频击，恐长嚚讼风，当防六。初重廷推，今间用陪，非常典，当防七。初乐谠言，今或谴诃时及，当防八。”帝优旨报之。

三年，擢南京户部右侍郎，总督粮储。设会计簿，钩考隐没侵欺，及积逋不输，各数十百万，大者弹奏，小者捕治。立法严督屯课，仓庾渐充。条上六议，曰稽出入以杜侵渔，增比较以完积案，设本科以重题覆，时会计以核支收，定差序以杜营私，禁差假以修职业。帝称善，即行之。

六年，拜南京兵部尚书，参赞机务。清冒伍八千余名。请申饬江防，凤陵单外为忧，弗省。八年正月，贼犯江北，遣参将薛邦臣防全椒，赵世臣戍浦口。世臣溃走，南京震动，凤阳亦旋告陷。大计拾遗，言官复劾他事，遂除名。时维祺父孔学避贼洛阳，维祺乃归留洛，立伊洛会，及门二百余人。著《孝经本义》成，上之。

十二年，洛阳大饥。维祺劝福王常洵散财饷士，以振人心，王不省。乃尽出私廪，设局振济。事闻，复官。然饥民多从贼者，河南贼复大炽。无何，李自成大举来攻，维祺分守洛阳北城。夜半，总兵王绍禹之军有骑而驰者，周呼于城上，城外亦呼而应之，于是城陷。贼有识维祺者曰：“子非振饥吕尚书乎？我能活尔，尔可以间去。”维祺弗应，贼拥维祺去。时福王常洵匿民舍中，贼迹而执之，遇维祺于道。维祺反接，望见王，呼曰：“王，纲常至重。等死耳，毋屈膝于贼！”王瞠不语。见贼渠于周公庙，按其项使跪，不屈，延颈就刃而死。时十四年之正月某日也。维祺年五十有五，赠太子少保，祭葬，荫子如制。而维祺之家在新安者，十六年城陷，家亦破。

弟维祜，字泰孺，由选贡生为乐平知县者也。至是解职归，亦抗节死。赠按察佥事。福王立南京，加赠维祺太傅，谥忠节。

张 汉

张汉(1680—1759年),字月槎,号莪思,晚号蛰存,云南石屏县张本寨人,后移居石屏城内。张出身书香世家,从小刻苦攻读。清康熙四十七年(1708年)中举,康熙五十二年(1713年)恩科取进士,殿试后,授翰林院庶吉士,升检讨,出任河南府知府。热心洛阳一带文物及文化古迹的保护。后因顶撞当道,被解职归里。一生著述丰厚,有《留砚堂诗集》《留砚堂文集》。

改建会忠祠[1]

郡西周公庙后殿,雍正三年郡守张汉改建会忠祠[2],祀夏关龙逢,商比干、伯夷、叔齐,周苌弘,汉关羽,唐颜杲卿、颜真卿、许远,宋岳飞。以王胤长、吕维祺配。

题会忠祠联

庙食合中天,岳有蘩河有藻[3];
忠魂留此地,仁之勇圣之清。

题周公庙联

河来天上,洛出地中,更涧水东瀍水西,定鼎卜都此处,乃成周旧壤;
尧开舜始,禹启汤先,至文王子武王弟,分官议礼于今,守家相遗书。

题吕忠节祠

得死所于周公,忠能致主[4];
传遗经于公子,孝可格天。

① 见雍正《河南府续志》。
② 雍正三年:公元1725年。
③ 蘩:白蒿。
④ 自注:在周公右。公曾殉难廟中。又注《孝经》十三册,有十三芝之祥。

会忠祠记[①]

予往表周大夫苌弘，谓上古无所谓忠，创忠自关龙逢始。忠，人臣之不幸也。而臣不幸而忠，亦有幸有不幸。彼比干诸忠臣，何祠墓之巍然乎？龙逢、苌弘，何祠墓寥寥，不彰于世也？汉守兹土，欲专祠祭之久矣。既而思之，与专祠而祭之，勿宁会祠而祭之，亦礼也，所谓礼可义起者欤？今夫会之，为言祫也[②]，准宗庙而祫祭之义，以议忠臣之礼，逢当为不祫之宗。其次以下诸忠臣，殆如昭穆，以世次者耳。考古忠臣，夏曰关龙逢，商曰比干、曰伯夷、叔齐、曰苌弘，唐曰许远、曰颜真卿、颜杲卿，宋曰岳飞，墓多在河南郡。比干则墓在汲县，而武王所封铜盘铭刻石，得之偃师土中，岳飞则行师会过其郡。二公精神，遥如在焉，俎而豆之，当无吐也。汉于是改置祠三楹，在周公庙后，书其楣曰会忠祠，祭祀以时。

甚矣，夫忠义之感于人心也！世人崇尚佛老，溺淫祀而薄圣贤，往往古忠臣义士，俎豆缺然，而莫不之恤，所在皆然。予一旦特举，而俎豆之浩然之气，塞天地而横四海，慨然想见于日月星河岳之余，抑且旁及陟降在庭之际，所谓千载上人，凛凛有生气也，不已合乎人心之同然乎！

汉又谓：周公之忠，幸得其正者也，龙逢诸公之忠，不幸而遭其变者也，然而臣无问正与变，同期于忠则一。且周公亦幸流言卒得白耳，设不幸流言卒不白，亦将与龙逢、比干同游地下，公亦复何几微之憾，而不快然于一死乎！大抵忠臣之盛，率在亡国之余，公则际圣明之初，气数值其盛者耳。至两庑配食，曰王胤长[③]、曰吕维祺。胤由河南郡守除本省佥事道[④]，祺以进士起家，予告南京大司马，为郡属之新安人，俱明末殉难，而祺死周公庙中，尤宜招魂祀之。呜乎！此二公者，不愧于古之忠臣者欤。

磨兜坚改署古谨言人说[⑤]

洛阳周公庙中庭祀周公，其左楹合土写像，颀立一人。前置木主，署磨兜

① 见雍正《河南府续志》。

② 祫(xiá)：古时在太庙中合祭祖先。

③ 王胤长：分守河南道副使。李自成攻陷洛阳，受伤，数日后死。

④ 佥事道：官名。清代道员之兼衔。清顺治(1644—1661年)中沿明旧制，分设守道、巡道，辅佐藩臬二司办理地方政务，乃省与府州间之地方长官。皆带原品衔充任。由郎中、员外郎、主事、同知补授者为佥事道，正五品。乾隆十八年(1753年)改道员为实官，遂省。

⑤ 见龚松林编乾隆十年《洛阳县志》。

坚三字。予初不晓,已而曰:“是当是太庙金人之事,以谨言相类,故讹耳。”考《酉阳杂俎》[1],邓城穀不绥之国城门[2],有石人,刊其腹曰:“磨兜鞬,慎勿言。”谓疑与缄口铭相类,朱子亦谓磨兜坚秦人座右三字铭,不言即金人之事也。洛之人妄署其名,以陪祀,毋乃不协乎?予议改署古谨言人始当。盖孔子语也。至像不合金人为之,尚失本义。虽然,仿其意而已矣。

呜呼!人能谨言,百世人祀也,况重之以孔子乎!不谨言者即日奉金人而祀之,又何益也!

新建学宫崇圣殿碑记(节选)[3]

……至宓牺、神禹、周成王、汉光武、宋艺祖诸庙[4],及伊尹、贾谊、二程子、朱子、邵子、范文正公祠,咸次第修葺,丕焕斯新[5],文极一时之盛。独周公庙丹雘烨然[6],与学宫并峙,予不复修也。

……

时雍正三年夏五端阳日。

① 《酉阳杂俎》:唐代段成式的笔记小说集。

② 邓城:古县名。西晋置,治今湖北省襄樊市西北。属襄阳郡。寻省。唐贞元二十一年(805年)移临汉县于古邓城,改名邓城县。属襄州。北宋宣和元年(1119年)属襄阳府。南宋绍兴七年(1137年)省为镇。

③ 见雍正《河南府续志》。

④ 宓牺:“伏羲”,也写作“宓羲”。宋艺祖:宋代人平日里称呼赵匡胤为“艺祖”。“艺祖”之称源于《尚书》,《尚书》把有文德才艺之古帝王称为“艺祖”,这是对开国皇帝的一种美称。

⑤ 丕:大。焕:意为鲜明,光亮,焕发。

⑥ 丹雘(huò):可供涂饰的红色颜料。烨(yè)然:光彩鲜明貌。

王士俊

王士俊(1683—1750年),字灼三,号犀川,清贵州平越人。清康熙六十年(1721年)进士。雍正初任河南许州知州,历广东布政使、湖北巡抚、河东总督兼河南巡抚。因勒令州县虚报垦荒数字及劝民捐输,解任。乾隆初起为四川巡抚,因疏陈时政弊端,触帝怒,免官。有《闲家编》,曾监修《河南通志》。

周公祠[①]

周公祠,在府城,明嘉靖四年建[②]。偃师亦有。

① 见雍正《河南通志》卷四八。

② 嘉靖四年:公元1525年。

佚 名

明大司马赠太傅吕忠节公殉难处碑[1]

明大司马赠太傅吕忠节公殉难处。

① 据本书所录桑原隲藏《考史游记》,该碑为清康熙三十八年(1699 年)所立。原在庙门口路南,今不存。

金 鋐

金鋐,字治公,号赤庵,顺天府宛平人。清顺治九年(1652 年)壬辰科进士,选庶吉士,散馆授编修。顺治十三年(1656 年),担任左赞善、内弘文院检讨。次年兼任翰林秘书院侍讲。顺治十五年(1658 年),担任国子监祭酒。同年,改广东布政使司参政,分守岭西道。顺治十八年(1661 年),任四川按察使。康熙元年(1662 年),担任山西右布政使。康熙四年(1665 年),改江南左布政使。康熙十一年(1672 年),任河南布政使。康熙十六年(1677 年),任太常寺卿,次年加左副都御史、兵部督捕右侍郎,督理湖南四川粮饷。康熙二十二年(1683 年)担任福建巡抚。后任兵部右侍郎、都察院右副都御史、浙江巡抚。在浙江巡抚位上,被革职流徙。

题 额[①]

万代功宗。

① 原存周公庙,今不存。

曹元仁

曹元仁,江西赣县人。以祖建龙荫,官员外郎。清乾隆六年(1741年),擢河南府知府。

重修周公庙记[①]

尊圣人者,并称周公、孔子。孔子王祀百代,而公缺焉。说者曰相而不王,以成公之忠也,祀公于名臣之庙为宜。或者又曰公之子封于鲁,孔子鲁人,梦之间常若见公者。意者公之陟降上下,时时在鲁,鲁之庙祀为宜。之二说者,余非不谓然。然自王中时乂[②],公之经营者旧矣。南望三涂[③],北瞻岳鄙[④],武王之所胥宇也[⑤],公实终之。诞保七年[⑥],冲子毖祀[⑦],公实相之。降而平王东迁,虽曰日以卑弱,绵延者五百有余岁,东周之历视西较永。始基之奠,佑启唯公。《记》曰:"以劳定国则祀之。"[⑧]公之勤劳,王室与洛相终始者,为何如哉?公之经天纬地,制作垂万世者不具论,论功德之在洛者,洛之祀公也,人心之良,夫何容已。

顾公祀之于洛邑矣,而历代之兴废不常。其远者已不可考。康熙甲寅之

---

① 载龚松林主编乾隆十年《洛阳县志》。

② 乂(yì):治理,安定。

③ 三涂:在今河南嵩县西南十里。《左传·昭公四年》:"司马侯对曰,四岳、三涂……九州之险也。"杜注:"在河南陆浑县南。"《史记·周本纪》:武王曰,"我南望三涂"。《水经·伊水注》:"伊水历崖口,山峡也,翼崖深高,壁立若阙。崖上有坞,伊水径其下,历峡北流,即古三涂山也。"或云:三涂即大行、轘辕、崤渑。

④ 岳鄙:接近山岳的边鄙城邑。岳,多作"岳"。《史记·周本纪》:"我南望三涂,北望岳鄙。"张守节正义:"《括地志》云:'太行、恒山连延,东北接碣石,西北接岳山。'言北望太行、恒山之边鄙都邑也。又'晋州霍山一名太岳。'"司马贞索隐引杜预云:"岳,盖河北太行山。"

⑤ 胥宇:察看可筑房屋的地基和方向。犹相宅。《诗·大雅·緜》:"爰及姜女,聿来胥宇。"毛传:"胥,相;宇,居也。"孔颖达疏:"自来相土地之可居者。"

⑥ 诞保:大力治理。《尚书·洛诰》:"惟周公诞保文武受民,惟七年。"孔传:"大安文武受民之事。"诞:大。

⑦ 冲子:《尚书·洛诰》:"王若曰:'公,明保予冲子。'"《尚书·召诰》:"今冲子嗣,则無遺壽耇。"孔传:"童子,言成王少,嗣位治政。"毖祀:谨慎祭祀。《尚书·洛诰》:"予冲子夙夜毖祀。"孔传:"言政化由公而立,我童子徒早起夜寐,慎其祭祀而已。"

⑧ 以劳定国则祀之:出《礼记》四十九篇中的《礼记·祭法》。

春[①],前郡守河间王君来庆,始于郭西之故址扩而新之。复捐置田七十五亩,以供岁祀之费。距今殆七十年,倾圮者且过半也。岁之辛酉[②],元仁来守是郡,谒公庙下,盭焉伤之[③]。窃有志于兴,复计得一襄厥成者[④],洛令毘陵龚君[⑤]。即任其事,图度久之[⑥]。稽于故籍[⑦],具知王守所置祭田[⑧],始则硗确[⑨],今为膏腴,直可数倍于昔[⑩]。因转售得千二百金。仍置田一顷三十九亩,外余金四百有奇。鸠工庀材[⑪],刻日修举,经始于癸亥之夏五[⑫],逾月而告成事。望之翼然[⑬],即之焕然,庙貌加隆矣!又计田之所入,岁有余赀,祭器、乐器,以次秩如[⑭]。祀事孔明[⑮],式礼无忒[⑯]。从此垂之久远,洛人之世世祀公,与所以祀孔子者相埒,庶乎有以妥公之灵也乎!董其事者司训郜大鼎[⑰],诸生孟习苏、史世祚[⑱],例得备书。

乾隆八年九月[⑲]。

---

① 康熙甲寅:康熙十三年,公元1674年。

② 辛酉:乾隆六年,公元1741年。

③ 盭(xì):悲伤痛苦的样子。

④ 襄:相助;辅佐。

⑤ 洛令毘(pí)陵龚君:洛阳县令常州武进县龚崧林。毘陵:常州古称。毘:同“毗”。

⑥ 图度:揣测;揣度。

⑦ 稽:考核;稽核。

⑧ 王守:王来庆。

⑨ 硗(qiāo)确:土地坚硬瘠薄。

⑩ 直:同“值”。

⑪ 鸠工庀(pǐ)材:招集工匠,准备材料。庀:准备、具备。

⑫ 癸亥:乾隆八年,公元1743年。夏五:夏天五月。

⑬ 翼然:像鸟张开翅膀一样。

⑭ 秩如:条理井然貌。

⑮ 孔明:很完备;很洁净;很鲜明。《诗经·小雅·楚茨》:“祝祭于祊,祀事孔明。”郑玄笺:“孔,甚也。”

⑯ 忒(tè):差错,差忒。

⑰ 董:主持;主管。司训:明清时县学教谕的别称。郜大鼎:不详。清代陕西铜陵有郜大鼎,疑即此。

⑱ 孟习苏:民国时期高祐《嵩洛草堂遗编》载:“孟习欧,字庐陵,与弟习苏字眉山者,俱监生,事孀母能孝。兄弟同居三十载,自相师友,并工诗文书画。案:庐陵去今,百余年矣。至今中州言才子者,必曰孟庐陵。庐陵书画,三尺童子乐道之。史世祚:不详。

⑲ 乾隆八年:公元1743年。

佚名

定鼎堂正脊枋板落款

大清乾隆五十五年岁次庚戌中秋月谷旦朝议大夫、护理河陕汝道、知河南府事加二级张松孙、洛阳知县单可堪重修①。

大清光绪十六年岁次庚寅中秋月谷旦特用道、署理河南府事文焕、署洛阳县知县事沈传义重修②。

---

① 乾隆五十五年:公元1790年。张松孙(1730—1795年):字雅赤,号鹤坪,江南长洲(今江苏吴县)人。乾隆二十九年(1764年),以监生出身任河南归德府(今河南商丘市)河务通判。乾隆四十八年(1783年)升潼川府知府。乾隆五十四年(1789年)迁河南府(今河南洛阳市)知府,历官三十年。工诗善文,曾辑注《文心雕龙》。单可堪:字野甫。山东高密人。乾隆二十七年(1762年)举人,乾隆四十六年(1781年)进士。历商城、洛阳、揭阳县知县,多惠政。致仕,在家开辟竹石居,啸咏其中,不与外事。官洛时,曾于乾隆五十五年(1790年)于白园立《唐太子少傅香山白文公墓碑》。

② 光绪十六年:公元1890年。文焕(1856—1909年),名李佳氏,字仲云。满族镶黄旗人,荆州驻防。光绪元年(1875年)举人,光绪六年(1880年)进士。授户部主事、中允,后官蜀,光绪二十年(1894年)会试同考官,光绪三十三年(1907年)授安徽宁池太广道,隐退游吴楚。宣统元年卒,殉死小妾与之合葬苏州。素性坦荡,爱民如子。诗文清婉,有《叙州集》一卷。沈传义:字次端,顺天大兴监生,江苏扬州人。光绪十六年(1890年)由河南永城县知县调任河南洛阳县知县。光绪十九年(1893年),调任河南祥符县知县。后曾任广东惠州、广东知府。光绪三十一年(1905年),由广州知府升任广东惠潮嘉道。光绪三十三年九月,调任广东琼崖道,越年卒于任。

大清乾隆伍拾伍年歲次庚戌仲秋月穀旦朝議大夫護理河陝汝道知河南府事加二級張松孫洛陽縣知縣單可基重修
大清光緒十六年歲次庚寅中秋月穀旦特用道署理河南府事文
焕署洛陽縣知縣事沈傳義重修

张九钺

张九钺(1721—1803年),字度西,号紫岘、陶园,世称“陶园诗老”。清长沙府属湘潭(湖南湘潭)人,出生于县城陶园(今洗脚桥附近)。历任江西南丰、峡江、南昌,广东始兴、保昌、海阳等知县。有政声,后被劾罢职归里,主昭潭书院。能诗,擅作戏曲,兼通经史。著有《陶园文集》《陶园诗集》《历代诗话》《晋南随笔》等,另有传奇《六如亭》《双虹碧》。

定鼎堂歌[①]

汉文帝时,新垣平言[②],周鼎亡在泗水中,河决,通泗汾,阴有宝气,于是立祠候之。《史记》载,周威烈王时[③],九鼎震。显王时[④],九鼎没入泗水彭城下,宝气浮于水上。秦始皇斋戒,役千夫求之不获,谓之鼎伏。是九鼎并未尝入秦也。后人据《封禅书》,周之九鼎入于秦,或遂以为秦昭襄王迁九鼎[⑤]。又云,其一飞入泗水中。昭襄王至汉文帝时不百年,而新垣平言如此。且《两都》《两京赋》,金人、猛兽皆铺张赋中,并无一语及九鼎。汉武汾阴所出之鼎,当时吾丘寿王已讥其非周鼎[⑥]。班固所赋《宝鼎诗》,不过言其岳贡珍、川效灵,

① 见张九钺《陶园诗文集》。

② 新垣平(?—公元前163年)西汉时赵人。为迎合统治者迷信思想,以望气知吉凶之说见汉文帝,言长安东北有神气,天降祥瑞,建议文帝作渭阳五帝庙,进行郊祀。又使人献玉杯,诈称神物,受赐千金,官至上大夫。后骗局为人揭发,被族诛。

③ 周威烈王(?—公元前402年):战国时周国君,名午。考王子。王二十三年初承认晋大夫魏斯、赵籍、韩虔为诸侯。同年,九鼎震。在位二十四年。

④ 显王:周显王(?—公元前321年):名扁。威烈王之孙。公元前369年继其兄烈王喜即位。公元前364年,贺秦献公,献公称伯(霸)。过四年,又致文武胙于秦孝公。公元前344年,秦以霸主会诸侯于周。公元前337年秦惠王立,次年周王致贺。公元前325年,秦惠王称王,其后诸侯均称王。

⑤ 秦昭襄王(公元前324—前251年):秦昭王。战国时秦国国君,名稷,一作则。秦武王异母弟。继位后,初由其母宣太后当权,平定内乱,加强王权。亲政后,先后任用魏冉、范雎等为相,司马错、白起等为将,锐意东进,战胜韩、赵、魏、齐、楚等国,又降周赧王,破山东六国合纵势力,实力大增。为以后秦统一六国奠定基础。在位五十六年。谥昭襄。

⑥ 吾丘寿王:姓吾丘,字子赣,西汉赵(治今邯郸市)人。年少以善棋行格五待诏,从董仲舒受《春秋》,迁侍中中郎,后任东郡都尉。不久召入为光禄大夫侍中,武帝常令其与大臣辩论国事,丞相公孙弘等数诎。后坐事被杀。

无一字及三代法物。王幼学《纲目集览》云①,秦并天下,九鼎蔑闻。九鼎乃神器,其一飞入泗水,其八岂甘心为暴秦攫取耶！宋吴淑《事类赋》引孙畅之《述书》②:“鼎自郏鄏后东南移,不知今在何处。《道人商行传》曰今在罽宾之阳州③。”虽其言荒渺,不足引据,然九鼎固未入秦,散伏各处,亦不徒在泗水矣。胜国末年④,洛阳福藩大殿,地作牛吼,震裂鼎现,有识者骇曰:“此周鼎也。”急筑之。是年洛阳被屠,明遂亡。郏鄏,今在北邙山。鼎或有伏在山下者,亦未可知。余赋《定鼎堂诗》,遂述鼎始末,并作辨于左,以质之博雅君子。

定鼎门西姬公庙,鼎中古观谁为堂。

飞檐凋残缥瓦剥⑤,朔风摩柏声凄凉。

仰瞻硕肤舄几几⑥,我公衮衣与绣裳⑦。

左右召毕作配食⑧,各饰藻火山龙章⑨。

鲁公君陈两兄弟⑩,端拱秉笏祢其傍⑪。

---

① 王幼学:元安庆望江人,字行卿。生于宋季,笃志力学。幼被掠至河南,为陈氏养子,年六十始归,躬耕慈湖,与学者讲道。尝撰《通鉴纲目集览》,乡人称慈湖先生。卒年九十三。

② 吴淑(947—1002年):字正仪,润州丹阳(今属江苏)人。南唐时,以校书郎直内史。入宋,试学士院,授大理评事,参与预修《太平御览》《太平广记》及《文苑英华》。著《事类赋》百篇以献,奉诏注释。预修《太宗实录》,迁职方员外郎。卒。学问渊博,词风典雅,善笔札,工篆籀,著有《说文五义》《江淮异人录》等。孙畅之:南北朝时人。著有《述画记》,已佚。

③ 罽(jì)宾:汉魏时西域国名。唐玄奘《大唐西域记》作“迦湿弥罗”。即今之克什米尔。又,唐代西域国名。唐玄奘《大唐西域记》作“迦毕试”。约今卡菲里斯坦至喀布尔河中下游之间

④ 胜国:《周礼·地官·媒氏》:“凡男女之阴讼,听之于胜国之社。”郑玄注:“胜国,亡国也。”按亡国谓已亡之国,亡国为今国所胜,故称“胜国”。后亦称前朝为“胜国”。

⑤ 缥(piǎo):青白色,淡青。

⑥ 硕肤舄(xì)几几:《诗经·豳风·狼跋》:“公孙硕肤,赤舄几几。”硕肤,毛传:“硕,大;肤,美也。”大的美德。亦指德高望重之人。赤舄,古代天子、诸侯所穿的鞋。赤色,重底。几几:安重貌。朱熹集传:“安重貌。”一说,鞋头尖而上翘。

⑦ 衮衣与绣裳:出自《诗经·豳风·九罭》:“我觏之子,衮衣绣裳。”古代天子祭祀时所穿的绣有龙的礼服,形容衣着华丽奢华。

⑧ 召毕:指召公、毕公。配食:祔祭;配享。

⑨ 藻火山龙:古代官员衣服上所绣作为标志用的山、龙、水藻及火焰形图文。《尚书·益稷》:“予欲观古人之象,日、月、星辰、山、龙、华虫、作会;宗彝、藻、火、粉米、黼黻、绣,以五采彰施于五色,作服。汝明。”章:花纹,文采。

⑩ 鲁公:周公之子伯禽。君陈:周公子。周公卒,成王命其分正东郊成周,以续周公之志。

⑪ 自注:“郑康成以君陈为周公之子,伯禽之弟。宋人注经者驳其非,今庙中所塑像从郑说。”祢:古代对已在宗庙中立牌位的亡父的称谓。

九鼎已沦神犹在，过者考古思成康①。
星辰氤缊郏鄏底，大河滚滚流馨香。
三翮六翼曰仁器②，敲云吐景百宝光。
一压万古魑魅死，坤轴钩锁无披猖③。
我公土中昔相宅，车书和会来八方。
王城移鼎镇大凑④，圭台屹立遥相望⑤。
销其顽梗焕礼乐，厚厥惇典恬农桑⑥。
大川共济诸公继，保厘海宇皆郊疆⑦。
堂名定鼎纪功德，如闻援琴歌凤皇。
我闻姒后荆山铸⑧，贡金九牧争趋跄⑨。
陶甄元化为制作⑩，赤文绿字同衡湘⑪。
山川图籍百物备，么麋琐细搜遐荒。
日移五步人不觉，能行能息文明祥。
洪惟三代传国宝，非甚盛德孰敢当。
壮哉王孙答熊旅，褫其奸魄严风霜。
其后七雄思染指，潭台华廷谋不臧。
暴秦并吞移共主，大社将屋如夏商。
鼎兮悲愤一朝震，三川雷电扶翱翔。
巨鳌负戴入泗水，日沐月浴天蒸黄。
九万一挽虽戏语，酰壶酱瓿谁提藏⑫。

---

① 成康：周成王与周康王的并称。史称其时天下安宁，刑措不用，故用以称至治之世。

② 三翮六翼：《史记·楚世家》："吞三翮六翼以高世主。"司马贞索隐："三翮六翼，亦谓九鼎也。空足曰翮，六翼即六耳。"

③ 坤轴：古人想象中的地轴。钩锁：弯曲的锁链。披猖：溃散。

④ 大凑：大都会。

⑤ 圭台：指登封周公测景台。

⑥ 惇(dūn)典：指敦厚的典礼。

⑦ 保厘：治理百姓，保护扶持使之安定。

⑧ 荆山：一名覆釜山。在今河南灵宝市西。《史记·封禅书》："黄帝采首山铜，铸鼎于荆山下。"《元和志》卷六湖城县："荆山，在县南。即黄帝铸鼎之处。"

⑨ 九牧：九州之长。

⑩ 陶甄：比喻陶冶、教化。元化：造化；天地。

⑪ 赤文绿字：河图洛书俱赤文绿字。古代谶纬家遂以赤文绿字谓帝王受命的祥瑞。

⑫ 瓿(bù)：古代的一种小瓮，青铜或陶制，用以盛酒或水。

金人辞月尚下涕[①],岂肯俯首随咸阳。
可怜祖龙索不获[②],彭城骇汗千夫僵[③]。
汾阴祷祀元鼎出,讥其赝者有寿王。
武曌崇奸擅秽造[④],祝融顷刻镕汁浆[⑤]。
俗工为冶那肯跃,徒令膏血民命戕。
或言厥宾行未已,其事幻渺何由详。
又闻明祚将移日[⑥],大声牛吼裂北邙。
得非此鼎在天地,世宙时与关兴亡[⑦]。
公之大勋永食报[⑧],骍牛秬鬯勤烝尝[⑨]。
雝公季妘铭久佚,神物况非旧殿廊。
轻重大小不可考,云烟天海飞茫茫。

① 金人辞月尚下涕:《三辅黄图·建章宫》:"神明台,武帝造,祭仙人处。上有承露盘,有铜仙人舒掌捧铜盘玉杯,以承云表之露,以露和玉屑服之,以求仙道。"又唐李贺《金铜仙人辞汉歌序》:"魏明帝青龙元年八月,诏宫官牵车西取汉孝武捧露盘仙人,欲立置前殿。宫官既拆盘,仙人临载,乃潸然泪下。"

② 祖龙:祖,开始。龙:皇帝之象征。此典暗指秦始皇。后以此典借指秦始皇,或形容秦始皇即将死亡。《史记》卷六《秦始皇本纪》259页:"三十六年。""秋,使者从关东夜过华阴平舒道,有人持璧遮使者曰:'为吾遗滈池君(古传水神名,借指秦始皇,因秦始皇自称以水德统一天下)。'因言曰:'今年祖龙死。'使者问其故,因忽不见,置其璧去。使者奉璧具以闻。始皇默然良久,曰:'山鬼固不过知一岁事也。'退言曰:'祖龙者,人之先也。'使御府视璧,乃二十八年行渡江所沈璧也。"

③ 骇汗:因受惊、恐惧而出汗,奔走骇汗,羞愧俯伏。

④ 武曌:武则天。

⑤ 祝融:神名。帝喾时的火官,后尊为火神,命曰祝融。亦以为火或火灾的代称。

⑥ 明祚:明代的国祚。

⑦ 世宙:宇宙;世界。

⑧ 食报:受报答或受报应。

⑨ 骍(xīng):赤色。《礼记·郊特牲》:"牲用骍,尚赤也。"秬鬯(jù chàng):祭祀时用来降神的酒。以香草与黑黍酿制而成,色黄而芳香。《尚书·洛诰》:"予以秬鬯二卣,曰明禋,拜手稽首,休享。"烝尝:指秋冬二祭。后亦泛称祭祀。《诗经·小雅·楚茨》:"絜尔牛羊,以往烝尝。"郑玄笺:"冬祭曰烝,秋祭曰尝。"

乾隆十年《洛阳县志》

乾隆十年《洛阳县志》，由龚崧林主编。龚崧林，字尘园，江苏武进（今常州市武进区）人。以“举贤良方正”被派往广东，历任三水、从化、电白等县知县，因母丧归家守制。后来，他出任嵩县知县，清乾隆七年（1742年）任洛阳知县，乾隆十年（1745年）升任陕州直隶州（州治今河南省三门峡市）知州。

周公庙祭祀礼乐[①]

周公庙在西郭。相传为汉太学故址。洛有元圣庙，起于唐，以公卜营洛邑故也。制甚宏，典章大备。故详之。

正殿：

元圣周公。左立磨兜坚[②]。右设欹器。

两庑：

汉河南太守吴公[③]、召信臣[④]、河南尹李膺[⑤]，唐东都留守宋璟、洛州刺史狄仁杰、河南令韩愈。

---

① 据乾隆十年龚松林修《洛阳县志》卷六《礼乐》。

② 磨兜坚：宋袁文《甕牖闲评》卷八：“唐刘洎少时，尝遇异人谓之曰：‘君当佐太平，须谨磨兜坚之戒。’谷城国门外有石人，刻其腹曰：‘磨兜坚，慎勿言。’故云。”后因以“磨兜坚”谓诫人慎言。清朱经《寡言》诗：“缅怀磨兜坚，守口心怦怦。”

③ 河南太守吴公：《史记·屈原贾生列传》：“贾生名谊，雒阳人也。年十八，以能诵《诗》属《书》闻于郡中。吴廷尉为河南守，闻其秀才，召置门下，甚幸爱。孝文皇帝初立，闻河南守吴公治平为天下第一，故与李斯同邑而常学事焉，乃征为廷尉。廷尉乃言贾生年少，颇通诸子百家之书。文帝召以为博士。是时贾生年二十余，最为少。”

④ 召信臣：字翁卿，西汉九江寿春（今安徽寿县）人。初以明经为郎，迁谷阳长，宣帝时历任零陵、南阳太守等官。在南阳时，曾组织人民利用郡中水泉，开通沟渎，筑堤闸水门数十处，灌溉农田三万余顷，岁获丰稔。郡县吏家子弟不以农耕为事者，都予罢斥，因而百姓归田，户口倍增，吏民尊称为“召父”。后迁少府。

⑤ 李膺（110—169年）：字元礼，颍川襄城（今属河南）人。出身官宦世家。初举孝廉，后历渔阳太守、度辽将军，桓帝时任司隶校尉。反对宦官专权，受到太学生所拥戴，被称为“天下楷模”。为名士“八俊”之一。党锢事起，被捕下狱，释放后禁锢终身。灵帝初窦武执政，又起用为长乐少府，与陈蕃谋诛宦官失败，再遭禁锢。不久卒于狱中。

宋使相判河南府王曾①、丞相判河南府寇准、潞国公判河南府文彦博②、宰相判河南府范纯仁③。

西京留守推官欧阳修④、判西京留守司马光、河南府推官苏辙，元河南经略使史天泽⑤，明河南府知府张中鸿⑥，国朝河南知府王来庆、洛阳县知县井洛如⑦，雍正四年知府张汉增祀二位⑧。

后殿：定鼎堂：

（中）周公。左召公，右毕公。

两庑：先贤名宦照学宫遗规从祀在列，盖旧制也。

鲁公伯禽、君陈。

---

① 王曾（978—1038年）：字孝先，青州益都（今属山东）人。咸平进士。真宗朝，以右谏议大夫参知政事，罢知应天府。仁宗即位，刘太后听政，拜为宰相。素恶侥倖，太后姻亲多为曾所裁抑，罢知青州。仁宗亲政，为枢密使。景祐二年（1035年），拜右仆射兼门下侍郎、平章事，封沂国公。与参知政事吕夷简论事颇有异议，遂俱罢。卒，赠侍中，谥文正。

② 文彦博（1006—1097年）：字宽夫，汾州介休（今属山西）人。第进士。庆历末，平王则起事，由参知政事升为同中书门下平章事，出判河南府，封潞国公。英宗即位，拜枢密使。神宗初，反对王安石变法，出判河阳，徙大名府。告老，以太师致仕。元祐初，经司马光荐，命为平章军国重事。彦博虽身居富贵，但待人接物谦逊。居洛，接待程颢兄弟，如同布衣之交。与富弼、司马光等十三人相聚，论年龄不论官位，称“洛阳耆英会”，为时人钦慕。宋元祐五年（1090年），复以太师致仕。卒，谥忠烈。

③ 范纯仁（1027—1101年）：字尧夫，范仲淹第二子。皇祐进士。历知襄城县，殿中侍御史，京西、陕西转运副使。神宗询问西北边事，上奏称“愿陛下且无留意边功”。拜兵部员外郎，兼起居舍人、同知谏院，陈王安石变法扰民，出知河中府。哲宗立，进吏部尚书，旋任同知枢密院事。元祐三年（1088年），拜尚书右仆射兼中书侍郎。力谏蔡确“车盖亭诗”为诽谤宣仁后。次年，以观文殿学士知颍昌府。又加大学士、知太原、河南等府。哲宗亲政，忤章惇意，贬武安军节度副使，永州安置。徽宗即位，起为观文殿大学士。以疾乞归。卒，赠开府仪同三司，谥忠宣。

④ 推官：官名，唐代始置。观察使、团练使、防御使及兼观察使的节度使，皆置此官，为长官之佐，位在使、副使、判官之下；掌勘问刑狱。见《新唐书·百官四下·节度使、观察使、团练使、防御使》。宋沿唐制，有节度推官、观察推官等；另外，郡也置推官，“小郡推官、判官不并置，或以判官兼司法，或以推官兼支使”。见《宋史·职官七·幕职官》。

⑤ 史天泽（1202—1275年）：金元间永清人，字润甫。史秉直第三子。初从其兄史天倪帅真定。其兄被金武仙所害，即袭兄职为都元帅，败武仙，复真定。太宗即位，命为真定等五路万户。宪宗时，从攻宋。世祖即位，召问治国安民之道，拜中书右丞相，从征阿里不哥，败之。中统三年，击李璮，受诏诸将皆听节度。言者谓李璮之变，由诸侯权太重。天泽即奏兵民之权不可并于一门，史氏子侄即日解兵符者十七人。至元间，为枢密副使，改中书左丞相。与伯颜统兵灭宋，因病还真定。次年卒。

⑥ 张中鸿（1544—1626年）字允获，号云洲西滕翁。滕县（今滕州市）人。与弟中鹄皆聪慧秀异，人目为联璧。中鹄好博涉百家，而中鸿则沉默精研举子业。明隆庆四年（1570年）乡试第八名举人，二甲第十五名进士。授直隶开州知州，不畏强御以此失权要意，险被罢免。入为户部郎中，督储延宁。丁父亲忧，服除，补原官。出为河南知府。升山西按察司副使、兵备道、右布政等。

⑦ 井洛如：山东东平州人。进士。清康熙十三年（1674年）洛阳知县。

⑧ 雍正四年：公元1726年。

会忠祠：定鼎堂之后，旧为前抚董图兴祠①，雍正八年知府张汉改立②。

夏大夫关龙逄③。

殷少师比干、逸民伯夷、叔齐。

周大夫苌弘。

汉寿亭侯关羽。

唐鲁郡公颜真卿、常山太守颜杲卿、睢阳太守许远。

宋少保岳飞。

两庑：

明分守河南道王胤长④。原祀正殿两庑，雍正八年知府张汉改祀于此。太傅忠节公吕维祺。

祭期：每岁春、秋仲月次丁。

祭品

正殿：香一、帛一、中烛二、小烛八、羊一、豕一、登一⑤，实太羹⑥。铏二⑦，实和羹⑧。簠、簋各二，实稻、粱、黍、稷。笾八⑨，实形盐、槁鱼、枣、菱、芡、白饼、鱼哺。豆八⑩，实韭菹、芹、菁菹、醓醢、鱼醢、兔醢、脾肵、豚胉⑪。酒一尊。

两庑：香一、帛一、烛八、豕一、羊一，簠、簋各二⑫，见上。笾六，实形盐、鱼、兔、枣、栗、菱。豆四，实韭菹、芹菹、菁菹、笋菹⑬。酒一尊。

定鼎堂：总设豕一、羊一。中位香一、帛一、烛二，铏二，簠、簋各二，笾六，实鱼、兔、枣、栗、榛、菱。豆四，见上。酒一尊。左右位品同中位。

---

① 董图兴：清康熙十六年（1677年）七月至康熙二十一年（1682年）二月任河南巡抚。

② 雍正八年：公元1730年。

③ 关龙逄：夏末人。夏桀时贤臣。桀为酒池、糟丘，作长夜之饮。龙逄进谏，立而不去，为桀囚拘而杀之。一说，关龙即豢龙，关、豢古字通，为养龙之官。

④ 王胤长：一作"王孕长"，吴桥（治所在今河北吴桥县）人。李自成攻洛阳时，王胤长任河南道副使。城陷，被伤。数日而死。

⑤ 登：古代祭祀时盛肉的礼器。《诗经·大雅·生民》："卬盛于豆，于豆于登。"

⑥ 太羹：不调五味的肉汁。

⑦ 铏：古代盛羹的小鼎，两耳三足，有盖。

⑧ 和羹：配以不同调味品而制成的羹汤。

⑨ 笾（biān）：古时祭祀和宴会用以盛干食品的竹器。《说文·竹部》："籩，竹豆也。"

⑩ 豆：古代盛肉或其他食品的器皿，形状像高脚盘。

⑪ 醓醢（tǎn hǎi）：带汁的肉酱。肵（qí）：肵俎，古代祭祀时盛装心、舌的器具。豚胉（bó）：即豚拍。猪肋肉。

⑫ 簠（fǔ）：古代祭祀时盛稻粱的器具。簋（guǐ）：古代盛食物器具，圆口，双耳。

⑬ 菹（zū）：酸菜，腌菜。

两庑:香一、帛一、烛二、豕一。簠、簋各二,见上。笾六,见上。豆四,见上。酒一尊。

文昌阁:香一、帛一、烛二、豕首一、簠、簋各二,见上。笾六、豆四、酒一尊。

磨兜坚:香一、帛一、烛二、豕首一、酒一尊。

会忠祠:香一、帛一、豕一、羊一、簠、簋各二,见上。笾四、豆四、酒三尊。

两庑:香一、楮一[1]。

乐章:知府王来庆定。

迎神:大哉!元圣道德尊崇,保厘伊洛治平,攸宗典祀有常,精纯益隆,神其来格,于昭圣容。

初献:王室大勋,克底其盛。崇德报功,度越前圣。粢帛具成,礼容斯称。黍稷非馨,惟德之听。

亚献:猗与!元圣有周,冢宰作乐。以崇时祀,无斁清酤[2]。惟馨嘉牲孔硕,荐登神明。庶几昭格。

终献:负扆帝师,制作民轨。瞻之洋洋,神其宁止。酌彼金罍,惟清且旨。登献于三,于嘻成礼。

彻馔[3]:牺象在前[4],笾豆在列。以享以荐,既芬既洁。礼成乐备,人和神悦。祭则受福,率遵无越。

送神:翼翼新庙,衮绣是宗。恪恭祀事,威仪雍雍。昭格惟馨,神驭还复。明禋斯毕,咸膺百福。

乐器:大鼓一、应鼓四、麾一、旌一、旃一、柷一、大钟四、小钟八、大磬四、小磬六、敔一、鼗鼓一、笙二、管二、笛二[5]。

正殿:德称达孝,道兼三王。营洛定鼎,保厘无疆。制礼作乐,万世宪章。谨以牲帛俎豆,粢盛醴浆。祗奉旧典,式荐馨香。

东西两庑:历代名公,维岳降灵。列爵著代,永利民生。德遍河洛,功铭鼎钟。新庙奕奕,冀其来同。

---

① 楮(chǔ):落叶乔木,树皮是制造桑皮纸和宣纸的原料。纸的代称。纸币、纸钱,旧俗祭祀时焚烧。

② 无斁(yì):犹无终,无尽。

③ 彻馔:将宴席撤去,表示饮食已毕。

④ 牺象:古代饰有鸟形、鸟羽或象骨的酒器。一说为牺尊和象尊的合称。

⑤ 旃(zhān):古代一种赤色曲柄的旗。柷(zhù):古代打击乐器,像方匣子,用木头做成,奏乐开始时敲打。鼗(táo)鼓:古代的一种鼓。其形制和奏法与今日的拨浪鼓相似,是鼓穿在木柄上,鼓框左右用绳系着两个小珠状物,手摇木柄,珠状物来回敲击鼓面以发声。

定鼎堂:告丰相宅,实出两公。父师保厘,克成厥终。弼亮四祀[①],明禋报功。聿新轮奂,佑享来同。

鲁公祠:叔父元子,俾侯于鲁。尊亲报政,为周室辅。麟祚炽昌,有秩斯祜。特启新庙,用荐铏簠。

君陈祠:令德孝友,施于有政。尹兹东郊,克和厥中。懋昭猷训[②],万代攸宗。肇兴新宇,冀其依凭。

文昌阁:斗前六星,总司禄命。孝友忠仁,劝士惟敬。腾蛟起凤,佑助斯文。崇新台阁,帝用式凭。

祭田:价买张恒太桃园地十三段二十四亩一分,银六十两三钱二分。潘秀桃园地二段七亩七分,银二十一两六钱四分。李加英桃园地一段二亩一分,银五两三钱七分。贾附龙桃园地三段二亩三分,钱五两六钱。来秉翰桃园地三段七亩二分,银十八两二钱。来秉鲋、来佐、来宣南关地一段二亩五分,银七两七钱二分。金声骏白家碛地三段六亩六分,银十七两九钱八分。郭门刘氏桃园地一段一亩,价银二两五钱。以上康熙十四年知府王来庆置[③]。价买张柱白家碛园地一段三亩九分,银六两五钱四分五厘。王守爵白家碛园地一段四亩三厘,银八两八钱六分六厘。白孔铸白家碛园地一段二亩三分,银五两一钱一分。王有玉白家碛园地一段九分,银二两一钱八分五厘。王有玉白家碛中地一段六亩一分,银一两九钱。张甫铁器街园地一段五亩,银一十一两。以上康熙十四年知县井洛如置。二顷祭田,初系瘠土。后缘凿井灌溉,渐成腴产,价值倍昔。乾隆八年[④],郡守曹元仁因庙宇日久颓圮,修葺费繁,谋之洛令龚松林,将此二顷祭田转售,得价一千二百金。仍置祭田一顷三十九亩,余钱四百两,以充修葺之费。详见重修碑记。

① 弼亮四祀:出自《尚书·毕命》:"弼亮四世,正色率下,罔不祇師。"弼亮:辅佐。

② 懋(mào)昭:勉力宣明,褒美显扬。

③ 康熙十四年:公元 1675 年。

④ 乾隆八年:公元 1743。

张松孙

张松孙(1730—1795 年),字雅赤,号鹤坪,江南长洲(今江苏吴县)人。乾隆二十九年(1764 年),以监生出身任河南归德府(今河南商丘)河务通判。乾隆四十八年(1783 年)升潼川府知府。乾隆五十四年(1789 年)迁河南府(今河南洛阳)知府,历官 30 多年。工诗善文,曾辑注《文心雕龙》。

元圣文宪王赞并序[1]

□□洪□,我公德尊元圣,功建成周。制作监夏殷,天人共协光。烈承文武,今古为昭。绍十七世之诒谋[2],冲人负扆;广五十国之众建,元子肇封。宗庙享之当时。俎豆冠裳,载隆锡典,明德远矣,及今支流苗裔,犹切守祧。由是溯八茅于伊始,稽受姓之由来。敬纪于凡、蒋、邢、茅、胙、祭之余,确按夫山川土田附庸之旧。支分于郑,世本于姬。敢数典而或忘,诚思源而勿替也。松孙备员守洛,将祀明禋。附东野以荐馨香,举时祭而瞻礼乐。崇新庙貌,聿昭衮衣赤舄之容;益制钟镛,通观舞佾歌诗之盛。岂云明备用,肃仪观,敢抒敬诚,奉扬圣烈。赞曰:

穆穆我祖,赫赫宗功。羲秘观变,文德绍隆。优为图大,新营宅中。□□□锡,礼乐□崇。畏□服教,□□□东。

古□张松孙撰。

---

① 《元圣文宪王赞》碑今已不存,拓片存中国国家图书馆。据文中"崇新庙貌,聿昭衮衣赤舄之容;益制钟镛,通观舞佾歌诗之盛"可知张松孙曾增修周公庙,碑亦当存于庙中。

② 诒谋:《诗·大雅·文王有声》:"诒厥孙谋,以燕翼子。"郑玄笺:"传其所以顺天下之谋,以安敬事之子孙。"后遂以"诒燕""诒谋"谓为子孙妥善谋划,使子孙安乐。

徐松

徐松(1781—1848年),字星伯,原籍为浙江上虞(今绍兴市上虞区),后迁顺天大兴(今北京大兴区)。清代著名地理学家。博学多才,尤长于地理之学,名重当时。嘉庆十三年(1808年)以进士任翰林院编修,道光年间任礼部主事、江西道监察御史等。徐松利用编纂《全唐文》之便,从《永乐大典》中辑出《宋会要辑稿》(五百卷)、《河南志》《中兴礼书》,又撰写《唐两京城坊考》《登科记考》。嘉庆十五年(1810年)被降职至新疆,得机会考察新疆各地,撰写了《西域水道记》(五卷)、《汉书西域传补注》(二卷)、《新疆识略》(十二卷)等。清嘉庆二十四年(1819年)赦还。官至礼部郎中。此后除短暂地离京出外做官外,长期居京治学。道光二十八年(1848年)卒。

宋会要辑稿(节选)[①]

五日[②],详定所言:"河中府河东县伏羲、神农、汉文帝庙,河西县舜庙,龙门县禹庙,宝鼎县汤庙[③],临晋县周武王庙,望于祀汾阴前七日,用中祠礼料致祭。开封府中牟县列子庙,陕州灵宝县老君庙,中岳真君庙,望于车驾经过日,以香币酒果致祭。郑州灵显王庙[④]、周嵩陵,河南府偃师县魏文帝庙,河南府周公庙,新安县后唐庄宗庙,陕州湖城县轩辕庙[⑤],阌乡县女娲陵、中岳、启母、

① 见《宋会要辑稿》卷二八。

② 五日:指宋大中祥符三年(1010年)九月五日。

③ 宝鼎县:古县名。唐开元十一年(723年)置,治今山西省万荣县西南宝鼎。"玄宗祀后土,获宝鼎于汾阴县,故改该县为宝鼎县"(《旧唐书·地理志》)。属河中府。北宋大中祥符年间改荣河县。

④ 灵显王:二郎神。南宋洪迈《夷坚甲志》卷一五"晁安宅妻"条、《夷坚丙志》卷一七"灵显真人"条,记阆州(今四川阆中)有灵显王,神见梦于张魏公,自云:"吾昔膺受王爵,下应世缘,故吉凶成败,职皆主掌。自大观后,蒙改真人之封,名虽清崇而退处散地,其于人间万事,未尝过而问焉。"张公寤而惊叹,立请于朝,复旧封爵。自是灵响如初。俗谓二郎者也。

⑤ 湖城县:又作胡城县。北魏正光中改湖县置,属西恒农郡。治所在今河南灵宝市西北原阌乡县城。北周属弘农郡。隋开皇初属陕州,开皇十六年(596年)废。义宁元年(617年)复置于古上阳宫(在今灵宝市西北原阌乡县城)东侧,属虢郡。唐武德元年(618年)属虢州,乾元三年(760年)改为天平县。大历四年(769年)复名湖城县。北宋太平兴国三年(978年)改属陕州。熙宁四年(1071年)废入灵宝县。元丰六年(1083年)复置。元至元二年(1265年)废入阌乡县。

少姨庙、济渎、洛水、太行山①,并望以中祠礼料致祭。西海、北海旧于河中府孟州望祭,亦同此例,仍请特诏遣官。其余十里内神祠,非功德显赫者,止令本州岛府设祭。一品、二品坟,至西京日,遣官以香幣脯醢祭告②。"诏可。

① 启母:涂山氏长女也,夏禹娶以为妃,生夏启。少姨:清景日珍《说嵩》卷二十:少姨,相传为启母涂山氏之妹。即"阿姨神"。唐杨炯《盈川集》卷五《少室山少姨庙碑》:少姨庙者,则《汉书·地理志》嵩高少室之庙也。其神为妇人像者,则故老相传云启母涂山之妹也。《大明一统志》卷二九:少姨庙,在府(河南府)城东南。又偃师、巩、登封县俱有。世传神是启母之妹,故名少姨。

② 香幣:香和币帛,用于祭祀。脯醢(hǎi):佐酒的菜肴。《周礼·天官·膳夫》:"凡王之稍事,设荐脯醢。"贾公彦疏:"脯醢者,是饮酒肴馐,非是食馔。"

曹肃孙

曹肃孙(1795—1875年),字伯绳,号小亭,洛阳人。师事潘承芳、钱仪吉、刘谷万、张宗泰等。自题其室曰迟悔斋。清咸丰十年(1860年)学使景其浚,以学行荐,以岁贡官授临颍教谕,时已65岁。曾主讲涧西书院。同治元年(1862年)捻军围洛阳,以守城功赏戴蓝翎。曹肃孙虽科举无成,仅因学行得授教谕微职,然"积学稽古,博极群书,尤究心先儒语录,著书甚多"。有《小亭信口吟》一卷、《迟悔斋年谱》一卷、《洛学拾遗补编》二卷、《迟悔斋经说》一卷、《迟悔斋文抄》四卷、《杂著》一卷、《交游录》二卷续一卷。《中州先哲传》载其有《河洛五先生精华录》二十八卷、《洛川子自课》二卷。并云其另有《师友记》一卷、《前民洗冤录》一卷、《汝南录存》二卷、《平定豫匪纪略》二卷、《闻见纪略》四十卷,以上五种,今佚。

吕忠节公别传(节选)[①]

其殉难于洛也,家人告以寇弥张,宜自受。公叱之曰:"平日讲圣贤学,临难而违之耶?有进死,无退生。"缒家丁李定邦等出城杀贼。时福藩总兵王绍禹通贼,城内骑兵拦路驰杀,城上绳汲贼。公内外受敌,众遂溃。贼大至,拥公去,公无难色。见闯贼于周公庙前,厉声骂曰:"恨无兵杀汝狗彘!事至此,死耳。"时福藩与洛人士被掠者皆在,公谓福藩曰:"纲常名义为重,万不可屈贼,为天朝羞。"顾执友张东升曰:"吾辈学问,此际乃见!"贼左右欲生之,公笑曰:"世岂有屈降吕尚书哉!生尚书不值一钱矣。"遂北面辞阙,哭曰:"圣恩未报,臣心已竭。"西向拜亲,从容就义。

① 见《迟悔斋文抄》卷二。

汪士铎

汪士铎(1802—1889 年),初名鏊,字晋侯,一字振庵,晚号悔翁。因为他喜欢吴梅村的诗,人们又称他为"汪梅村"。江苏江宁(今南京市)人。晚清历史地理学家、藏书家,一生以游幕和接徒为业。出身于破落的封建地主家庭,曾经过商,年轻时当过糕饼店学徒,清道光二十年(1840 年)中举人。咸丰三年(1853 年)太平军占领南京,被编入男营。年底逃出南京到安徽绩溪。咸丰九年(1859 年)应聘充胡林翼幕僚,代胡编辑《读史兵略》《大清中外一统舆地全图》等,并与曾国藩、刘坤一等交往。主要著述有《汪梅村先生集》《乙丙日记》《梅翁笔记》《南北史补记》《水经注图》等。留存下来的只有前三种,其中《乙丙日记》是一部主要谈人口问题的著作。

南北史补志(节选)①

刘芳以所置五郊及日月之位去城里数于礼有违,又灵星、周公之祀不应隶太常,乃上疏曰:"……周公庙所以别在洛阳者,盖姬旦创成洛邑,故传世洛阳,崇祀不绝,以彰厥庸。夷齐庙者,亦世为洛阳界内神祠,令并移太常,恐乖其本。"诏曰:"先朝置立已久,且可从旧。"

① 见《南北史补记》卷十二。

史梦兰

史梦兰(1813—1898年),直隶乐亭人,字香崖,号砚农。清道光二十年(1840年)举人。曾官山东朝城知县。长期闭门读书。长于史学,著述甚富。有《叠雅》《畿辅艺文考》《尔尔书屋诗草文钞》《舆地韵编》等。

与王文泉孝廉(后记)[①]

《春秋辑传辨疑》,国朝李集凤撰。集凤字翙升[②],山海卫人[③]。顺治十二年拔贡生[④],官河南洛阳县丞,卒于官,邑人请从祀周公庙。直隶于康熙五十三年祀乡贤[⑤]。《畿辅通志》称集凤幼即端严,以圣贤自期。及长,淹通群籍,凡濂洛关闽之书,无不究悉。尤善《春秋》,汇《先儒经解》,讨辨详核,历三十年,凡四易稿,然后成书,名曰《春秋辑传辨疑》,凡六十五卷,海内称之。《四库存目》则谓不分卷数,共五十二巨册。以纸数计之,当得一百余卷,疑《通志》所言未确,盖当时采进之本犹其未编之稿也。按王渔洋所跋[⑥],又名《春秋集解》,称为四十卷,并云其门人汪检讨楫出守河南府[⑦],雅重其书,欲为之梓

---

① 见《尔尔书屋诗草文钞》卷下。

② 翙:音 huì。

③ 山海卫:明洪武十四年(1381年)置,属后军都督府。治所即今河北秦皇岛市东北山海关。清乾隆二年(1737年)改为临榆县。

④ 顺治十二年:公元1655年。拔贡:科举制度中选拔贡入国子监的生员的一种。清制,初定六年一次,乾隆七年改为每十二年(即逢酉岁)一次,由各省学政选拔文行兼优的生员,贡入京师,称为拔贡生,简称拔贡。同时,经朝考合格,入选者一等任七品京官,二等任知县,三等任教职;更下者罢归,谓之废贡。

⑤ 康熙五十三年:公元1714年。

⑥ 王渔洋:王士禛(1634—1711年),清山东新城人,字子真,一字贻上,号阮亭,晚号渔洋山人。身后避世宗讳,改"禛"为"正",高宗命改"祯"。清顺治十五年(1658年)进士。授扬州府推官。康熙间历礼部主事、翰林院侍讲,官至刑部尚书。以与废太子唱和,于康熙四十三年(1704年)被借故革职。诗有一代正宗之称,而后人嫌其才力不足。倡神韵之说,领袖诗坛近五十年。文章亦颇雅饬。诗集初有《阮亭诗钞》,晚年并历年所刻为《带经堂集》,又自选部分诗为《渔洋山人精华录》,另有笔记《池北偶谈》。

⑦ 汪检讨楫:汪楫(1626—1689年),字舟次。江苏江都(今扬州)人。原籍安徽休宁。初以岁贡生署赣榆训导。举博学鸿词科,授翰林院检讨,供职史馆。充册封琉球正使,撰《使琉球录》及《中山沿革志》。出为河南知府,累至福建布政使。擅长诗,与孙枝蔚、吴嘉纪齐名。有《悔斋集》《观海集》等著作。

以传，则其书之见重于名流也久矣。

李集凤[1]

李集凤，字刿升，山海卫人。友松次子，幼入邑庠，年十五食廪饩。顺治十二年，拔贡生。授洛阳县丞。丞故卑位，毋得专民事。守若令有以事委者，集凤听断明允，以廉干称。性端严，淹通群籍，凡濂、洛、关、闽之书无不究悉。尤善《春秋》，汇先儒注解讨辨详核，历三十年凡四易稿，然后成，凡六十五卷，名曰《春秋集解辨疑》。汪检讨楫出守河南府，雅重其书。新城王尚书士祯亦称其"研精三传，下吏之有经学者"。卒于官。洛阳人请从祀周公庙。康熙五十三年，本籍崇祀乡贤。

---

① 见清光绪《永平府志》卷六十三。

《嘉庆一统志》

《嘉庆一统志》由穆彰阿主持纂修。穆彰阿(1782—1856年),清满洲镶蓝旗人,郭佳氏,字子朴,号鹤舫。嘉庆十年进士。授检讨。历礼、兵、刑、工、户部侍郎。道光初任内务府大臣,两署漕运总督。清道光七年(1827年),命在军机大臣上学习行走,次年授军机大臣,官至文华殿大学士。他当国二十余年,门生故吏遍内外,权倾一时。鸦片战争间,力主和议。咸丰帝即位后被黜。嘉庆朝本《大清一统志》是清代第三次修订本。由于卷帙浩繁,嘉庆一朝未能完成。宣宗旻宁即位后,命国史馆总裁穆彰阿继续主持该书的纂修,于道光二十二年(1842年)成书,叙事至嘉庆二十五年(1820年)止,故又称为《嘉庆重修一统志》,简称《嘉庆一统志》。

周公庙①

周公庙有二。一在洛阳县西关,一在登封县东测景台后。

① 见(嘉庆)《大清一统志》卷二百七。

冯拱辰

冯拱辰,清光绪年间岐山举人。余不详。

定鼎堂大门两旁楹联[1]

训多士诰多方兼膺多福,多才多艺昭日月;
制大礼作大乐并戡大乱[2],大德大名冠宇宙。

① 今不存,此联亦见于岐山周公庙。
② 戡(kān):用武力平定叛乱。

陶保廉

陶保廉(1862—1938年),字拙存,别号淡庵居士,浙江秀水(今嘉兴)人。父陶模,清末名臣,光绪年间曾先后任甘肃、直隶、陕西的按察使、布政使,甘肃、新疆巡抚,陕甘、两广总督等职。陶保廉在史学、舆地、医药和西学等方面都具有很高的成就。有《舌鉴辨正》两卷,又撰梁氏论医之言为《医学问答》《辛卯侍行记》等。

辛卯侍行记(节选)[①]

十里谷水镇(洛阳)。十里七里河。七里河南府西关外。有木坊三。中题"九朝都会",左题"涧东瀍西",右题"背邙面洛"。有周公祠,塑周公辅成王像。又有邵子、二程子、朱子祠。三里进南门,住试院。计行七十里。知府事阳湖冯叔惠光元、倚郭洛阳县(周南驿)知县事会稽沈次端传义[②]。

① 辛卯:清光绪十七年,公元1891年。
② 倚郭:宋元时州、路治所所在之县。

三、洛阳周公庙现当代史料

陈孟瑜

陈孟瑜(?—1945年),广东南海县九江镇人,于清光绪中叶离乡至古巴谋生经营小商贩,古巴中国同盟会始创人。积极为辛亥革命筹饷,受到了孙中山的明令嘉奖。抗日战争初期,陈孟瑜回国参加会议,后任南京国民政府侨务委员。有《古巴华侨概况》。

海外代表团西北考察日记(节选)

视毕[①],往游西宫,西宫在城之西四五里许,乃唐时广寒宫杨贵妃所居也,袁氏称帝时,在此建筑营房颇多,可容数万军,后吴子玉驻洛练兵,大加扩展,规模伟大,去年中央党部及行都各院部会,亦假此办事,该处地方范围甚广,森林茂盛,有广寒宫东西花园、飞机场、汲水机、无线电台等建设颇周,同人至此,方知洛阳之异彩也。西宫正东有周公庙,现改为国府考试院驻洛办事处,中座为总理纪念堂,四围花园,亦极可观……

本团出发时全体摄影于首都华侨招待所门前。执小帜者为何麟溪同志之女公子,淑华。

① 时为民国二十二年(1933年)九月二日。

周学熙

周学熙(1866—1947年),字缉之,号止庵,安徽建德(今属东至)人。清光绪举人,中国近代实业家。清光绪二十八年(1902年)筹办直隶银元局和官银号。1905年署天津道。次年接办启新洋灰公司,参与开办滦州煤矿。继调任直隶按察使、工商部丞参职。1912年后任财政总长,奉袁世凯命与五国银行团签订《善后借款合同》。创立烟酒公卖局和清理官产局。在天津、青岛、唐山、安阳开办华新纱厂等企业。1924年辞启新公司经理职,退居幕后。

洛阳谒周公庙①

定鼎堂空护短垣,门前朊朊是周原②。
茅茨虽见民风古,礼乐谁知王道尊。
三代衣冠徒想象,千年庙貌仅虚存。
试思营洛当时意,体国何曾恃虎贲。

① 见《止庵诗选》上卷,为《西游杂咏》十二首其九。

② 朊(wǔ)朊是周原:语出《诗经·大雅·绵》中的句子,连同它的上句,全句诗是“周原朊朊,堇荼如饴”。朊朊:肥沃。

桑原骘藏

桑原骘藏(1870—1931 年),日本近代东洋史学的开创者之一,20 世纪日本著名的东洋史学家,京都学派巨头。福井县敦贺郡敦贺町出生,东京帝国大学(现东京大学)文科大学院汉学科毕业。大学院(研究院)专攻东洋史。著述丰硕。有《中等东洋史》《宋末提举市舶船西域宽叶香蒲寿庚的事迹》《东洋史说苑》《东西交通史论丛》《东洋文明史论略》《支那法制史论丛》《考史游记》等。

考史游记(节选)

九月八日①,晴,滞留河南府(龙门往返五十里)。

离开天津桥转向大西关,关内达尊坊路南有"明大司马赠太傅谥忠节吕公殉难处"碑,康熙三十八年所立②,即明朝福王栋梁之臣吕维祺战死处。其前方有"周公庙"。周公为始于瀍水之西、涧水之东营建东都洛邑者,即奠定今河南府基础人,故于此祭之。

吕维祺殉难处碑

① 指光绪三十三年,公元 1907 年 9 月 8 日。

② 康熙三十八年:公元 1699 年。

钮永建

钮永建(1870—1965 年),上海市人。1897—1899 年在南洋公学师范院学习。后又就读于湖北武备学堂、日本本土官校。曾加入同盟会,投身辛亥革命,出任松江军政府都督,南京临时政府参谋次交长。讨袁失败后赴日,参加中华革命党。1917 年任广州大元帅府参谋次长。1926 年任中央会议秘书长。次年出任国民政府秘书长暨江苏省主席。后任内政部长、军事委员会委员长、副院长。1942 年任国民政府委员兼政务官惩戒委员会委员长。1947 年受聘资政。1949 年复任副院长兼代理院长。1952 年卸任,续任“资政”。国民党中央评议委员。1965 年病逝。

建设中之洛阳行都(节选)

(二十三年五月七日在国府纪念周演讲)

……

至永建经办之事务,一为修理工程,一为教育事业。修理工程主要为周公庙,次为五贤祠,均将峻工,最近又拟修建孤儿院。已在创始中,此项修理工程经费,均为戴院长所募集,去夏已及十之七八,旋因款竭中止,现由戴院长继续设法募集,及原有月费,多方节省,至今春又得万余金,乃继续开工,大约本年上半年内,可以完工。现在该处已成之建筑,为周公庙、五贤祠、尤公祠三所,并有余屋,装置唐宋石刻四百余方,设立中原社会教育馆一所,同时足容数百人肄业,余地约一百七八十亩,酌种果树林木万余株,并设苗圃,分植榆、柳、杨、槐、桐、椿等苗木千余株,其他牡丹、芍药、海棠、月季、兰、菊及各种花卉,六万株以上,尚有余地,设立足球篮球各场,为民众练习体育之用,其在社会教育馆就学已毕业百余人,现在馆就学者,成人班一百四十人,分为三级,儿童班三百余人,分为六班,每街每村设立学长一人,为传达馆长教育命令,领导本街或本村就学民众之运动及就学事务,已毕业者,设立同学会,每月定期集议,并定期报告,为转教民众及领导社会上一切改良事务。现在所办者为种树修路、禁赌戒烟、女子放脚及提倡国货、励行节约、奖励储富、推行新生活运动等事,其他改良私塾、办理合作社及创设实验区等,正在计划进行。主其事者,乃考试院及铨叙部职员数人,尤得力于地方人士之参加扶助,故所费甚省,而收效颇属不鲜。

孤儿院亦为考试院前迁行都时所发起，现有孤儿一百三十余人，在行都东门内三官庙开办，现因该处过于逼仄，而孤儿来者尚多，拟在周公庙东首城隍庙旧址，创建新屋三十二间，连原有房屋二十余间，俾下半年可以迁入，与中原社会教育馆连络办理，作为文化事业之一部，注重生计教育，以简单的农产加工，并利用周公庙余地训练农林园艺等工作，俾孤儿将来生计上，均有自养自立之能力……

佚 名

洛阳周公庙陈列古碑三百余[①]

（洛阳通信）中原社会教育馆筹筑之碑林，现已落成，共有在洛出土各代碑石三百余方，分置于周公庙各殿内，对于考究中原古代文化有莫大之助益云。（二十八日）

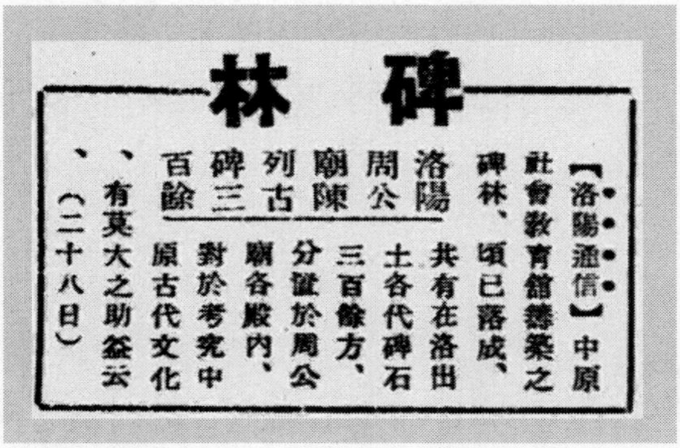

碑林

洛陽周公廟陳列古碑三百餘

【洛陽通信】中原社會教育館籌築之碑林、頃已落成、共有在洛出土各代碑石三百餘方、分置於周公廟各殿內、對於考究中原古代文化、有莫大之助益云（二十八日）

① 见《大公报天津版》1934年9月2日。

冒广生

冒广生(1873—1959年),字鹤亭,号疚斋,江苏如皋人。冒氏为如皋大族,书香门第,先祖为元世祖忽必烈。清光绪十五年(1889年),历县、州、院三试,皆列第一;光绪二十年(1894年)举人。任刑部及农工部郎中,入民国历任农商部全国经济调查会会长、江浙等地海关监督;抗战胜利后任中山大学教授、南京国史馆纂修。中华人民共和国成立后,被特聘为上海市文管会特约顾问。有《小三吾亭诗文集》《疚斋词论》《冒鹤亭诗歌曲论著述》《四声钩沈》《蒙古源流年表》等。辑刻有《如皋冒氏丛书》等。

重修洛阳周公庙碑①

皇天佑我中国,笃生元圣②,乃佐家王,成功革命。凡旧染之污俗,咸予新之,以与民更始③。以国家之不可无陪都也,乃营洛阳。洛阳之有周公庙,所以崇公德,报公功,礼也。公之庙其最称世者二,曰洛阳,曰曲阜。曲为鲁封国,其子孙东野氏世守,庙貌完美。独洛阳数被兵燹④,殿宇颓废,榱桷压覆⑤,过者憬然⑥,亦所谓汉兴日不暇给者矣。

民国二十年九月⑦,倭衅起⑧,政府师公成规⑨,以洛阳为行都。凡百执事咸景从⑩。前国民政府主席蒋公既至洛阳,过公庙曰:"呜呼!此吾国文化之基,而四方之民观瞻所系也。因而新之,责在我党。"谋于考试院院长戴公、副

① 据民国《洛阳县志》与周公庙存原碑校录。该碑通高2.44米,碑厚0.25米,宽9.84米,正面为阴刻、楷书,背面上部为捐修人名单及款项。

② 笃生:谓生而得天独厚。

③ 更始:重新开始;除旧布新。《逸周书·月令》:"数将几终,岁将更始。"

④ 兵燹(xiǎn):战火焚毁破坏。

⑤ 榱桷(cuī jué):屋椽。

⑥ 憬(jǐng)然:醒悟的样子。

⑦ 民国二十年:公元1931年。

⑧ 倭衅:指日本侵华。

⑨ 师:学习。

⑩ 百执事:犹百官。《尚书·盘庚下》:"邦伯、师长、百执事之人,尚皆隐哉。"《国语·吴语》:"王总其百执事,以奉其社稷之祭。"韦昭注引贾逵曰:"百执事,百官。"景从:如影随形。比喻追随之紧或趋从之盛。景:同"影"。

院长钮公①,重葺定鼎堂。祀公主②,以召公、毕公、伯离、君陈配。堂以外为洛京公园,与庶民共。

既成,来京师,请举公荦荦大者书其事于石③。考《尚书》所载,成周既黜殷命,灭淮夷,作《周官》。《周官》冢宰掌邦治,统百官,均四海,今日行政院之制也。条告之属④,属于司徒⑤,近今之立法院。俊秀之升,升于宗伯⑥,近今之考试院。斧钺之寄⑦,寄于司马⑧,近今之监察院。徒流之科⑨,科于司寇⑩,则今之司法院也。是故独夫之首授而民权张⑪,三监之叛宁而民族强⑫,《七月》之诗作而民生昌。二千年以前,凡我友邦路政未修也,公通九夷八蛮之道⑬,利民遄征⑭。矿政未举也,公则图金玉锡石之地,教民时取。学校之制未兴

---

① 戴公、钮公:见下文注。

② 主:旧时为死人立的牌位。

③ 荦荦(luò luò):分明貌;显著的样子。

④ 条告:条令、告示。

⑤ 司徒:相传殷代为辅政大臣之一。《礼记·曲礼下》:"天子之五官,曰司徒、司马、司空、司士、司寇,典司五众。"郑玄注:"此亦殷时制也。"西周为三公之一。亦作"司土"。《盠方彝铭》:"用司六师王行,叁有司:司土、司马、司工。"《周礼·地官》有大司徒、小司徒等官。春秋战国置司徒,卿爵,职掌民众教化、土地管理、征发徒役。时又有大司徒、都司徒、御司徒、左司徒、右司徒等名。

⑥ 宗伯:周代始置,又称宗人,礼官之长,卿爵。掌宗室礼法及宗庙社稷祭祀礼仪。《国语·周语上》:"宗伯九之,王则大徇。"韦昭注:"宗伯,卿官,掌相王之大礼。若王不与祭则摄位。"《大戴礼记·盛德》:"父子不亲,长幼无序,君臣上下相乖,曰不可也。不和则饬宗伯。"又《周礼》列为六卿之一,为春官之长。有大、小宗伯之分职。西汉平帝元始四年(公元4年)改宗正而置,掌皇族事务。新莽并其官于秩宗。东汉复旧名。西魏、北周时设为春官府长官。

⑦ 斧钺(yuè):斧和钺,古代兵器,用于斩刑。借指重刑。

⑧ 司马:官名。《周礼》夏官大司马之属官,有军司马、舆司马、行司马、春秋晋作三军,每军别置司马。其后汉宫门及大将军、将军、校尉属官,都有司马。

⑨ 徒流:徒刑或流刑。

⑩ 科:判定(刑罚)。司寇:古代官名,管理刑事。《周礼》秋官有大司寇,为六卿之一,掌理刑狱。后世称刑部尚书为"大司寇",侍郎称为"少司寇"。

⑪ 首授:谓投降或被杀。

⑫ 三监:周武王灭商后,以商旧都封给纣子武庚,并以殷都以东为卫,由武王弟管叔监之;殷都以西为墉,由武王弟蔡叔监之;殷都以北为邶,由武王弟霍叔监之;总称三监。

⑬ 九夷:古时谓东夷有九种。《论语·子罕》:"子欲居九夷。"疏:"九夷:'一曰玄菟、二曰乐浪、三曰高丽、四曰满饰、五曰凫臾、六曰索家、七曰东屠、八曰倭人、九曰天鄙。'"又《尔雅·释地》:"九夷、八狄、七戎、六蛮,谓之四海。"注"九夷在东"。疏引《后汉书·东夷传》云:"夷有九种:曰畎夷、于夷、方夷、黄夷、白夷、赤夷、玄夷、风夷、阳夷。"八蛮:古谓南方的八蛮国。

⑭ 遄:同"颛(zhuān)",专。

也,公则课党庠国序之程[①],以濬民智识。警察之治未行也,公则严斗嚣虣乱之禁,以遏民奸宄[②]。以至市政则有司市[③],地方之治则有乡老[④],农田水利则有遂人[⑤],渔牧则有𩀇人、兽人[⑥],森林则有山虞林衡[⑦],织染则有典丝、典枲、缝

① 党庠(xiáng):指古代乡学。语出《礼记·学记》:"古之教者,家有塾,党有庠。"序:古代地方办的学校。

② 斗嚣:亦作"鬬嚻",争斗喧闹。虣(bào)乱:暴乱。《周礼·地官·司虣》:"司虣掌宪市之禁令,禁其鬬嚻者,与其虣乱者,出入相陵犯者,以属游饮食于市者。"奸宄(guǐ):坏人(由内而起叫奸,由外而起叫宄)。

③ 司市:官名。掌管市场的治教政刑、量度禁令等。《周礼·地官·序官》:"司市下大夫二人,上士四人,中士八人,下士十有六人,府四人,史八人,胥十有二人,徒百有二十人。"郑玄注:"司市,市官之长。"孙诒让正义:"司市者以下至泉府十官,并掌国市政令、刑禁、货贿之事。"

④ 乡老:《周礼》官名。地官之属。掌六乡教化,每二乡由三公一人兼任。在朝谓之"三公",在乡谓之"乡老"。《周礼·地官·序官》:"乡老,二乡则公一人。"郑玄注:"老,敬称也。王置六乡,则公有三人也。三公者,内与王论道,中参六官之事,外与六乡之教,其要为民,是以属之乡焉。"

⑤ 遂人:官名。在《周礼》为地官的属官。掌管六遂(郊外地区)土地和人民。遂一作隧,春秋时宋鲁等国设有隧正,相当于遂人。

⑥ 𩀇人:渔人。𩀇:同"渔"。渔人,掌捕鱼。《淮南子·时顺训》高诱注:"渔人,掌渔官。"兽人:官名。周设此官,掌网兽、供兽及田猎政令等。见《周礼·天官·兽人》。

⑦ 山虞:《周礼》地官的属官。掌管山林的政令。林衡:官名。《周礼》地官之属。一说为周代置。掌林麓禁令守护。《周礼·地官》:"林衡,每大林麓下士十有二人,史四人,胥十有二人,徒百有二十人;中林麓如中山之虞;小林麓如小山之虞""掌巡林麓之禁令,而平其守,以时计林麓而赏罚之。若斩木材,则受法于山虞,而掌其政令。"

人、染人①,卫生则有食医、疾医、疡医、兽医②,诉讼有调人③,监狱有司圜④。《冬官》虽亡⑤,以《考工》之记补之,则公知农之外而工之可以立国也。畴人虽散⑥,以指南之车证之,则公知哲学之外而科学足以救亡也。至于均人之治,均地守,均地职,均人民、牛马、车辇之力政,则尤合乎大同之义焉。盖公之学集中外古今之大成,即公之圣集禹、汤、文、武之大成。于铄乎休哉,勿之尚矣! 抑国家多故,殷之顽民犹抗顺。公生斯时,意必左杖钺,右秉旄,以麾率其亚旅、师、士、千夫、百夫之长,恭行天之罚以东征者,此则蒋公等重修公庙,大

① 典丝:官名。《周礼》天官之属。一说为周代置。掌进贡丝织品的鉴定、标价、收藏及支出。《周礼·天官》:"典丝,下士二人,府二人,史二人,贾四人,徒十有二人","掌丝入而辨其物,以其贾楬之,掌其藏与其出。与待兴功之时,颁丝于外内工,皆以物授之。凡上之赐予,亦如之。及献功,则受良功而藏之,辨其物而书其数,以待有司之政令,上之赐予。凡祭祀,共黼画组就之物。丧纪,共其丝纩组文之物。凡饰邦器者,受文织丝组焉。岁终,则各以其物会之"。典枲(xǐ):官名。《周礼》天官之属。一说为周代置。掌保管麻草及制作麻布的材料。《周礼·天官》:"典枲,下士二人,府二人,史二人,徒二十人","掌布缌缕纻之麻草之物,以待时颁功而授赍。及献功,受苦功,以其贾楬而藏之,以待时颁,颁衣服授之。赐予,亦如之。岁终则以其物会之"。枲:麻类植物的纤维。缝人:官名。《周礼》天官之属。一说为周代置。掌管缝制王及王后衣服的宦官。《周礼·天官》:"缝人,奄二人,女御八人,女工八十人,奚三十人","掌王宫之缝线之事,以役女御,以缝王及后之衣服","掌凡内之缝事"。染人:官名。《周礼》天官之属。一说为周代置。掌理染治丝帛。《周礼·天官》:"染人,下士二人,府二人,史二人,徒二十人","掌染丝帛。凡染,春暴练,夏纁玄,秋染夏,冬献功。掌凡染事"。

② 食医:官名。《周礼》天官之属。一说为周代置。掌君王饮食之医官。中士爵。《周礼·天官·序官》"食医"郑玄注:"食有和齐药之类。"贾公彦疏:"案其职云春多酸夏多苦之等,皆须齐和与药故同。郑云'食有和齐药之类',故在医官之内。"《食医》:"掌和王之六食、六饮、六膳、百羞、百酱、八珍之齐。"贾公彦疏:"掌和王之六食以下者,此等并是膳夫所掌,此食医调和而已。"疾医:官名。《周礼》天官之属。一说为周代置。掌治疗百姓疾病。《周礼·天官》:"疾医,中士八人","掌养万民之疾病","以五味五谷五药养其病,以五气五声五色眂其死生","凡民之有疾病者,分而治之"。疡医:官名。《周礼》天官之属。一说为周代置。掌治疗肿疡溃疡等疾病的医官。《周礼·天官》:"疡医,下士八人","掌肿疡溃疡金疡折疡之祝药劀杀之齐,凡疗疡,以五毒攻之,以五气养之,以五药疗之,以五味节之","凡有疡者,受其药焉"。兽医:官名。《周礼》天官之属,主管治疗牲畜疾病,下士爵。《周礼·天官·兽医》:"掌疗兽病,疗兽疡。"

③ 调人:官名。《周礼》地官之属。一说为周代置。掌调解民众纠纷。《周礼·地官》:"调人,下士二人,史二人,徒二十人","掌司万民之难而谐和之。凡过而杀伤人者,以民成之。鸟兽,亦如之"。

④ 司圜:官名。《周礼》秋官之属。一说为周代置。掌收监犯有过失的人并加以感化。《周礼·秋官》:"司圜,中士六人,下士十有二人,府三人,史六人,胥十有六人,徒百有六十人","掌收教罢民。凡害人者,弗使冠饰,而加明刑焉。任之以事,而收教之","其不能改而出圜土者,杀。虽出,三年不齿。凡圜土之刑人也,不亏体。其罚人也,不亏财"。

⑤ 冬官:《周礼》六官,称司空为冬官,掌工程制作。唐武则天时一度改工部为冬官,旋复旧称。后世亦以冬官为工部的通称。唐宋至明清间设冬官正等,为主管天文历法之官。

⑥ 畴人:古代天文历算之学,有专人执掌,父子世代相传为业,称为"畴人"。亦指精通天文历算的学者。

声疾呼于吾国人之前，同投袂而起，以赴国难之微旨也。

是役也，凡费白金若干，为时几月，微蒋公之力不及此。而始终其事者，则钮公也。蒋公名中正，字介石，奉化人。戴公名传贤，字季陶，吴兴人①。钮公名永建，字惕生，上海人②。

乃为诗曰：

笾豆兮有践，公之灵兮式降不远。赤舄兮衮衣，如公在兮植璧而秉圭。绸缪兮牖户，漂摇兮风雨③。公之美兮神圣文武，公之功兮独劳苦。缺我斨兮破我斧，思我公之徂东兮敢或遑乎启处。驳吾马兮行吾枚④，矢慆慆兮不归⑤。在宫兮鼓钟，在堂兮琴瑟。朝来享兮夕来格⑥，毋使鸱鸮兮取吾子而毁我室⑦。

考试院考选委员如皋冒广生撰，国民政府考试院秘书闽侯陈天锡书⑧。

中华民国二十二年孟春月吉日立⑨。

附记：

一、捐款修理周公庙衔名金额列左：

军事委员会委员长前国民政府主席蒋中正捐国币壹万伍千元，

考试院院长戴传贤捐国币壹万元，

① 戴公名传贤：戴季陶。

② 钮公名永建：参见前文。

③ 漂：同“飘”。

④ 驳吾马：驳马，毛色斑驳之马。行吾枚：行枚，行阵衔枚。指征战之事。《诗经·豳风·东山》：“制彼裳衣，勿士行枚。”郑玄笺：“亦初无行阵衔枚之事。”一说横衔口枚。

⑤ 慆慆：长久的样子。《诗经·豳风·东山》：“我徂东山，慆慆不归。”

⑥ 来格：来临、到来。格：至。

⑦ 鸱鸮：《诗经·豳风·鸱鸮》。《毛诗序》谓：“《鸱鸮》，周公救乱也。成王未知周公之志，公乃为诗以遗王，名之曰《鸱鸮》焉。”方玉润《诗经原始》、魏源《诗古微》又以为乃“周公悔过以儆成王”，“周公戒成王”之作。

⑧ 陈天锡（1885—1975年）：字伯稼，谱名作甘，行六，福建福州藤山塔亭人。陈天锡曾任中华民国军政府外交部秘书，考试院秘书，与林森、戴季陶终生交厚。1928年，戴季陶托陈天锡编写《西沙岛东沙岛成案汇编》。这是我国有关西沙群岛、东沙群岛最早最系统的历史文献。陈天锡长期在考试院工作，后去台湾，以考试院首席参事退休。《西沙岛东沙岛成案汇编》之外，其著作还有《戴季陶先生的生平》《戴季陶年谱》《迟庄回忆录》《考试院施政编年录》《戴季陶先生文存》等。

⑨ 中华民国二十二年：公元1933年。

陆军第三十二军军长前行都卫戍司令山西省政府主席商震捐国币伍千元①，

考试院铨叙部修理费项下拨国币肆千元，

考试院副院长前铨叙部部长钮永建捐国币壹千元②。

二、从事修理周公庙衔名职务列左：

督修　考试院副院长钮永建，

监修考试院铨叙部部长林翔③，

考试院秘书长许崇灏④，

考试院铨叙部司长宋湜⑤，

---

① 商震(1886—1978年)：字启宇，绍兴县人，近代军事将领。早年毕业于保定军官学校，后留日加入同盟会。曾任陆军第二十师连长。辛亥革命后，历任混成旅旅长，兵工厂总办，陕军第一团团长、第一旅旅长、师长，晋南防务总司令，晋军前敌总指挥，山西省政府主席。1927年加入国民革命军，任第三集团军左路总指挥。1928年起历任河北省政府主席、北平政治分会委员、第六战区司令长官、军事委员会办公厅主任、河南省政府主席、赴美军事考察团团长等职，为国民党中央监察委员。抗日战争胜利后，因不满蒋介石的内战政策，辞去驻日代表团团长职务，留居日本。他同情中国共产党抗日救国的主张，并做过不少有益的工作。1974年、1975年曾两次回国参观访问，关心台湾回归祖国的统一大业和故乡绍兴的建设。1978年在日本东京病逝，享年92岁。

② 钮永建：本书录有其文，参见相关作者简介。

③ 林翔(1882—1935年)：字璧子，福建闽侯人。日本明治大学法律系毕业。武昌起义后任九江军政府司法长。1918年3月任广州大元帅府广州地方检察厅检察长兼署理广东高等检察厅检察长；同月改任广东高等检察厅检察长。1923年9月任大本营审计局局长。1924年5月任大本营审计处处长、财政委员会委员。1925年6月代广州国民政府大理院院长；7月任法典编纂委员会委员，特任惩吏院委员；10月任特别刑事审判所所长；11月特派为司法调查委员会委员。1926年1月，特派为司法行政委员会委员；4月任法制编审委员会委员；5月任审政院委员。1927年任国民政府中央法制委员会委员；11月任监察院监察委员，军事委员会军法处处长。1928年11月任最高法院院长。1933年3月任考试院铨叙部部长。1935年7月逝世。

④ 许崇灏(1882—1959年)，字公武，广东番禺人。南京陆师学堂毕业。曾任江苏都督府参谋长与军务部部长，江苏军旅长，南京警备司令，江苏讨袁军总司令部高级参谋，护国军第一独立混成旅参谋长兼团长，粤桂滇赣联军兵站总监等职。1922年5月任粤汉铁路警备司令兼管运输事宜。1924年1月任广东财政委员会委员，不久后任广东全省沙田清理处处长。1925年6月派为管理粤汉铁路事务。后任粤军总司令部顾问。1928年11月任国民政府考试院秘书；12月任两粤赈灾委员会委员。1929年3月派为赈灾委员会委员；12月兼代考试院秘书长。1930年12月去职。1932年12月任考试院秘书长。1941年12月去职。1942年1月任国民政府委员。1956年1月入上海文史馆。1957年病逝。著有《青年训练教范》《战术应用作业之参考》等。

⑤ 宋湜(1898—?)：字香舟，四川广汉人，清光绪二十四年(1898年)生，1923年任四川军务帮办公署秘书、军法处处长，《新四川日刊》社社长。1926年任广州国立中山大学委员会秘书。1930年任国民政府考试院铨叙部简任秘书，兼任铨叙部法规编审委员主任委员，边疆政教制度研究委员会常务委员。为中央政治会议行政法规整理委员会专门委员。1932年10月，改任铨叙部登记司司长，第二届高等考试第一届普通考试襄试委员。1933年改任铨叙部甄核司司长，兼任行政院行政效率研究委员会专门委员。1948年10月，任考试院参事。

河南省第七区行政督察专员兼洛阳县县长王次甫①,
洛阳县县(长)郭平②,
考试院考选委员会专门委员卢毓骏③,
监工　考试院铨叙部科员何则鸣,
考试院科员蒋文轩,
考试院科员王增德。

---

① 王次甫(1893—1962年):湖南临澧人。1921年毕业于日本早稻田大学,后又赴英国留学。1925年回国,在北京法学院、朝阳大学任教。1926年赴武汉,在唐生智前敌总指挥部任上校秘书。随后改在武汉政府军委会任上校科长,兼武汉既济水电公司经理。程潜在武汉组织湘鄂临时政务委员会时,被任命办理武汉《中山日报》,任经理。1928年1月,任河北省政府秘书长。1930年任国民政府文官处参事。1932年任河南省第十一区行政督察专员兼保安司令、洛阳县县长。1935年5月,任四川省第五区行政督察专员兼保安司令,兼资中县县长;10月任江西省政府委员兼民政厅长。1940年任江西特种委员会委员。1943年10月,任江西省县长考试典试委员。1944年至重庆中国国民党中央训练团受训,并任国民党江西省党部执行委员。1946年3月,任国民大会江西省代表选举总监督。后任国民政府行政院善后救济总署顾问。

② 郭平:字淮堂,河南温县人。1932年3月代洛阳县长,同月赴任邓县。

③ 卢毓骏:本书录有其文,参见相关作者简介。

张难先

张难先(1874—1968 年),名辉澧,号义痴,以字行,湖北沔阳人。清光绪三十年(1904 年)投湖北新军第八镇工程营,并发起组织科学补习所,以运动新军起义。次年加入日知会。1907 年谋应萍浏醴起义被捕,旋因病保释。后参加辛亥革命,反对袁世凯复辟帝制,赞成国民党改组,拥护孙中山三大政策。1927 年任广东省政府委员兼土地厅长。1930 年起,任国民党政府考试院铨叙部长、浙江省政府主席。抗日战争时期,从事救亡运动。胜利后,被选为湖北省银行董事长。中华人民共和国成立后,历任中南军政委员会副主席,全国人大一、二、三届常务委员。后在北京病逝。著有《湖北革命知之录》等。

八十自述(节选)[①]

壬申(二十一年),五十九岁。

一月二十六日,日寇占我上海,京师震动,主席播迁。余虽卸政告归,然曾寄疆圻,当此国家大故,岂能漠不关心,于是即赴行都,向洛阳奔驰。至郑,闻蒋总司令到。谒之,说曰:时事至此,不下决心奈何?总司令曰:我现在决心抵抗。余曰:公能决心抗日,吾复何言。辞去。翌日抵洛,走谒林主席,亦以抗日之说进。林颔之。余在郑阅报,载洛阳地狭,不敷布置,有拟迁开封、西安者,余问其事。主席曰:此地本狭,究竟开封、西安何如亦无把握。余曰:此事非小,宜往调查,余现无事,少休,即往汴陕一行。遂辞出。

次日,游周公庙及邵康节、宋太祖故里。周公庙即周郑鄏故地。嗣游龙门、白马寺、洛阳桥、汉晋帝王陵寝,俱有荆棘禾黍之感。

十八日赴西安,经虎牢、函谷、潼关,真所谓一夫当关,万夫莫开者也……

---

① 载中国人民政治协商会议湖北省委员会文史资料研究委员会编《湖北文史资料》第 2 辑,1981 年。

赵恒锡

赵恒锡(1880—1971年),字夷午(彝五),号炎午,湖南衡山人。1904年武昌方言学堂毕业,赴日本留学,入东京振武学校。1905年加入同盟会。1908年毕业于日本陆军士官学校第六期炮科,1909年回国,随蔡锷主办广西陆军小学堂,历任广西常备军协统、广西督练公所会办。辛亥革命爆发,率新军拥广西巡抚沈秉堃(湖南同乡)宣布独立。1921年4月6日,被湖南省议会选为省长。1922年1月,发布《湖南省宪法》,推动联省自治。镇压工农运动,破坏农会,杀害工运领袖,反对孙中山借道经湘北伐。抗日战争爆发后任军事委员会军事参议官,1939年8月任湖南省临时参议会议长。抗战胜利后为省参议会主席。1949年去香港,后去台湾。晚年信佛。

吴佩孚先生年谱(节选)[①]

四十八岁 民国十年辛酉(西元一九二一年)。

修周公庙、邵康节祠、关岳庙,设金谷园车站,筑飞机场,并议导瀍入洛计划。

洛阳西宫植牡丹二千本,花时辄与幕僚觞咏。

① 据赵恒惕等编《吴佩孚先生集》(台湾)文海出版社,1971年。

陈天锡

陈天锡(1885—1975年),字伯稼,谱名作甘,行六,福建福州藤山塔亭人。陈天锡曾任中华民国军政府外交部秘书,考试院秘书,与林森、戴季陶终生交厚。1928年,戴季陶托陈天锡编写《西沙岛东沙岛成案汇编》。这是我国有关西沙群岛、东沙群岛最早最系统的历史文献。陈天锡长期在考试院工作,后去台湾,以考试院首席参事退休。《西沙岛东沙岛成案汇编》之外,其著作还有《戴季陶先生的生平》《戴季陶年谱》《迟庄回忆录》《考试院施政编年录》《戴季陶先生文存》等。

增订戴季陶先生编年传记

民国二十一年西元一九三二年(是年二月六日为阴历壬申岁正月初一日,先生四十三岁)

先生居洛时,目睹中原文化发祥之区,遍地黄沙蔓草,无限苍凉。夙审中央有复兴之议,而张溥玄诸先生及地方贤者又有维持洛阳文化之发起,深愿竭其精力,助成斯胜。爰拟量人力大小,别事实缓急,先致力三事。一、修复周公庙,以纪念周公。二、恢复白马寺丛林,以纪念西来初祖。三、修复龙门伊阙,以纪念神禹功德。政府回京之后,先生即开始是项工作,而关于洛阳市社会教育及慈善事业,同时以不懈其致力。

民国三十一年西元一九四二年(是年二月十五日为阴历壬午岁正月初一日,先生五十三岁)

先生于二十二年间[①],在洛阳经营之事业,如复兴白马寺,创办行都慈幼院,中原社会教育馆,八九年间,未尝或懈。白马寺之兴复,先生与王一亭(震)先生前后分任捐募经费[②],达十余万元,慈幼院院址,除原有外,截至上年为止,捐建新屋百间,已告落成。社会教育馆自成立,过去以极少之经费,艰苦

① 二十二年:指民国二十二年(1933年)。按:疑当为二十一年,即1933年。是年国民政府迁洛阳。

② 王一亭:指王震(1867—1938年),字一亭,号海云楼主,以祖居白龙山麓,四十后别署白龙山人。浙江吴兴(今湖州)人,生于上海浦东三林塘。实业家,慈善家,幼承庭训而知绘事,曾任中国佛教会会长、上海商会主席、全国艺术家协会理事。参与发起豫园书画善会,与吴昌硕过从甚密。画取任颐、吴昌硕两家之长,清俊浑厚,蜚声画坛。有《白龙山人诗稿》等。

维持，政府西迁以后，公私财力益形式窘迫，先生以其与洛阳文化不无补益，亦不敢自弛负荷。是三事者，每殷顾念，自李涵儒先生外任河南省政府主席①，颇以付托有人，引为私慰。

① 李涵儒：当为李培基（1886—1969年），河北献县人。字涵础，双号涵初。1929年8月任绥远省政府委员兼主席。1931年8月免职。1933年5月任河南省政府委员兼民政厅厅长。1935年6月任河北省政府委员兼民政厅厅长。1938年2月，任国民政府监察院监察委员。1939年5月，任铨叙部部长。1941年12月，任考试院秘书长。1942年1月，任河南省政府主席。1944年7月免，后任立法委员。1949年后，曾任全国政协文史研究委员会委员等职。1969年病逝。

张　钫

张钫(1886—1966年),字伯英,号友石主人,河南新安人。早年参加同盟会,是辛亥革命时期陕西新军起义的重要策动者之一。民国成立后,任陕西陆军第二师师长。20世纪30年代,曾任河南省建设厅厅长,河南省政府代理主席等职。中华人民共和国成立以后,曾任中央文史馆副馆长。酷爱金石书画,尝与康有为、章炳麟、于右任、王广庆等交往,一起鉴赏、考证文物。积一生精力,创设千唐志斋,收集并珍藏西晋、北魏以来历代墓志一千三百余件,其中唐代墓志达一千二百余件。千唐志斋坐落在河南省新安县铁门镇。1963年6月20日经河南省人民委员会公布为省重点文物保护单位。

我所知道的河南辛亥革命(节选)

河南同盟会于1906年(光绪三十二年)成立于日本东京。初成立时推曾昭文为支部长(曾昭文字可楼,光山县人,后任南京留守府军需长,不久,病逝于天津)。当时在日加入者有杜潜、朱奋吾、车钺、刘积学、潘印佛、杨曾蔚、刘醒吾、陈伯昂等。创办《河南》杂志,以张钟端为总经理,刘积学为总编辑,并特请周树人撰稿,共出版十期,宣传革命,影响颇大。后清政府驻日公使馆函日本警署迫令停刊。

1908年,东京河南同盟会支部派杜潜回开封组织同盟会分部。初设机关于开封私立中州公学,该校监督杨源懋(字勉斋),教职员暴式彬、杨汉光、韩立纶和当时进步人士刘芬佛、刘纯仁、李心梅、王庚先、张宗周,以及该校庶务长刘镇华等均加入同盟会。借中州公学之掩护,活动甚力,不多时入会者200余人。杨勉斋19岁中进士,弃官办学,官绅对他颇为敬重,其号召力亦大。当时同盟会分部派刘镇华赴保定,与陆军速成学堂中的豫籍学生我和王伯功相联系,互订密契,为将来起义做准备。

1908年夏,我乘暑假到巩县小学窑洞中与河南盟友王伯功、刘镇华、刘履中,还有该校校长张南陔等开了一次秘密会议。此次会议为以后秦豫革命力量的合作奠定了基础。1909年(宣统元年)春,又密会于洛阳中学(杨勉斋兼该校监督),当时与会者有杨勉斋、刘粹轩、宫砥堂、阎郁文等。会商要点:(1)传播主义;(2)联络地方武力(刀客);(3)运动新旧军队;(4)在伏牛山区设武力基地;(5)全省东西南北铁路已通,郑汴间不易起事,洛阳、南阳西连川陕,地利可凭,应注重在豫陕边区发动革命。当时同志们均非常赞同此主张。会后,我即就道入陕。与同志们临别于洛阳周公庙时,勉斋、粹轩依依不舍地说:“可无言而去乎?”我说:“西北有事必有我在,诸公能闻风而来乎?”勉斋、粹轩同声说:“定如约。”别后,我入陕,勉斋、粹轩诸同志在豫分头进行革命活动。

钱王倬

钱王倬，浙江崇德人，北京大学国文系毕业，曾执教于南开大学，任国立上海商学院训导长。1932 年初，为了躲避日寇的进逼，国民政府迁都洛阳，钱王倬任民国教育部职员。其探访旧都名胜古迹，参稽史籍，于当年 10 月作《洛阳名胜记》上下两编，另有《中国之固有道德》。

周公庙[①]

周公卜营洛邑、固宜有庙于洛。庙在西郊五贤街，相传为东汉太学故址。又云，唐贞观中分祀周孔处，未能详也。立庙始于何时，已不可考。修庙有年代可考者，以明万历四十七年为最先[②]。（见龚崧林《洛阳县志》，张唯仁《重修周公庙记》）至清康熙十三年[③]，知府王来庆、知县井洛如又修葺而扩充之，且捐俸购圃，以供祭费。（《河南府志》，王来庆《重修周公庙记》称：始至，展谒公庙，仅一殿，将圮。越明年，启旧殿而新之。修拜殿，建两庑，由殿旁折而入。构寝堂，颜曰定鼎堂，若戟门、角门、棂星门，次第渐及，缭以周垣五十余丈。门以外又建文昌阁。复捐俸一百四十两，购良圃五十余亩，每年可得租银二十六两余。输赋之外，悉以供祭。且考祭品、置祭器）乾隆八年[④]，知府曹元仁、知县龚崧林以售王公所置祭田余金增修，又构建官厅三间于棂星门内（龚志曹元仁《重修周公庙记》：王守所置祭田，始于硗确，今为膏腴，直可数倍于昔。因转售得千二百金，仍置祭田一顷三十九亩外，余金四百两有奇。鸠工庀材，刻日修毕），规模益宏矣。倬于二十一年四月日恭谒[⑤]，值考试院派员督修，仅见渠渠夏屋[⑥]，巍巍丰碑。然洛人崇尊姬公，庙中状况，详载县志，可考而知也。录之于下。

正殿[⑦]

---

① 见《洛阳名胜记》。原文标点，皆为句号。兹重新予以标点。

② 万历四十七年：公元 1619 年。

③ 康熙十三年：公元 1674 年。

④ 乾隆八年：公元 1743 年。

⑤ 二十一年：民国二十一年，公元 1932 年。

⑥ 渠渠夏屋：语出《诗经·秦风·权舆》："于我乎夏屋渠渠，今也每食无余。"渠渠：深广貌。夏屋：大屋。夏：大。

⑦ 以下所录，载于龚崧林编《洛阳县志》，请参考本书龚崧林部分之注释。

元圣周公(左立磨兜坚,右设欹器)

两庑

汉河南太守吴公、河南太守召信臣、河南尹李膺,唐东都留守宋璟、洛州刺史狄仁杰、河南尹韩愈,宋使相判河南府王曾、丞相判河南府寇准、潞国公判河南府文彦博、宰相判河南府范纯仁、西京留守推官欧阳修、判西京留守司马光、河南府推官苏辙,元河南经略使史天泽,明河南府知府张中鸿。

倬按:王来庆《重修周公庙记》称“以历代名宦如吴公等十六人从祀焉”之十六人者,皆能绍周公之治以治洛者,即上列十五人与清雍正八年知府张汉改祀会忠祠之明分守河南道王孕长也[①]。

清河南府知府王来庆、洛阳县知县井洛如,雍正四年知府张汉增祀二位。

后殿定鼎堂

左召公

周公

右毕公

两庑(先贤名宦照学宫遗规从祀在列,盖旧制也。)

鲁公伯禽 君陈

倬按:前代崇祀之典,率以周公为先圣,尊礼同于孔子。盖周公制礼作乐,而吾国之文物始备。时势不同,礼乐未必尽当于现代之人心,要其所以致治而防乱者,则不可不深长思也。今中原文化博物馆附设庙内,馆中诸公,其有以慰国人之望乎?

庙后有会忠祠,旧为前巡抚董国兴祠。雍正八年,知府张汉改立。崇祠诸公,据《洛阳县志》所载,为夏大夫关龙逄、殷少师比干、逸民伯夷、叔齐、周大夫苌弘、汉寿亭侯关羽、唐鲁郡公颜真卿、常山太守颜杲卿、睢阳太守许远、宋少保岳飞。其两庑则祀明分守河南道王孕长、太傅忠节公吕维祺。

文昌阁之西,有大木坊,左题“十省通衢”,旁书“九州腹地,五岳中峰”,右题“九朝都会”,旁书“背邙面洛,涧东瀍西”。

倬按:祠可以觇洛阳之风气,坊足以知洛阳之形势,故并识之。

① 王孕长:一作“王胤长”。

戴季陶

戴季陶(1891—1949年),原名传贤,笔名天仇,浙江吴兴(今湖州)人,生于四川广汉。清光绪三十一年(1905年)去日本留学,进法政大学,宣统元年(1909年)回国,任江苏地方自治研究所教习。后因在上海撰文抨击清王朝而受通缉,逃往南洋槟榔屿,加入中国同盟会。1912年回国受命进行二次革命的军事联络活动。二次革命失败后逃往日本。1916年随孙中山回国。次年由上海去广东任大元帅府秘书长。1920年夏曾参加筹建上海共产主义小组,后退出。曾任国民党中央宣传部部长、黄埔军校政治部部长、国民政府委员、考试院院长等职,1948年6月改任国史馆馆长。著有《孙文主义之哲学基础》《国民革命与中国国民党》《日本论》《学礼录》等。工书法,以楷行最好,有晋唐风韵。

定鼎堂题匾

定鼎堂。

民国二十一年仲秋月　戴传贤书。

周陵志序(节选)

自国家定西安为陪都,洛阳为行都,得从诸君子后,至洛阳谒周公之庙,睹其荒落则既新之矣。

致国民政府呈

敬呈者:中原为中华文化发祥之区城,伊洛为圣贤诞生之灵地,四千余年,孕育陶冶,树立最博大精微之文明而贡献于世界人类者,其集大成之建设实在于此。我总理允文允武,继往开来,传周孔以来之绝学,树宇宙不易之正道,其化民成俗,则首在于主义之宣传,而宣传主义,又首在于八德之推广,更谆谆教诲我国民曰要恢复固有的道德智能,才能把中国民族从根救起来,要造成真正平等自由,必须把世界文化迎头赶上去,思深虑远,道大德高,族国并兴,人世同救,我中华万世不易之纲常,实巍然与青天白日永远同光于宇宙之间矣。窃思总理建立八德,始于忠孝,三民主义民族为先,盖先前为裕后之基,继往为开来之本也。自军兴以来,外患内忧,迄无宁时,建设未由推行,而地方仍安固陋,伊洛文化之邦,遍地皆黄沙蔓草,置而不理,何以振起将来宣扬寰宇。此次逆倭入寇,政府蒙尘,开府洛中,号令全国,振衰起敝,此正其时。曩者中央有复兴中原文化之议,而委员张继等诸先辈暨地方志士有维持洛阳文化之发起,传贤此次北来,甚愿竭其精力,助成斯胜。惟伊洛之间,潼关内外应修理而保存者不知凡几,量人力之大小,事实之缓急,其最先应致力者厥有三事:中国文化开自尧舜,而成自周孔,继往开来,造成大一统之建设者实在周公。洛阳为成周定鼎之所,旧有之周公庙规模弘大,建筑精良,虽遭逢大劫,遗像无存,而庙貌崇伟,犹有可用,成皋故地,仪器古迹,亦多足观。此次由京起程,蒋前主席闻修复周公遗迹之议,竭诚赞助,特捐万元,嘱传贤筹画斯举,传贤亦筹捐五千元助修。到洛以后,亲往查勘,大体建设,早已有草案。惟成皋距洛稍远,俟西北归来,再往考察。至关于修复洛阳周公庙事,拟以其正殿纪念先圣前贤,其余屋宇修复之后,政府在洛期间,或须暂借作别用,而永久计划,则拟请建设一国立中原文化馆,仿各国之成规,师中国固有之遗意,定为洛阳文化之中心,俾以后管理培修,负责有人,琼宫瑶殿,各得其用,不致旋修旋毁,再变劫灰,此关于纪念周公者一也……我政府承总理之至德,负建国之重任,当此文化残破、人心涣散之时,于此培元固本之图,自必早有设计,用特肃陈愚拙,以贡献于万一。仰恳决定办法,俾号令一出,众士协力,兴复之功,易于成就,临呈不胜切祷之至。谨呈

国民政府

戴传贤

中华民国二十一年四月十九日

附:国民政府致戴传贤指令(节选)

国民政府指令第385号

令考试院院长戴传贤

……

呈悉。据陈各节,用意至深,所拟最先致力三事,固本培元,尤为能见,其大实于复兴中原文化,发扬民族精神,俾益甚多。披览之余,良深嘉慰,其应如何妥定办法,以便实施之处,候令行政院办理可也。仰即知照。此令。

中华民国二十一年四月二十六日。

附:国民政府致行政院训令

国民政府训令第44号

令行政院

为令遵事:据考试院院长戴传贤呈称:中原为中华文化发祥之区域,伊洛为圣贤诞生之灵地,云云。仰恳决定办法,俾号令一出,众士协力,兴复之功易于成就。临呈不胜切祷之至。等情。据此,除指令呈悉云云,此令印发外,合行令仰该院遵照办理具报。

此令。

中华民国二十一年四月二十六日

附:国府南迁与建设陪都遵循法例以正视听 开发洛阳 光我文化蒋等向中常会提案①

最近三中全会决定十二月十五日举行、中委蒋中正吴敬恒等多人、乃向中央提议于会期以前、将中央国府迁回、以正视听、同时并建议、建设长安陪都、洛阳行都、原案于十七日经中央常会正式通过、兹觅录提案原文如次……(二)设立中原社会教育馆、专为主持社会民众教育之机关、以期启发民智、改良社会、振兴事业、此不独洛阳人民获益、而影响于北方各地方者实大、(三)洛阳为中国文化发祥之地、名胜古迹不可胜数、而出土之物尤复不少、夫保存国粹为中央历次之决议、载在约法、期在必行、洛阳为古迹古物最多之地、更宜注意、请就本地方名胜之处、建设国立中原博物馆、以增进洛阳文化价值者、为发展地方经济以裕民生之资、一举数得、为益至巨、以上社会教育馆及中原博物馆两事、其开办经费、应在庚款项下指拨、常年经费应在中央教育费中筹给、此案应交教育部负责办理。

---

① 《大公报》天津版,1932年11月26日。

张恨水

张恨水(1895—1967年),原名张心远,祖籍安徽潜山,生于江西上饶。现代小说家,著名报纸副刊编辑、报刊连载小说作家。1919年起从事新闻工作,曾任芜湖《皖江报》总编辑、北平《新民报》经理、南京《南京人报》社长,以及北平《世界晚报》副刊《夜光》、《世界日报》副刊《明珠》、上海《立报》副刊《花果山》、重庆《新民报》副刊《战鼓》、北平《新民报》副刊《北海》等报纸副刊主编。自1919年至1963年,在报刊上发表长篇连载小说近百部。主要有《春明外史》《金粉世家》《啼笑姻缘》《八十一梦》等。1959年,被聘为中央文史馆馆员。

洛阳小记(节选)①

据我所知道的城里有中山公园(可以看点古物),周公庙,邵康节祠,二程祠,范文正公祠。这一些,我只到了周公庙。庙在西关外,改了图书馆了。庙里唐碑最多,大大小小,有好几百块,多半是墓志铭。现在分藏在许多屋子里,嵌在墙上和砖台上。后殿有周公像,现在是图书馆办公的地方,不能去看了。游周公庙,还要在图书馆签名,不然门警不让进去的。游了这些地,和车夫说明,加他二三角酒钱,他很愿意的。反正是一趟生意,乐得多挣几文。游客呢,也免得二次进城。

① 节选自民国二十三年(1934年)《西游小记》,载《旅行杂志》第八卷第十号。1934年张恨水作中原西北之行,到了洛阳,作《洛阳小记》,为其《西游小记》之一部分。

孙文清

孙文清，1896 年生，北京师范大学毕业。解放后任河南省文管会副主任、河南省政协委员，后任职于省文史馆。

组织豫西渑池庙道会起义及配合冯玉祥攻打洛阳的经过（节选）①

五月二十二日上午，远近会众陆续来集合，到下午检点人数，计有五百余人，声言两千人，分五个大队，虽服装不齐，但气势很雄壮；武器有大刀、长矛、剑、戟、土枪、猎枪、五响快枪，也有一响和十响短枪等，总共有枪二十余支，但声言五百多支。俗言：兵不厌诈，当时我深感是这样的。

二十三日晨，起义队伍从渑池杜寺出发，群众给找来一匹马和一头驴，我让杨副官骑马我骑驴。途中遇到各种复杂情况，经过三天的迂回辗转，二十七日下午到达洛阳。谁知冯部三天前已到，国共合作破裂，警备司令韩复榘在洛阳捕杀共产党人。这一情况，犹如晴天霹雳，给我们起义会众一沉重打击。我的心立时凉了半截。起义队伍暂扎西关周公庙，杨副官带上通讯员进城找韩复榘联系，副官和通讯员都被韩扣押。我又派武老师去联系，结果武老师答应接受韩的收编，并派武到某县当税务局长。当时情况十分紧急，我的处境很危险，我只好一人跑到高崖村红枪会据点隐蔽起来。渑池县杜寺村的群众起义，就这样又被新军阀无端摧残，半途夭折了。

① 见中国人民政治协商会议渑池县委员会《渑池文史资料》第 1 辑。

赵尊岳

赵尊岳(1898—1965年),字叔雍,号珍重、高梧,江苏武进人。少从况周颐学词。毕业于上海南洋公学,曾任上海申报馆主笔,出入新闻、政治与教育界。其惜阴堂收藏明词甚富,自1924年至1937年校刻《明词汇刊》三四九卷,二百六十八种。抗战起,投身汪伪政府。1948年远走南洋。1950年移家香港。1958年应聘为新加坡大学教授,主讲国学。有《词籍提要》《填词丛话》《玉田生讴曲旨要八首解笺》《珍重阁词集》等。《明词汇刊》后由上海古籍出版社据龙榆生所藏赵氏手校本影印。

访古周公庙[①]

周公为肇建洛阳之元圣,庙食于洛,固其宜矣。庙在城西关外,传为唐贞观时所建,历经明清,均有修葺。前殿为周公像,衮衣绣裳,赤舄焕如,两庑配祀名宦,旁折而入,为定鼎堂。别有一像,而辅以召公、毕公、伯禽、君陈四人,戟门角门,四周缭绕,长垣五十余丈,门前为文昌阁,制度宏伟。廿一年国府建行都时,又修葺之。辟为社会教育馆,两楹嵌以新出土之唐墓志数百方。最后有小院,雅洁宜人,古槐一株,形如虬龙。外为明尚书吕维祺殉国处,览者于此,缅想成周政化之盛,盖敻乎其勿可及已[②]。

① 出自赵尊岳著;陈水云、黎晓莲整理,《中国近现代稀见史料丛刊·第3辑·赵尊岳集2》,2016年。

② 敻(xiòng):远。

郑振铎

郑振铎(1898—1958年),笔名西谛、郭源新,原籍福建长乐。著名文学史家、俗文学家和现代作家。1921年与沈雁冰、王统照等发起成立了文学研究会。1923年主编《小说月报》。1927年留学英国。1929年回国后,在燕京大学、复旦大学任教,主编《世界文库》。中华人民共和国成立后,任文化部副部长、中国科学院文学研究所所长等职。我国俗文学运动开拓者之一,20世纪30年代即出版了我国第一部《中国俗文学史》。在《中国文学研究》《郑振铎古典文学论文集》等巨作中,收集了不少研究民间文学的论文。此外,还有俗文学和民间文学著译,如《白雪遗音选》《印度寓言》《高加索民间故事》《希腊神话》《希腊罗马神话与传说中的恋爱故事》《民俗学浅说》[(英)柯克士著]等。在我国文学史和俗文学研究方面做出了杰出贡献。

春风满洛城——考古游记之二(节选)

去年三月二十六日午夜,我从西安到了洛阳……

除了帝国主义者们长久地在洛阳掠夺出土古物之外,解放后的几年之内,才开始做着科学的考古发掘工作。这是个"无牛眠之地"的几千年的古墓葬、古遗址的累积地。单是1953年到1955年,就发现了六千多座墓藏,其中有一千七百三十八座已经加以发掘。古遗址也已发现了两处。所得的古文物,从仰韶时期的彩陶、龙山时期的黑陶,到汉代的大量遗物,成立临时博物馆,周公庙里的辉煌的陈列品吸引了许多游人的注意与赞叹。

……

在周公庙看到的好东西多极了,也精彩极了,往往是前所未见的。像一面出土于唐墓的嵌螺钿的平托镜,那镜背上的图画,精丽工致的程度,令人心动魄荡。可以说是一幅《夜宴图》,月在天空,树上有凤凰,有鹦鹉,树下有池,池上有一对鸳鸯,相逐而行。还有两位老者,席地而坐,一弹阮咸,一持杯欲饮,一双鬟侍立于后。这面古镜远比日本正仓院所藏的同类的唐代物为精美。

……1957年2月。

日　记①

三月二十七日(二)②

在洛阳。六时半即起……下午,李书记等来访。下午三时,到周公庙,看文管会及考古所的文物仓库。瓦当花纹甚为特别,约四十多种,有初平的瓷瓶及熙宁的瓷碗,胎薄如纸,透明,极精之品。有唐绿瓦,巨而精,龙纹,实宫瓦也。汉砖上有"大吉"二字,粮仓之砖也。有嵌螺钿的平托镜,最精。似夜宴图,上有月,有树,下有二老者席地而坐,一弹阮,一持杯,一双鬟持立于后;树上有凤凰,有鹦鹉,树下有池,池上有鸳鸯。唐墓誌甚多,正在拓(约四百多方)。继到汉墓参观。开门而入,过一隧道,见双扉上粉彩画,有青龙、白虎,中为甬道,左右室陈列谷仓及汉钟甚多。更有一门,上扉为双龙,前为铺首,后刻二人像,头特大,似弓身而立。一耳室有一人架,殉葬品均为瓦器;一耳室亦多殉葬品,二剑四镜,而人架已泯,闻系一孩提。主室为夫妇二棺,棺钉均存,但男棺及人架均已无迹。女的人架尚全,头边尚有粉盒,已取出。有镜,亦已取出。这是最完整的汉墓,可考见其墓葬制度。文管会尚保存一晋墓出土的金饰多件,闻系孟津出土,为县长所见,取而捐献者。六小金狮,一小印(风言),均极佳。继到王城公园。正在建设,但发掘的痕迹均已掩盖起来。惟既为公园,则王城遗址可永保矣。七时半,回。夜,市秘书长、文教局长及秘书来谈。吃药。十时睡。

汉印:东门传(骨)汉城所得。

三月二十九日③

八时,到文管会,向他们及考古工作站人员讲话。十时许,回。

夜八时,在周公庙向河南文物清理队第二队讲话:

(一)慰劳,辛苦。田野工作的重要,兼而有之。研究报告很快,这是好的。

(二)文物政策法令:以保护为主,不令其有意或无意的破坏。地上、地下、建筑物、历史性纪念物,艺术性、考古学术性,有缺点,应补充,现正在修改,成为全面性的。

---

① 见郑振铎著《郑振铎日记·下》,商务印书馆,2018年。

② 三月二十七日:1956年3月27日。

③ 三月二十九日:1956年3月29日。

(三)今后努力的方向：

甲、坚决保护,协商,不退让。

乙、依靠群众,文物保护小组。

丙、配合基建及农业生产,燃起社会主义的竞赛,打破学究气。学习工农。

丁、为科学研究服务,本身要十分科学地做。

戊、多学习,多钻研,学习马列,学习业务,成为红色专家,人民所需要的专家。

己、及时报告请示。

贺衷寒

贺衷寒(1900—1972年),字君山,湖南岳阳人。1919年参加五四运动。1924年入黄埔军校第一期,11月毕业留校任政治部秘书,在政治部主任周恩来手下工作。1926年赴苏联莫斯科入伏龙芝军事学院。1928年回国后在杭州主持国民党军官训练班。次年去日本考察。1931年回国后,任国民政府军事委员会政治宣传处处长、政训处处长,翌年参与成立中华复兴社。1935年当选为国民党第五届中央执行委员。1937年3月曾与张冲等参加与中共代表周恩来、叶剑英举行的国共谈判,同年再度赴日本考察。1938年2月任军委会政治部第一厅厅长后兼任政治部秘书长,与当时任政治部副部长的周恩来共过事。后历任全国总动员会人力处处长,行政院社会部劳工局长,三民主义青年团临时常务书记。1945年后任国民党中央执行委员,社会部政务次长等职。1949年去台湾,曾任"交通部部长",国民党中央设计委员会委员长。1972年5月在台北病死。著有《改组派之检讨》《汪精卫的批判》等。

满江红·谒洛阳周公庙①

制作征诛,一生里忧勤不歇。秋名世风高吐握,群怀伟烈。文宪惜残秦代火,光辉清耀周时月。访遗规今尚几多存,最心切。

偕亡恨,与民雪。萧墙祸,至亲灭。秉大公大义,斯无亏缺。盛德长萦先圣梦,崇祠允享千秋血。欲追踪低首托神庥,祈灵阙。

① 词录《满江红·谒洛阳周公庙》,《民族诗坛》1940年第4卷第2期。

曹聚仁

曹聚仁(1900—1972年),字挺岫,浙江浦江(今兰溪)人。浙江第一师范学校毕业。1921年在上海创办沧笙公学。1923年后在暨南大学、复旦大学、光华大学、大夏大学等校执教。1932年主编文艺杂志《涛声》周刊,因抨击时弊而遭查禁。1934年与陈望道等发起大众语运动。1938年任中央通讯社战地特派员,专访东战场战况,曾向国内外披露皖南事变真相。后应蒋经国之邀在赣南主持《正气日报》。抗日战争胜利后,任《前线日报》总编辑,并在上海法学院、苏州国立社教学院任教。1950年任香港《星岛日报》编辑,客观报道新中国情况。后任《正午报》主笔。1972年7月在澳门病逝。编著有《国学大纲》《鲁迅评传》《鲁迅年谱》《现代中国剧曲影艺集成》等。

周公庙[1]

我旅居北京,曾写过一首"读苏诗有怀周公庙"的小诗,诗云:

甚矣吾衰久,周公入梦迟。
蟠桃应再熟,禾黍自披离。
海宴看今日,河清亦可期。
南来双翠凤,振翮玉门西。

我所怀的周公庙,在洛阳西郊,去西工的途中,和苏东坡所赋的周公庙诗,地点也不相同;他所说的周公庙,在陕西岐山西北七八里,"庙后百许步,有泉依山,涌洌异常,国史所谓润德泉,世乱则竭者也"。苏诗云:

吾今那复梦周公,尚喜秋来过故宫。
翠凤旧依山硉兀,清泉长与世穷通。
至今游客伤离黍,故国诸生咏雨蒙。
牛酒不来乌鸟散,白杨无数暮号风。

周公原是我国历史上的理想政治家,而天下统一,海晏河清,凤鸟南去,也是太平盛世的征象。我个人的感受,和苏公当年大有不同,因此,我的乐观气氛,把二千年前的理想境界罩住了。

中日战争发生的第二年,我们到了洛阳。那时的洛阳,和东都时期的洛阳

---

① 选自曹聚仁《万里行记》,福建人民出版社,1983年。

大不相同,而今日的洛阳,或许比全盛时期的洛阳还更廓大些。我所见的洛阳,正如杨衒之所写的:“城郭崩毁,宫室倾覆,寺观灰烬,庙塔丘墟,墙被蒿艾,巷罗荆棘。野兽穴于荒阶,山鸟巢于庭树。游儿牧竖,蜘蹰于九逵;农夫耕稼,艺黍于双阙。麦秀之感,非独殷墟,黍离之悲,信哉周室。”不过,他们看到的,乃是战乱后的景况,我们所见的,则是敌机轰炸的惨情。总之,这一个名城,看起来,有如芜城了。

那年,我们到了洛阳,便和周公庙结了小缘,其时,云病下了,而且是很沾手的伤寒症。洛阳防空窑洞,深达二三十丈,虽很稳安舒适,对于病人却是苦事。部军长替我们介绍:到军医院去,其地便是周公庙。庙殿古旧,大概和岐山古庙差不多。(唐以前,周公与孔子并尊,宋元明才把孔子定于一尊)庙有大园林,原为农业试验场,战时为军医院,一片浓荫,正是防空去处。我们时常在桃树下席地面卧,看敌机横空而过。苦中作乐,也谈谈孔子梦见周公的往事。中国的知识分子,只敢梦周公,不敢梦文王,此所以“秀才造反,三年不成”也。

佚名

开发西北办法要点[①]

【南京十七日下午九时发专电】中常会建设陪都行都案要点……(乙)㊁设立中原社会教育馆、以期开启民智、改良社会、振兴实业、㊂本地名胜之处建设中原国立博物馆、以增进洛阳文化价值、为发展地方经济以裕民生之资、以上社会教育馆及博物馆、开办经费、应在庚款项下指拨、常年经费应在中央教育经费中筹拨、此案应交教育部负责办理。

① 大公报天津版,1932年11月18日。

中国博物馆协会

中原社会教育馆①

【地址】河南省洛阳周公庙

【成立年月及沿革】二十一年春,国府迁后,考试院即选定周公庙为该院办事处;嗣政府当局,以该庙为洛阳古迹,慨然解囊,从事修葺。旋国府迁回南京,经中央政治会议议决,就周公庙庙址,设立中原社会教育馆。

【建筑】就原有周公庙旧址,加以修建。

【性质】历史。

【组织】国立。分总务、训练、推广三部。

【经费来源】每年一一〇〇〇〇元,由教育部及考试院拨付。

【所藏物品性质及数量】古代石碑,四〇〇〇余方。

【设备】设有民众书报室二所,藏书部一万六千册。

【出版物】新中原周刊。

【职员姓名】陈大白(馆长) 刘民铎 邢孟广 蒋文轩 来裕昆

① 见中国博物馆协会编辑《中国博物馆一览》,中国博物馆协会,1936年。

滕固,董作宾,陈念中

滕固(1901—1941),字若渠,江苏宝山(今属上海)人。1918年毕业于上海美术专科学校,后赴日本留学。次年留日,在东京帝国大学专攻美术考古和美术史论。1924年毕业回国,在上海美术专科学校任教。参加文学研究会和创造社,作品大多发表在《创造季刊》《创造周报》《曙光》等刊物上。1926年,与邵洵美等人组织狮吼社,后又开设金屋书店,办《金屋》月刊。1930年去德国,获柏林大学哲学博士学位。1932年归国,任金陵大学教授、中山文化教育馆美术部主任、中山大学教授等。1938年6月,任湖南沅陵国立艺术专科学校校长。后随校内迁重庆。1940年曾任教育部学术审议委员会委员。1941年5月20日病逝于重庆。著有《中国美术小史》《唐宋绘画史》等美术史论著,以及《壁画》《银杏之果》等小说。

董作宾(1895—1963年),字彦堂,又作雁堂,别署平庐,河南南阳人。精古文字,研究甲骨文,尤多成就,曾八次主持殷墟发掘。工书法,能治印。民国时任中央研究院研究员、院士,兼任台湾大学、香港大学教授。著有《殷历谱》《平庐文荐》《董作宾学术论著》《平庐印存》《董作宾先生全集》等。

陈念中,1936年出生,浙江嘉兴人。曾任浙江大学社会学讲师,1931年6月13日任国民政府考试院高等考试典试委员会秘书,1931年9月19日至1932年3月2日任国民政府立法院编译处处长。1940年任国民政府内政部参事,6月2日入内政部礼俗司司长。1941年11月26日任考试院考选委员会委员。1942年3月27日兼任考试院考选委员会秘书长。1948年5月26日去职,同年12月20日任考试院院部参事。

视察汴洛古物保存状况报告(二十五年十二月)(节选)[1]

本会第十六次常务会议,马委员衡提出报告两点:(一)洛阳最近出土北魏隋唐墓志十余方,皆系土人盗掘所获,地方政府似未予以注意。(二)龙门石窟造像被盗砍凿甚多,分批运至平津,转售外人。当经决议:一、推袁委员同

---

① 赵振华《龙门石窟盗凿史》云,中央古物保管委员会收到多次报告,河南、陕西一带盗掘古物案件时有发生,层出不穷。于1934年11月23日专门召开全体委员会议,派委员下来调查。当年12月14日至16日,知名学者滕固、黄文弼两委员亲赴洛阳,考察周公庙、白马寺和龙门石窟。

礼前往勘察,相机办理;二、电河南省政府商主席请予协助并饬究;三、呈行政院令饬铁道部转饬陇海路管理局,并由会运含该路局将盗掘报运之古物,予以扣留,报会办理。第十七次常务会议,袁委员同礼提出调查洛阳辉县盗墓情形报告,关于洛阳辉县之盗掘古墓,龙门造像之被盗砍凿,叙述甚详(参看袁委员报告)。常务会议,讨论本案,以情节严重,特加审慎,计关于洛阳盗掘者决议办法四项,关于龙门造像被毁者决议办法四项,关于辉县盗墓者决议办法一项(参看本会第十七次常务会议记录),而关于洛阳盗掘决议案第四项:"由本会聘请专家一人驻洛,会同地方军政机关,办理制止该地毁损盗掘古迹古墓,计划保管古物并登记龙门石刻事项。"

是盖鉴于该地情形笈杂,公文往返需时,不得不取宣接管理之方法以救济耳。又以龙门造像为吾国贵重之古迹,迭遭摧毁,于文化上损失至巨,非详细调查登记并协助省政府完成修理工作,不足以盲保护,故驻洛办事员之设置,即就龙门言,亦属事不容缓。

于第二次临时常务会议决定,派本会专门委员傅雷驻洛办事,同时本会原拟于本年内推派委员组织视察团赴重要地点说察古物保存情形,洛阳所发生之问题既如是严重,爰以洛阳为目的地,于同次会议决定推派固、念中、作宾三人,偕同专门委员傅雷、科员荆林赴豫视察。固等奉派,于十一月十四日启程,作宾则与中央研究院派赴登封,先期赴豫,约月中会于开封或洛阳。固等十五日抵开封,十七日抵洛阳,作宾已先期抵洛,二十日公毕,专门委员傅雷、科员荆林留洛,固等于二十一日回京。兹谨将视察所得,洽商结果,暨管见所及胪陈于后,祇请鉴核。

……

三、关于发掘与保存问题

A、函中央博物院关于洛阳等地采掘古物,应从速设计进行,并妥筹保存办法。

(按祝司令提议将周公庙为储藏碑碣之处,将河洛图书馆东偏空地建屋,藏碑碣以外之古物,简介亦甚可取)

B、函庚款机关补助河南大学每年六千元,筹设考古讲座,以培植考古人才。

……

贺培新

贺培新(1903—1952年),字孔才,号迂轩、天游,笔名贺泳,河北武强人,贺涛裔孙。曾任天津《民国日报》编辑、燕京大学造型美术研究会导师、北平特别市政府秘书、中国大学国学系教授、秘书长、奉天萃升书院教授等。师事吴闿生,受古文法。除诗文外,善书法篆刻,书宗欧褚,秀劲丰厚,篆刻师从齐白石。著有《天游室文编》《篆刻学》《说印》《潭西书屋诗钞》等。

洛阳周公庙及民教馆①

周公庙在洛阳县城西关外,庙为清时重修,民国又重修,现又废毁。院有数碑,定鼎堂内满存废铁。院内遍设网雷。堂前左侧二碑:一为清康熙十三年,一为十四年。右侧二碑皆康熙十三年。堂前阶上右侧为顺治十三年,左侧康熙四十七年。庙前大道南,立有吕忠节公维祺(明)殉难处石碑。

周公庙左原有五夫子祠,今毁圮。院内尚树有二碑,皆原二程子祠碑记,一为明正德年,一为康熙二十几年。

周公庙定鼎堂后院有碑林,为旧政府中原社会教育馆所造。北房五间,尽东间三十二石,正中墓盖二十八石,中西间三十九石,尽西间三十六石;西房三间共八十四石,皆用砖与洋灰将各刻石镶嵌壁间。屋中除四壁外,中间或隔一壁,或数壁,作法与开封河南博物馆略同(博物馆因连通十余间,或中隔数十壁)。北房、西房所藏尽唐志。东屋三间全部倒塌成瓦砖堆,只有一宋代小碑半露瓦砾间。意者东房中原或多藏宋志未可知也。北房外廊下散置二石,皆唐志。尽后院有三合空房,大体尚完整。其北房廊下散置唐志盖一石。

前院已倒塌之东屋,其中原藏之石,是在砖土下埋藏,抑渐渐为人窃去,不可考。余亲数周公庙碑林现存之石,可考见者为二百六十方。而民教馆存案数字,谓连倒塌之东屋存石在内为二百二十一方,其数字显然不符。

民教馆现存古物据馆存古物清册如下:

六朝造像一(白石质,无年月),护法石像一(无年月),魏造像一,铁佛像一(无年月),唐造像一,魏造像碑一,唐造像一,木佛一,石幢十四,汉三体石

① 见《贺培新集(上)》《天游室杂著补编》,凤凰出版社,2016年。原文发表于中南军政委员会文化部文物处编《中南文物通讯》1951年第5期,1951年4月10日于汉口出版,第6~8页。

经二方(东汉灵帝熹平四年蔡邕书),唐墓志二十一,唐墓志盖二,魏墓志五,后周墓志二,宋墓志六,宋碑一,金碑二,石塔二,石磬一,魏造像碑一,魏造石床残石二,六面造像二,岳飞草书手卷刻石共四(文教局北房西头,去厕所小门下阶,有二石刻:一即此卷题跋,一为明万历刻石),石刻草一,清刻洛神赋一,清石刻二,宋砖筒共九(已破烂者六)。

按以上数字八十九件,合周公庙现存可考见者为三百四十九件。据前民教馆长王飞庭云:原两处所存共为四百余石。可能压覆在周公庙已塌房基下者有之,亦可能有些损失。

周公庙碑林原雇有专人看管,每月小米老秤五十斤,由三十七年十一月二十四日至三十八年三月造册时尚仍旧。但现已无人看管,且碑林院并无锁钥,垣墙亦不完整。余进入查看之时,院内尚有采薪者。

民教馆所存诸石刻,未能一一细看,因散置屋院,重叠压覆,与其他材料杂置一起,搬动不易。

卢毓骏

卢毓骏(1904—1975 年),字于正,福建闽侯人。早岁,赴法国留学,入法国国立公共工程大学;毕业后,入巴黎大学都市计划学院研究。回国后,历任南京市政府工务局技师、科员,市政府技术专员,国立中央大学工学院、国立劳动大学工学院教授,第二次高等考试典试委员会秘书,第一次首都普通考试建设人员典试委员。1940 年 3 月,任国民政府考试院考选委员会委员并任国立重庆大学、国立中央政治学校教授。1944 年,任考试委员会处长。1945 年 10 月,任天津市工务局局长;12 月去职。1946 年 11 月,当选为制宪国民大会代表。1948 年 7 月,任考试院院部考试委员。中华人民共和国成立前去台湾,任"国立"台湾大学、私立中原大学、中国文化学院教授。1975 年逝世,终年 71 岁。有《都市计划学》《荒溪治理与水土保持工学》《防空建筑学》《区域计划学》《现代建筑》等。

对于整修文物古迹应有之认识(节选)[①]

忆于抗战前,笔者曾规划整修洛阳白马寺、周公庙、南京旧国子监及湖州古代之纪念建筑,等等,均煞费苦心,与当地朝野取得密切配合,设法保存原有文物形态,或以都市计划,出于万不得已而将古代文物,原封原样集中某一适当之地区,如湖洲著名之节坊即曾集中于一条街市,保存原状,极为壮观,此一处理古文物之道也。

① 见杨允祚主编《当代观光文献》。

陈赓雅

陈赓雅(1905—1995年),笔名任安、石英。云南蒙化(今巍山)人。早年在上海从事新闻工作,任《日本研究月刊》《申报年鉴》编辑,又任《申报》记者、编辑。从1934年3月至1935年5月,以《申报》记者名义,赴察、绥、宁、甘、青、新、陕、晋、豫、冀等省采访,行程万余里,沿途所写通讯在《申报》上连载。抗日战争初期曾任《申报》香港版总编辑,后改任《申报》驻重庆特派记者。1945年4月被选为第四届国民参政会参政员。后任云南人民自卫军第二纵队司令部秘书长,兼《战地通讯》主编。中华人民共和国成立后曾任昆明《正义报》总编辑、社长及金碧诗社社长。曾在昆明市政协担任秘书长,后到昆明市政府参事室。1995年离世,终年91岁。著有《赣皖湘鄂视察记》《西北视察记》《南巡佳话》《江河水灾视察记》等。

西北视察记(节选)[①]

入洛阳境,土地肥美,一望平旷,县城及西宫(城西大镇),人烟颇形稠密。该县古为成周洛邑,东汉故都,所谓我国五大古都之一,且有东京之称。二十一年春,中央曾以此为行都。由西安抵此,可谓由西京至东京。城西南有伊阙、香山龙门,两岩对峙,中贯伊水,夏禹所疏。香山寺及龙门石佛,皆魏唐时物。石佛大小千万,碑碣林立,尤以《龙门二十品》著称于世。此外,尚有周公庙、关帝冢、天津桥、安乐窝及中国第一古刹之白马寺等胜迹。盖河南为中原地带,文化发达,宋代所谓伊洛学派,尤握学术上、政治上最高权威……

① 陈赓雅于1934年3月从上海出发,于1935年5月返回上海,历时一年零两个月,考察了绥远、山西、内蒙古、宁夏、甘肃、青海、新疆、陕西、河南、河北等省,足迹遍及整个华北、西北。作《西北视察记》。节选部分原有题目曰《洛阳教育及郑县商业趋势》。作者考察洛阳时,在民国二十四年(1935年)。

许师慎

许师慎,江苏无锡人,清光绪三十三年(1907年)生。毕业于江苏公立商业专门学校。1928年后,历任中国国民党党史编纂委员会处长、监察院简任秘书兼发言人、总统府国史馆主任秘书兼纂修。1949年去台湾,办速记人员训练班十余期,并兼任“三军参谋大学”“政工干部学校”“政治作战学校”“行政学校”“师范大学”“实践家政专科学校”等教职。1977年退休,“国史馆”聘为荣誉纂修。著有《兴中会革命史要》《国父革命缘起详注》《国父当选临时大总统实録》《国史馆纪要》《中国人名大辞典增补编》等。

恭谒桥陵记(节选)[①]

……民国二十一年一二八事起,国府迁洛,绾毂辐辏,人物荟萃,沉寂古城,复盛一时。今虽国府回京,中央军校航校均设分校于此,去岁电灯厂成立,城内街道复加修整,熙来攘往,景况固未大改也。

周公庙在洛阳城西五贤街,相传为汉大学故址。唐以公卜营洛邑,为建庙祀之。后圮。明嘉靖四年复建。民国初,省立第四师范附设庙中。以连年兵匪肆虐,殿宇倾圮。记者于二十一年春过此,祇见榱桷压覆,庭阶荒芜,徘徊前后,竟未见一人。嗣后行都建设委员会成立,分别指定洛邑古刹旧院为院部会之办公处所,即划周公庙作考试院及所属部会之辨事处。戴院长来洛,以周公制礼作乐,民本所系,亟应从事修葺,以彰圣德。除自捐一万元外,蒋委员长捐一万五千元,商主席捐五千元,钮副院长捐一千元,连同铨叙部修理费项下四千元,集赀三万五千余元,规划修筑,期年而庙貌一新。此次往视,正殿后殿,并而为一,以原名定鼎堂名之。中植元圣周公之神位,召公、毕公、鲁公伯禽、君陈右左之。堂后原有会忠祠,祀夏大夫关龙逢以下十二人,两庑并祀汉以来吴公迄井洛如十九人,现立从祀名宦碑于堂内,将原址改建碑林六室,搜唐代石刻墓志三百八十余方实之,以考文献。此外如庙前之文昌阁,吕忠节公殉难处碑,及十省通衢九朝都会之木坊,均仍其旧。而殿后之古槐,以枝叶覆压屋巅,易生危险,今则截枝存干,已不如曩昔之茂密。

二十二年冬,国府迁回南京时,戴院长以周公庙修葺一新,不宜任令弃置。

① 原载于《建国月刊(上海)》1937年第16卷第5期。

周公庙古槐

周公庙定鼎堂

乃呈准中央,利用该庙地址,附设中原社会教育馆。该馆以复兴文化,开发生产,训练民众与辅导政治为宗旨,直属教育部西北农林专科学校,月拨津贴经常各费,作推广事业之用。创办迄今,业已四载,如设立中原民众学校,组织信用合作社,以及辟公园,植树木,惨淡经营,成绩卓然可观。而洛阳实验区之扩展,尤为脍炙人口。

……

是晚张委员即宿于馆中。翌日,以陇海路车须于下午五时来洛,乃作近郊一日游。

……

张委员于是晨八时三刻,由周公庙趋车南行,先作龙门之游。随往者有大白兄暨庆衡伉俪,而公安局长曹孟起先生,以南郊散匪尚多,亦带警士四人附车随行,俾资护卫。过洛水,行洛阳桥上。此桥系就吴佩孚氏所建之桥,加以重修而成。桥东里许,另建一铁筋水泥桥,长四百八十三公尺,费赀二十八万元,为纪念国府林主席,故名林主席桥。近正赶筑中,约六月末即可完成。从此洛阳南郊,民不病涉,行旅往来,畅无所阻矣。

李健人

李健人(1908—1991 年),原名林礼周,字仪广,山东即墨人。20 世纪 30 年代任中央军校洛阳分校主任教官,撰写《洛阳古今谈》。1938 年任国民党伊川县长、陕西省政府秘书等。后被免职,至陕西汉中中央军校第一分校任职。中华人民共和国成立后曾任陕西文史馆馆员。

洛阳古今谈(节选)

周公庙在县城西关外,内定鼎堂设周公(旦)召公(奭)诸圣贤灵位。堂前方坛,傍植古柏;堂后侧厢内置唐碑数百方。庙清时重修,今为中原社会教育馆。庙前大道南立明吕忠节公(维祺)殉难处石碑。周公,姬旦,文王子,大圣也。武王崩,成王(诵)立,周公居冢宰。以王年少(十三岁),恐天下畔,乃摄行政当国。管叔(鲜)蔡叔(度)群弟流言于国曰:“周公将不利于孺子。”并举武庚作乱叛周。周公奉成王命东伐,诛武庚管叔,放蔡叔,以微公开代殷,后国于宋,颇收殷民,以封康叔于卫,东土以宁,诸侯复宗周。周公居东二年,罪人斯得。成王迎公返而居摄,乃复制礼作乐,颁度量制度,又与召公营洛邑,四方入贡道里均焉。其城二:一曰王城(在西),周迁九鼎,以朝诸侯;二曰下都(又名成周),以居殷民。周公摄政七年。成王长(年廿二),周公返政成王,北面就群臣之位。孔子曰:“昔者周公事文王,行无专制,事无由己。身若不胜衣,言若不出口,奉持于前。洞洞然若将失之,可谓能子矣。”武王崩,成王幼,周公秉文武之业,履天子位,听天下之政,征夷狄之乱,诛管蔡之罪,负扆而朝诸侯,诛赏制断,无所顾间,感动天地,声慑海内,可谓能武矣。成王既壮,周公致政,北面而臣事之,请而后为,复而后行,无擅恣之志,无矜伐之色,可谓能臣矣。一人之身而三变者,应时也。周公留相成王,其子伯禽,就封于鲁。周公归政三年后,老于丰,将殁曰:“葬我成周,示天下臣于王也。”公卒,年九十九,谥文公。成王葬于毕(今咸阳北),从文王之墓焉。

六经者,半作于周公,而其作又大半在东都(洛邑)。初公避流言居东,取《易》之三百八十四爻,各以辞,又作诗曰:“七月陈王业也。”成王未知周公之志,公为诗以遗成王,曰:“鸱鸮”。又诗之《豳风》《狼跋》,皆公居东时作(或曰周大夫美周公所作)。《尚书·召诰》《尚书·洛诰》者,以营洛邑而作也。古来师万世者惟孔子,相天下者惟周公。周公之业,包乎天地之外,上承尧、舜、禹、汤、文、武之统，下开孔孟圣贤之传。仲尼至圣，犹梦寐以求周公，况下此者乎。前代崇祀之典，率以周公元圣，孔子为先师。诚所谓不朽而常尊者也。洛阳之民，沐周公圣德之化也，既古且久远矣。

是故洛阳城之西廓有周公庙之建立焉。考今之周公庙在城西关外，传为唐贞观中分祀周孔处，大约建于明代以前，万历四十七年重修。康熙间知府王来庆又重修，大体仍旧制。其前殿，周公像，衮衣绣裳，赤舄焕如也。列金人欹器，不啻明堂遗制。又建两庑，以历代名宦配祀。殿旁折而入，构堂颜曰：定鼎。公像居中，召公毕公配之左右。伯禽君陈（周公殁，君陈分正东郊成周）翼附之。若戟门、角门、棂星门，次第渐及。缭以周垣五十余丈，门以外又建文昌阁。民国初，省立第四师范附设庙中。二十一年国民政府迁都洛阳，考试院长戴传贤、副院长钮永建等捐赀重建，并设中原社会教育馆于内。其定鼎堂供石镌周公、召公、毕公、伯禽灵位于上，旁祀历代名宦，均刻木书纪其姓名事迹，悬于壁，不复设像矣。其前有方坛，盖即所谓杏坛也，傍古柏石碑各数。定鼎堂后有屋数间。中原社会教育馆购洛阳新出土唐人墓志数百方，砌立之于内，俨然唐碑林也。再后有小院极雅洁，古槐一株，形状如虬龙。周公庙前门外文昌阁仍旧。大道旁有石碑，书曰：明大司马赠太傅吕忠节公殉难处。忠节公即明兵部尚书吕维祺也。维祺，新安人，父孔学，流寓洛阳，遂家焉。明末，崇祯十四年，李自成寇洛阳。维祺率家人分守北城，缒家丁杀十余贼。西城忽溃，诸子以无守土责为言。维祺曰："受国深恩，与城存亡。义无可逃，况读圣贤书，所学何事。"贼至被执。贼中有识维祺者。曰："子非赈饥吕尚书乎？"稔知公善，当谋出。维祺艴然，贼遂掖出城门。途遇福恭王已被贼缚，公顾之曰："纲常为重，勿屈膝于贼。"见贼渠于周公庙。贼令之降。公曰："世宁有屈降吕尚书哉。"按其顶使跪，不屈，延颈就刃而死。卒年五十五，赠太子少保。福王立，加赠太傅，谥忠节。维祺尝言，一生精神结聚在《孝经》，一生潜玩躬行，未尝稍怠。著有《孝经本义》《吕忠节公文集》。后世哀之，为立碑于周公庙前，用表忠烈也。

邱行湘

邱行湘(1907—1996年),字辽峰,江苏溧阳人。1926年考入黄埔军校第五期学习。毕业后任国民革命军第一军警卫排长,海陆空军总司令部警卫队队长、连长,第十八军少校副官、特务营营长。1932年任陈诚的随从参谋。抗日战争爆发后,任第六十七师第二〇一旅副旅长兼四〇二团团长,率部参加淞沪抗战和南京保卫战。1940年8月随陈诚到恩施,任第六战区特务团团长兼恩施警备司令。1941年冬任第五师副师长,率部参加鄂西会战。1945年4月率部参加湘西会战。抗日战争胜利后,升任陆军第五师师长兼秦榆警备司令,参加内战。1947年11月任青年整编第二〇六师中将师长兼洛阳警备司令。1948年3月在洛阳战役中被中国人民解放军俘获。1959年被特赦。后历任江苏省政协文史研究委员会专员、江苏省政协委员、南京黄埔同学会理事等职。

洛阳战役蒋军被歼纪实(节选)①

在拆迁民房过程中,群众曾集体请愿,扶老携幼,苦苦哀求。我昧着良心,不予接见。我向刘焕东说这有关洛阳的存亡,顾不得这许多了。在大拆大毁之中,美丽的牡丹古城被挖得千疮百孔,西门外周公庙的名胜古迹,破坏尤多。当时国民党政府考试院院长戴季陶还派有专员看管周公庙文物古迹,而拆毁仍略无顾忌。美丽的牡丹和无数的碑碣,都被埋葬在战壕中。城北的司马懿墓,也被挖得满身窟窿。

① 出自中国人民政治协商会议河南省洛阳市委员会文史资料研究委员会《洛阳文史资料》第3~4辑,1988年。

王锡范

王锡范,河南洛阳人。出身于收藏世家。矢志抗日救国,弃学从戎。后居台湾,致力于中原及洛阳文献的收集与整理。

中原文化社会教育馆(节选)

中原文化社会教育馆,设在洛阳西关周公庙,本色木质牌子挂在庙的后门上,以示尊敬,不敢喧宾夺主。这个馆的"辖"区,东到城墙,南到天津桥,西至西工,北至邙麓"金谷园",凡是地上的古迹祠宇文物,都是社会教育范围。虽然挂的中原文化社会教育馆牌子,实质则是一所"自然历史博物馆"。该馆主持人,系党国元老戴传贤先生,实际在馆负责者为陈大白先生。馆的主体在周公庙后半部,东西两庑,陈列数百方碑碣。

杨依平

杨依平(1910—1981年),洛阳老城南关人。1930年毕业于县立洛阳师范学校,曾任小学教师。后受聘担任上海《时事新报》和《河南民报》特约记者。1932年,《河洛日报》创刊,任该报采访主任。1941年离开《河洛日报》,与杨载东创办《中原日报》。中华人民共和国成立后,先后任政协洛阳市第三、四届委员,撰写有大量文史资料。

中原社会教育馆与洛阳实验区[①]

一、中原社会教育馆的成立

1932年,国府迁洛,以洛阳为"行都",考试院将周公庙加以修葺,并将庙东的二程祠、朱熹祠、周莲溪祠、张横渠祠并入,作为考试院在洛的公廨。惟历时不久,人员即又大部迁回南京,房屋用具空闲无用。当时有一个"中央还都南京后繁荣行都计划",内有一条是设立中原社会教育馆。戴传贤为了保存考试院在洛财产,遂慨然承诺创建中原社教馆,只让中央按月拨事业费,薪俸开支则全部由考试院及所属铨叙部负责。于是教育部即发表戴传贤的外甥、原任铨叙部司长的宋湜兼任馆长,而由宋派铨叙部职员陈大白(江苏南通人)为主任,主持一切。其他职员数人,由考试院留洛人员兼充。考试院留洛办事处加挂了一个招牌,该馆即宣告成立了。

二、中原社会教育馆的业务

该馆成立后,办了几班民众学校,在馆内、南关、西关设三处阅报室。举办过一次书画及报纸展览,仿制过唐三彩陶俑,培育了一些牡丹,但牡丹只作"贡品"和点缀戴传贤的南京明志楼之用。该馆还有大片土地,名之曰"洛京公园",其中种了些奉化水蜜桃,其他花木较少。抗日战争开始后,馆房大部为第一战区警备司令部、河南粮政局、中央通讯社等机关占用。中原社会教育馆的业务更形冷落,几陷于停顿状态了。

三、洛阳实验区

中原社会教育馆经报纸杂志宣传之后,当时有中国社会教育学者,慕古都

① 选自中国人民政治协商会议河南省委员会文史资料研究委员会《河南文史资料》第18辑,1986年。

洛阳之名，兼思有中原社教馆的人马可资借重，拟仿河北定县及山东邹平的先例，在洛阳举办一个实验区，划定地区，实验该社主张的社会教育方案（管、教、养、卫）。实验期限预计十年，名曰“洛阳实验区”，划洛阳县吕家庙村附近十余村为实验区范围。举凡一切政教事务，均由该区直接办理，所需经费，由中国社会教育学社、河南省教育厅、洛阳县政府分担。推陈大白为总干事，主持日常事务，于1934年7月正式成立。开成立会时，考试院副院长钮永建，中国社会教育学社负责人俞庆棠（女）及各省社教团体代表，均来洛参加。会后订出洋洋数万言的计划。实验区先后开办了一批义务学校和一些短期训练班，添了一些阅报栏，组织了一些生产合作社，生产笔、墨文具。抗战末期，该区驻军甚多，房屋多被占用，实验区工作即收场了。

一九六四年五月

（本文为洛阳市政协一九六四年征集）

陆 诒

陆诒(1911—1997年),江苏省上海县(今属上海市)人。中国共产党党员,中国民主同盟盟员,著名新闻工作者。曾就读于上海私立民治新闻学院。1946年加入中国民主同盟。曾任上海《新闻报》《大公报》记者,汉口、重庆《新华日报》记者及编委,上海《联合晚报》《联合日报》编委、记者,香港国际新闻社主任,香港达德学院新闻专修班主任,香港《光明报》主编。中华人民共和国成立后,历任上海《新闻日报》副总编辑、编委,复旦大学教授,民盟第五届中央委员。是第五、六届全国政协委员。著有《战地萍踪》等通讯集。

中原战场见闻(节选)[①]

八月十八日晚上到达洛阳[②],第二天一早就遇到敌机轰炸,旅馆的掌柜就带我到附近地下室躲避。他说:“这里离黄河沿岸的日军很近,是敌机往返必经之地,轰炸与扫射那是日常功课,当地被炸毁的房子,不久又重新修复,敌人想用轰炸来压服我们,那简直是梦想!”

在洛阳,我先到周公庙中央社战地特派员办事处访问同业王少桐,他告诉我:“第一战区司令长官卫立煌将军现已渡河到中条山前线去了,卫将军有个老规矩,每当日军发动中条山扫荡战时,他一定过黄河,亲临前线指挥。”王少桐还热情地陪我到长官部访问参谋长郭寄峤将军。他说:“最近,中条山扫荡战役已经结束,欢迎你到前线去看看,长官部可以派副官送你过河。”

八月二十九日从洛阳到达渑池,这里现成为我大军挺进华北敌后战场的交通孔道,城内呈现一片繁忙景象,凡是前线伤兵过境、给养和弹药的输送等,都依靠当地民众出力……

---

① 见陆诒《战地萍踪》,人民日报出版社,1985年。

② 八月十八日:1937年8月18日。

倪锡英

倪锡英(1911—1942年),笔名惜阴等。江苏省无锡县东亭镇长大厦村,系元代大画家倪瓒(倪云林)21世孙。18岁时毕业于无锡省立第三师范学校。当过中小学教师。20世纪30年代在上海北新书局《小学生》杂志社和上海江湾张瑞芝养鸡场主办的《鸡与蛋》杂志社当过编辑。著述主要有游记散文和儿童文学,计有《曲阜·泰山游记》《洛阳游记》和上海、北京、济南、青岛、杭州、桂林、广州、南京、宁波、重庆等地十本游记,均由中华书局出版。儿童文学作品主要发表在《小学生》杂志上。抗战期间避难于重庆,在重庆报刊上发表过作品,曾参加生活书店的外围活动。1942年秋天在重庆南岸仁济医院病逝。

周公庙①

周公庙,在洛阳城西南,那是奉祀周公旦的一个专庙,原在金墉城,后来迁移到此。周公是周朝开国时的一个贤臣,当武王死后,他扶着幼小的成王处理全国的政事,对当时政治上和文化上建立了不少功绩,后世人敬仰他,便在洛阳立庙奉祀。庙内有定鼎堂,相传是周公和武王打下了周朝的天下,铸成九只大鼎,把全国的山川形势,都刻在鼎上,这是周朝建立帝业的一个极崇隆的仪式。

周公庙的庙屋,在从前也是荒芜不堪,自从一二八之役以后,国民政府一度迁都洛阳时,周公庙便改为考试院的院址,因此便大加修葺,焕然一新;后来政府迁回南京,便把周公庙辟为一个中原文化馆,做洛阳实施社会教育的地方。

从周公庙街向西去,走到街市的尽头,便到周公庙,庙门已改建了一座半西式的门楼,前面是一片水泥广场,阶台下左右立着两只青毛大石狮,对门有一堵照壁,壁上雕刻着极美观的花卉图案。从大门进去,便是一个石台,样子好像北平的天坛,不过上面没有屋子,只四面有石级和栏杆。再进去,便到定鼎堂,有戴传贤题书的“定鼎堂”金字横额,堂内塑着周公旦的像,建筑很宏丽。堂前院内有一颗古树,树干上系着一只大铁钟,不知是何年的遗物。

① 见倪锡英《洛阳》(三)《洛阳古迹志》上,上海中华书局出版发行,1931年。

定鼎堂后面又是一座殿，现在已改为办公室，再后去一列又是五座大屋，便是寝室，那里古木垂荫，很饶古趣。

洛阳城内的古迹，除了上述八处外，在周公庙旁，还有范文正公祠，奉祀着宋朝的贤臣范仲淹；二程先生祠，奉祀着宋朝的理学大家程颢和程颐。此外还有邵康节和朱文公的祠庙，都在周公庙旁，本来都已荒落不堪，成了乞丐们的留宿所，自从周公庙改为中原文化馆以后，这一片祠屋都重加整理，预备将来开办民众学校。

周公庙内的古树

周公庙内定鼎堂

中原文化馆[①]

洛阳的车站是一个光绪年间的旧式建筑,房子很低小,进出口处有宪兵站着,当光涛到站长室去找史站长给他一封信后,我们便从站门向南出去。

第一眼看到的洛阳虽然没有意想得那么好,但是也并不失望。那车站的外面是一块大广场,广场的南面便是一路市街,高矮错杂的房屋,客店的门面上装饰了似通非通的白底黑字文句,这光景好像在什么义侠小说里描写的中原旧式都市差不多。场上尽是黑泥巴,长得约摸有五寸深,我们踮着足趾走前十几步,没有再向前进,只得停下来了。

"车吧!""车吧!"一群洋车夫争嚷着兜生意。那边靠着一列洋车,车上都架着一个长布篷,好像小摊上用的遮阳布,从车后一直挡到拉杠上,连拉车的也能遮着荫影。

"周公庙——中原文化馆几个钱?"

"四毛"

"少一点行不行?"

"你说几个钱?"

"一毛"

"太少了! 至少给两毛才去!"

"就两毛吧!"我们都是一群生客,不知周公庙究竟有多远!

广场上的人们都惊奇的看我们,我们的一列洋车,便从广场穿过,向南面的一条小巷子里进去。

昨夜一晚上的雨,把这古洛阳的市街弄成稀烂一片,黏糊地满铺着一层黑色的泥浆。当一列车轮驶过时,地面上好像怕痒似的不断地发出吱吱的叫声,木板上尽是污泥。

车夫们挺直了腿胫,战战兢兢地在这污泥大街上滑过,车行得很慢,街道两旁有几家中世纪式的客店,木格的窗棂上,梅红的纸条是已退了色的。店堂里掌柜们,住家的,路上的行人,当我们一列车驶过时,一个个向我们注视着,从头上看到脚上,他们的眼色好像在说"又是一群什么人物来啦! ……"其实从国民政府迁都洛阳一年以后,洛阳的人们的确已经享了不少的眼福。他们看见了一九三三式的摩托卡,新时代的政府领袖,这些会使他们回想着皇帝圣明天子一类的故事,他们多引为无上的光荣。

---

① 见倪锡英《洛阳游记》第十章。

黑泥浆路绵续的亘亘不断,车子折向西去,走上了一条荒凉的路,于是洛阳古城的巍然的城堞便在目前了。那城墙上显明的描着大字的"味精"广告,表示洛阳人的口味也已染上了摩登味道。我们已在洛阳城北的路上驶过,两边污泥地里有几个蓬首垢身的老头儿和老妇人——爱罗先珂所说的"夜之国的国王"。他们叩首拦路,有几个还随着车奔上来,伸出一双乌黑的焦黄的手:"大爷!给我一个钱吧!"

走过那荒凉的路的尽头,车又折向南去,于是那崇高的北城门的外郭,我们看见了。在城墙上建着一座古式的城楼,傲然的突立着。当我们快要经过那外门时,在那城门洞口站着两排兵丁,严肃地托着枪向我们注视着,他们并没有要检查,这大约看我们像五个什么机关里面的公务人员的缘故。

洛阳的每个城门都有两重,建造得很雄伟美观,进了城以后的街道,比较整齐一点,商店也渐渐地繁盛起来,也有许多玻璃橱窗和洋式的门面了。在那些房子的门棂上,贴着时髦的"共赴国难""勿忘国耻"等红色横幅,这或许是国民政府迁都洛阳以后的政绩,但同时也能看见和那些横幅标语并贴着的"姜太公在此百无禁忌"的小条子。这真是一个有趣的谜。从洛阳北门进去的那条街,名叫北门街,从北门街直向南去,我们已到了城市的中心点,在那里有楼房,大玻璃的橱窗,每家店门口花花绿绿的悬着过街布牌,那一路可说是洛阳的"十里洋场",确是热闹,几家洋货铺子里面,留声机器正在唱着不景气的歌。车子又折向西去了,一直循着街市驶出了西门。

西门外是一条广阔的汽车大道,很是荒凉,远远地前面围着一带北邙山,荒野间散落着坟墓。这情景真有点像《古诗十九首》上的"出郭门直望,遥见丘与墓"。我们好像走进了一个荒古的梦中去了。

"前面就是周公庙吧!"在荒凉的大道旁有一片庙舍横列着。

"不错!那是周公庙!"一个车夫回答。

车已从汽车路转入路南的一堵土墙缺口,过了土墙,那周公庙的房舍,更看得清楚了。我们越过一个荒凉的园地,从一条土径到了周公庙侧门。

中原文化馆,是考试院的副院长钮永建发起筹办的,当国府迁都洛阳时,考试院借周公庙的房子办公,后来考试院搬走以后,就在这里成立中原文化馆。馆长是中国社会教育社的社员陈大白君,他仅仅只找了一位助手,在这古洛阳城西干那复兴中原文化的伟大工作。当我们在徐州出发以前,大白君曾有一封很长的信寄给总社,申述他半年来办理的经过和古洛阳如何值得一般教育界的人们去注意。

"找陈大白先生!"光涛对侧门边的一位门岗说。

"请进去!"那警士说。他领间扣着考试院的领章,一手托着短统马枪。

我们这一群便进去了。路上便遇到了一位南方口音的勤务,当我们说明了来意时,他便领我们到后面一列房子的正中一间接待室里坐下来了。他自己去请大白。

隔了一会,大白来了。他戴着眼镜迎着一副笑脸,一口南通话:

"好极了!"他是想不到我们这样快就到了洛阳的。当我们从徐州动身前,也没有先写信通知他,现在,他是真出乎意料,来了这一群不速之客。

大家寒暄了一阵,商议怎样到白马寺去。

"现在是几点钟了?"经过了车上一宿的我们,好像一群隔世的陌路人,忘记了时间,昏懵懵的,好像走进了梦里。大白到隔壁办公室里去看了一眼,回来告诉大家。

"已经十点多了!"他说:"今天在这里休息一个下午,车上的生活是很疲劳的。明天早上再出发到白马寺去,在那里耽搁一天回来。"

"最好是今天下午便去,在白马寺住夜,明天上午再看半天,便回来!"光涛是个急先锋。

"这样的行程太累了吧!"大白说:"从此地到白马寺有二十五里路程呢。"

"干脆的一鼓作气干去,出门总是累的。"光涛说。

"睡觉也怕不方便吧!"大白说。

"那不要紧,在白马寺里胡乱找个地方睡下好了!好在天气热,地上也过得夜。"光涛说。他越来越急,大有非下午去不可之势。

大家也都同意于下午出发,因为在晚间,可以去看白马寺的夜色,在中原的古旧村落中去住一宿,也是很够味儿的。于是在一席谈话间,我们决定了先在中原文化馆吃饭,饭后雇车直趋白马寺。

在客屋里坐着,尽谈些噜嗦话,平凡的语声好像催眠曲,旅程的疲乏把四肢都化成酥软,各人的眼皮,又涩又重,渐渐地眯成两根细线向着桌面瞌睡下去。

"出去随便看看吧!"大白说。

门外是一个荒芜了的园地,现在正在修葺整治,路的两旁遍植雏菊,发出清香。当我们穿过一条漫长的路向南去,走进一重圆形的墙圈,里面便是一个很大的院落,有许多房屋正在修理中。在北面一所殿宇的墙上,用猪血红写着:"墙下有地雷、行人止步!"大家都止步了,不敢再向前去。

大白笑了起来说:"不相干的,现在已经没有地雷了。这还是从前驻扎军队时安放的。"

大家在院子里绕了一个圈子,脚底下踏着荒草瓦砖沙沙作响,大白指着那一带快要修好的房子说:“这里是预备将来开办民众学校的,这些都是周公庙的旧屋,这里是配祀朱夫子等的祠!”

走出了院子以后,前面有一座二尺多高四面围绕的短墙,墙边满植着花草,我们疑是一座花坛,大白说:“那是一个地室,要人们避飞机的地室!”

我和可染便抢上一步,走到矮墙边,中间有一条向下的石级,摸有二丈多深,我们走下去,便看见里面是一块四方的黄色土地,左右有两座屋,拱状的墙门,走进去好像一个土窟,一个穹窿的土顶,顶上有一个小圆洞,直达地面上层。大白等也下来了,他指着那顶上的小洞说:“这是窥探敌军飞机的小孔。假使敌机来袭击,要人们便躲到这里面来。”

我们心想要人们真保重生命,从南京迁都到洛阳,还要挖起地窖避飞机,想起那一二八战役里成千成万的老百姓,在敌军的飞机轰炸中惨然地死去,他们怎样会想到逃到洛阳来挖地窖呢?

从地窖里出来,重见到阳光普照的天空。大白领着我们越过一个荒园,直向东去,在一重土墙边打弯,走进另一个大院落去。那里的房屋也在修理中,荒芜了的庙舍,呈着复兴的气息,大白告诉我们说是城隍庙的遗址,现在预备改建民众工艺班,也是属于中原文化馆的一部分事业。

从旧城隍庙出来,重复回到中原文化馆。走到周公庙的西面去,在围墙里面是一片园地,满种着青菜,有几个工人在蹲着工作。大家走到西墙边,一件新奇的东西给大家发现了。可染急促地说:“那是一个什么玩意儿啊!”大家循着他指的目的物看去,前面有交衔的两个圆形齿轮。大白说:“这是中原一带农家特有的井车,好笨重的家伙。”

大家聚集到井畔去,那井的近形便显然了。它的构造有些近乎现世的机械工程,原动力是一个平盖在上面的铁质齿轮,直径约摸有五尺,这齿轮上有一根木棒,用人力或兽力去转动上面的轮,在侧面有一个同样竖着的轮,轮的彼端拖着百多只木槽,当顶轮推动时,侧轮便交衔着转动起来,百多只木槽便从上面直下井中汲水,周而复始,转动不息,木槽里便源源地流出水来,灌到水沟里去。这方法有点像江南的牛挽水车,不过牛车的水源是河,此地的水源是井,牛车平斜轻便,井车笨重迂缓。

我们这一行连大白在内共是六个人,在光涛“试试看”的一声动员令下,大家都倒栽着上体,去推动这座木车。于是轮间发出咭咭的咬牙声,木槽吱吱喳喳地向下转动。当我们走了五六个回合,手里越来越沉重,几乎推不动时,便看见木槽里吐出水来灌入沟内,分流到菜畦间去。

大家都累了一身大汗,真是一具好笨重的家伙!

从菜园里走侧门回到中原文化馆,我们一行各自分散了,可染、增善和我三人,一同到周公庙的内部去做一个详细的观察,因为刚才听大白说,周公庙的旧址本来已破坏不堪,最近由考试院花四万元修理费重新整治,才把前前后后粉饰得焕然一新。我们走过几个花坛,转过殿角,眼前便是一座雄伟的大殿屋,那新髹了油漆的玻璃长窗,显示着它们是新近显贵了的。走到殿的正面,抬头看见一方金字的匾额,额上题着"定鼎堂"三个大字,屋顶上绿色的琉璃瓦,炫耀着阳光,檐角上尽绘着工细的图案花纹。堂前是一块水泥广场,场的左右竖着两块石碑,字迹已经模糊了。

这定鼎堂是从前周公旦和周武王打下了商朝的天下以后,武王在洛阳造起王城,便把全国的山川形势铸成九只大鼎,同时把许多王族分封做各地的诸侯王,这些鼎有大小轻重之别,都是周公旦一手规定的,所以定鼎在古时是建立一个新国的隆重仪式。这些都是永远留给后世的帝王们的传家之宝,后世的帝王们是要努力的去守好先王的帝业,把这些鼎保存起来,直到他们的国家灭了,这些鼎便做了另一朝帝王们的战利品。

我们走进定鼎堂,四壁发出一阵幽郁的石灰气息,正中有一座彩绘神台,上面空空的一无所有,东西配着两座较小的神台,台上都是极精细的五彩图案,合围的四根朱漆大柱,支撑着屋顶,西边壁上正靠着一张长梯,装修还没有完全竣工。听一位工人说中间空着的神台上,戴院长还要塑起一座周公的圣像。我们听了真赞叹不止。神权势力的流毒,将永远在我们这一班子子孙孙的血液中流传下去。

定鼎堂的前面有一棵古树,样子很奇特,好像两条虬龙探着首,顶间桂着一条铁链,链上系着一口大铁钟,树前有一块碑记,字迹已经很模糊了。大概是记载着关于这棵古树的史迹。我们看见个当差的走过来。

"这棵树有多大年纪啦!"

"很古啦!"

"是什么朝代的东西?"

"那可说不来啦!只知道这是一棵很古的树!"

我们不得要领。可染摄了一个影便走到外面去,经过一座平坛,到了文化馆的正门。门外也是一片水泥广场,在场的南端蹲着一对绿色的石狮,张着血红的口,西面有一座建筑得很美的楼阁,正南是一座朱色的照壁,中间配着一块绿色的图案浮雕,色调很匀,雕工也很细致。中国古代的匠人艺术是很高明的,可惜大半都给时势湮没了。

“吃饭咯！先生！”勤务在门口叫唤。

我们便重进周公庙，一直走到最后的一座屋，大白、光涛等已经坐着老等了。洛阳饭菜的口味还不恶，在席间我们又认识了两位浙江人——考试院驻洛办事处的职员。

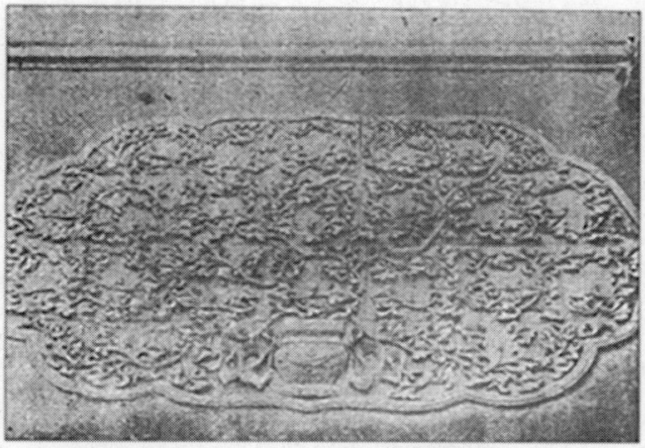

周公庙照壁上的浮雕

中原文化馆前门

杨载东

杨载东,1911年7月生。洛阳市人,中华人民共和国成立前,曾任天津《益世报》驻洛记者、《河洛日报》社副社长、《中原日报》社社长、洛阳县参议员等职。中华人民共和国成立后曾任洛阳市政协文史研究员。

国民政府迁洛杂忆[①]

一九三二年一月二十八日,日军侵入上海,发生了“一·二八”事变。南京国民政府直接受到了威胁,于同年二月匆匆迁到洛阳。岁月荏苒,倏忽间半个世纪过去矣。回首往事,历历如昨,兹就记忆所及,简掇如次。

洛阳为九朝古都,历史名城,但历经沧桑,昔日的殿阁巍峨,久已化为灰烬。民国以还,几罹兵燹,满目疮痍。此次中枢各院部会一拥而至,房舍安排,殊成问题。在因陋就简的情况下,大都暂借城关较大的机关、学校、庙院作为住所。当时,国民政府驻城内原府尹衙门(旧福王府),临时以金色“国民政府”四字嵌之门首,以壮观瞻。国民党中央党部驻西工旧巡阅使署,军事委员会驻城内第四师范学校(旧南营衙门),考试院驻西关周公庙,监察院驻南关贴廓巷庄姓民房,司法院驻城内地方法院(旧张敬尧公馆),并额其门曰“司法院公廨”,下署“民国二十一国府迁洛因建公廨于此”字样。其他各机关,均分驻于西工兵营。林森的公馆,则安排于西工公馆街天字第一号房(吴佩孚公馆旧址)。因此,当时任西工警察所所长的董厘侯,时对友辈戏言:“别看老夫官职小,宛平县里管朝廷。”一时传为笑谈。

① 选自《洛阳文史资料》第一辑。

荆梅丞

荆梅丞(1911—1996年),山西省平陆县人。1929年考入南京中央大学美术系,后转入北平北华美术专科学校,期间曾兼任西北科学考查团绘图员。美专毕业后,于1934年在南京中央古物保管委员会任科员,1937年调任新成立的古物保管委员会洛阳办事处主任,1938年任重庆水利委员会总务科长,1942年任河南省烟类专卖局宝丰县业务所长,1945年任河南税务局视察和焦作煤矿税务专员。武汉解放后,任中南区工业器材公司统计科科长,后在陕西渭南和蓝田从事教育工作。1979年退休。1986年11月被陕西省人民政府聘任为省文史研究馆馆员。曾协助编制《六朝陵墓考》,发表有《我和刘半农》《我师张恨水二三事》等。

和傅雷在洛阳的日子①

1984年9月3日,是我国著名文学家、翻译家傅雷逝世18周年。18年前的今天,"文化大革命"狂飚初起,纯洁、正直、真诚、嫉恶如仇的傅雷不堪忍受林彪、"四人帮"的侮辱和践踏,夫妇双双愤然离开人世。18年来,青年时代的傅雷总是在我眼前浮现,尽管历经近半个世纪,但我们在一起的日子却仍像昨天才发生的事情一样。

初识傅雷

1930年初,我在南京中央古物保管委员会工作,蔡元培兼任保管委员会主委。大约在1936年的一天,一个高高的个子,戴着一副近视眼镜的青年人,由腾固介绍来古物保管委员会报到。这个20多岁的青年人,就是刚从法国留学归来的傅雷。由于在一块办公,又年龄相仿,我们很快熟悉了。不久,古物保管委员会设立洛阳办事处,我俩被任命为正、副主任,我们朝夕相处,关系更密切了。洛阳办事处设立在河洛图书馆,提起此地还颇有些来历。"一·二八"后,国民党政府的行都就设在这里。此地虽处市区中心,但周围比较高大的建筑,隔开了闹市的喧嚣。院内正面有一座假山,西面是一大片牡丹园,加上各种树木、花草,环境幽雅清静。我们住定后,首先拜访了当地老翰林林东郊。林与蔡元培、沈钧儒同科殿试,是当地最有声望的老人,依次还拜会了名

① 选自高泽、沈楚主编,陕西省文史研究馆编的《存真录》,陕西人民出版社,1998年。

书法家郭铁林、商会会长白亮斋、驻军军长武庭麟。

"光杆司令"

洛阳是九朝古都,是闻名中外的历史名城,我和傅雷都是慕名而来。我们的任务就是保护、管理这里的名胜古迹。洛阳及周围的白马寺、龙门、周公庙、邙山岭上的九朝陵墓群、巩县石窟、宋陵、登封嵩岳庙、少林寺等都归我们管辖。最初,我们为有幸管理这些中外闻名的古迹而自豪,可是不久,我们的热情就凉了下来。

旧中国,国民党政府根本不重视文物,设古物保管委员会也只是装点门面,洛阳办事处除我和傅雷外,只在当地请了一名文书,雇了一名炊事员,这就是我们的全部人马。"主任"是名副其实的光杆司令。那时侯,洛阳地区连年灾荒,军队横行,土匪遍野,兵荒马乱,社会秩序非常混乱。不要说方圆几百里外的文物我们鞭长莫及,就是眼皮底下的庙宇和龙门的石佛也不断被破坏,出土文物成批被盗走,我们只能眼睁睁地看着而束手无策。

找当地政府,政府不管;找驻军,驻军不理我们,只能给南京写些汇报,傅雷不时写些牢骚文章而别无它法。

张玉林

张玉林(1912—1998年),洛阳城东大街人。1927年秋,考入河南省立洛阳中山中学师范部,后进入省立第四师范学校学习,毕业后留校工作。

在省立第八中学上学的回忆①

1927年秋,省立八中和省立第四师范奉省令合二为一,定名。河南省立洛阳中山中学校长为晁荫昌,校址设在东关八中和东大寺旧址,内分中学、师范两部,中学部仍以八中原址为校舍,师范部在周公庙王至迎思寺(俗称东大寺)空无泥像的旧佛殿内,因陋就简(竹制门窗,糊以白纸,捶块黑板,即成教室),未误开学上课,并且各招新生。

① 选自中国人民政治协商会议洛阳市瀍河回族区委员会文史资料委员会编《瀍河文史资料》第2辑,1991年。

范怀冰

范怀冰，作此文时为退休教师，居杭州。余不详。

忆方保汉（节选）[①]

方保汉，淳安淳城镇人，字树华，生于1907年6月，卒于1977年10月。1936年7月，他在南京大学政治系毕业后，任国民政府考试院秘书、秘书科长。抗日战争时期，考试院内迁重庆，任甄核司科长、司长帮办等职。在重庆中央训练团高级班受训半年后，曾被任命为贵州省独山县县长，后因故未到职。1944年，任考试院豫、陕、冀、晋、鲁、皖六省铨叙处处长，于当年九月抵咸阳视事。1946年5月29日，奉考试院电令，改任考试院陕西、河南考铨处处长，在洛阳主办县长考试暨铨叙事务，月薪480元，简任三级，直至1948年底。

……

1946年6月，保汉任陕、豫考铨处长。考铨处设在很不起眼的洛阳周公庙，这是为纪念周朝辅弼周成王的周公旦修建的。保汉很仰慕周公的为人，后来集资重修此庙。前几年，有人从洛阳来，还告诉我，保汉题写的匾额仍在。

解放以后，保汉和我一直担任人民教师……（保汉）1974年退休后在家，1977年病逝于杭州。

① 载政协淳安县文史资料组《淳安文史资料》第3辑，1987年。本文由范怀冰口述，方浩然整理。

碧野

碧野(1916—2008年),原名黄潮洋,广东梅州市大埔县人。现代作家,散文家。曾任中华全国文艺界抗敌协会成都分会理事,莽原出版社总编辑,曾在晋冀鲁豫边区北方大学艺术学院、华北大学文艺学院任教。中华人民共和国成立后,历任中央文学研究所创作员,中国作协第三、四届理事和湖北分会副主席。著有长篇小说《我们的力量是无敌的》《阳光灿烂照天山》《丹凤朝阳》《情满青山》。代表作有《月亮湖》《幸福的人》《七月的天山》《在哈萨克牧场》《遥远的问候》《边疆的风貌》等。

烽火岁月①

作家访问团从重庆北越秦岭,东走黄河,来到了洛阳。作家访问团团长王礼锡,团员当中有罗烽、白朗、李辉英、宋之的、叶以群、方殷等,大半是熟人。

作家访问团行程万里,路途辛苦。

说起旅途的艰辛,王礼锡是个胖子,浑身尘土,长发垂肩。他一到来,就去理发,只理一半,就响警报,敌机临空,他带着没理完的头跑回来参加欢迎仪式,又可气又可笑。

我参加了迎送作家访问团。曾经陷我于囹圄的吴渤海也参加了迎送作家访问团的仪式,他倒没有想到我和作家访问团的作家们如此熟悉。他对我侧目而视,脸皮笑肉不笑。

春天到来了。洛河水暖,邙山草青,小废园草丛中出现了野花点点。不久,城西周公庙的牡丹也含苞待放了。

我脱离干训团,专门编报纸文艺副刊,还是每星期两次进城发稿。

有一天,我发完稿子,出编辑室,下台阶,不慎脚扭伤。洛阳城与西下池村之间,我平常总是徒步走路,可是这一次脚痛走不了路,雇了一辆黄包车回乡下。

黄包车出洛阳西门,我捧着一本书在车上看。车到周公庙前,忽然有一群青年迎面走来,其中有人叫我,我抬头一看,原来是演剧十队的演员们。在他们当中,我发现有一个光彩照人的女演员。也许她看见我在车上看书,对我发

① 见《碧野文集》,长江文艺出版社,1993年。

生兴趣注视了我一会儿。

我下一次进城发稿,忽然从来稿中发现一首可爱的小诗,写得纯真、恬美。我把它提前发表了。

我再次进城发稿,忽然在周公庙前路遇的那个十队女演员来访。原来她是早就打听到我每星期进城的时间的。

她名叫寒玲,就是那首小诗的作者。我非常惊喜她的来访。

她聪明伶俐,长得小巧玲珑,尤其是她的那两只会说话的眼睛,更是迷人。

在交谈中,我知道她是演"红玉"的。当时,她才十七岁,已是陇海线上一个知名的女演员了。

刘梦成

刘梦成(1917—2002年),河南孟津人。民革成员,中专文化程度。中华人民共和国成立前曾任《洛阳日报》记者、编辑。当过洛阳记者协会理事长,《华北通讯社》总编辑、社长,洛阳县委参议员和《洛阳日报》社社长等职。中华人民共和国成立以后,入劳改队劳动,1963年回孟津原籍劳动。1979年至1982年任大队会计,后任洛阳市志特邀编辑。1989年被聘为省文史研究馆馆员。

国民政府迁洛琐记①

1932年1月28日,日军入侵上海的炮声,吓慌了南京国民政府大员,各院部匆匆迁洛阳,定洛阳为行都。由于各院部大批人员一拥而至,房舍大成问题,只能暂假城关较大机关、学校、庙宇作办公处所。国民政府驻城内东华街原福王府(现青年宫),临时以金色“国民政府”四字嵌于门首。中央党部驻西工原吴佩孚之巡阅使署;军事委员会驻城内第四师范学校(现市一中);考试院驻周公庙;行政院驻城内河洛图书馆;监察院驻南关贴廓巷庄姓大宅;司法院驻城内地方法院(军阀张敬尧公馆);国府主席林森住吴佩孚天字第一号院内。所以当时任西工警察所所长的董某曾对友人戏言:“别看老夫官职小,宛平县里管朝廷。”

洛阳原有商办照临电灯公司一所,因吴佩孚垮台而迁移,入夜多挂起洛阳自造的红纱灯照明。堂堂国家行都,竟无照明用电,说来实在难堪!汽车亦不敷应用,地方政府将人力车分组编队,派赴各部服务。

3月初,洛阳各校学生激于爱国热情,结队到西工中央党部请愿,要求抗日。秘书长叶楚伧出面接见,他安慰大家说:“抗日事关重大,政府正研究对策,大家要安心学业……”学生极为不满,在高呼口号声中,叶乘隙溜走了。同月,国民政府在洛召开了“国难会议”,参加者除党政军首脑人物外,还有革命元勋后裔及社会贤达。谁知会议通过的竟是一对日妥协、全力“剿共”的先

① 见萧乾主编;姚以恩,刘华庭编选的《新笔记大观》,上海书店出版社,1996年。

安内后攘外的错误方案！

5月，“上海停战协定”签订，国民政符还都南京。离洛前，开了最后一次中常会，对行都建设作出决议：（一）筹办洛阳电厂；（二）设立中央军校洛阳分校；（三）设立中原社会教育馆（地址周公庙）；（四）修建洛河、伊河大桥（伊河桥命名中正桥，洛河桥命名林森桥）。

冯牧，靖国

冯牧(1919—1995年)，原名先植，北京人。文学评论家。读书时曾参加“一二·九”运动。1938年到延安。在延安鲁迅艺术文学院文艺理论研究室工作，后到《解放日报》任文艺编辑，撰写评论和散文，由此开始文艺生涯。曾参加延安文艺座谈会和整风运动，并到南泥湾三五九旅深入连队生活。解放战争时期在第二野战军第四兵团任前线记者，随军参加淮海、洛阳、渡江、广州、粤桂边、滇南等战役，写出大量前线通讯报导和特写。1946年加入中国共产党。中华人民共和国成立后主要从事文艺评论工作，其中以文学评论和戏剧评论为主，也兼写一些散文。历任昆明军区某军文化部长、军区政治部文化部副部长、中国作家协会党组成员、《新观察》主编、《文艺报》编委及副主编等。1976年后历任中国文联副秘书长、文化部政策研究室主任和《文艺报》副主编、主编、文化部文学艺术院副院长、中国作家协会第三届副主席、书记处常务书记、《中国作家》主编。是第六、七届全国政协委员。主要作品有文学评论集《繁花与草叶》《激流小集》，散文集《滇云揽胜记》等。

靖国，不详。

打开洛阳的门户——周公庙①

被洛阳守敌看作是洛阳门户的周公庙耸立在西关以外，这是敌人最引为自豪的洛阳外围据点。不久以前出版的一期敌青年军报纸上，还曾经有人写文章夸耀它为“不可攻破的要塞”。文章这样描写着周公庙工事的坚固：“周公庙的前沿工事，是最新式的‘袋形双层集团工事’，敌人（指解放军）想来攻击，无异于自投罗网！”

的确，周公庙的工事是复杂而坚固的，它背靠西关，南依洛水，北面是宽展的开阔地，西面是屯兵场西工。要从西工来攻取周公庙，就必须通过一千多米的开阔地。周公庙西的前沿工事，就是所谓“双层袋形工事”——前面是稠密的鹿砦和排列成三角形的地雷群②，以后便是在一片高低不平地形上的碉堡群。这些碉堡大都筑在隐蔽的地形中，上边是几个主碉，第二层是密接的工事

① 见中国人民解放军第二野战军政治部编《解放洛阳》，人民战士出版社，1949年。

② 鹿砦(zhài)：作战时的防御设施。

和双层地碉,第三层是在地下曲折伸延的二里长暗道。这些工事和周公庙构成了袋形的火网。保护着这些工事的,还有一道两丈宽的外壕。

凭借着这些工事,凭借着将近一个团的守备兵力,敌人不相信解放军能打得进周公庙。

下午,一切准备都完成了。炮兵们早已看好了目标,突击队已经在冒着敌人的火网向前运动。在黄昏的暮色中,炮击开始了,炮弹飞跃一千米,在周公庙和野战工事的碉堡中爆炸。趁着敌人的火力被压得逐渐哑默的瞬间,冲锋号响了,突击队员分成了两路,猛虎似地向敌人的前沿工事冲去。整个敌人的前沿工事一片烟雾,战士们从烟雾里飞速地爬上敌人的阵地,手炮弹(绑炸药的炸弹)一个个在碉堡上开着花。几分钟之内,敌人所夸耀的“袋形工事”便被解放军占领了。

守在工事里的敌人大部逃进了周公庙和我们对峙,准备作第二道防线的死守。他们没有料到,正在这时,解放军的另两支突击部队,一支从周公庙北,一支从周公庙南,沿着洛水迂回打进了西关,像两把刺刀插进了敌人的心腹。接受了突击任务的第九连,一夜间打了三十几个交通孔,向周公庙步步逼近。等到天亮,周公庙的敌人才发现他们已被包围得像铁桶一般严实了。

敌人动摇了,准备突围。正在这时,我们的第二次攻击号响了,各种火炮在几十米的近距离向围墙和庙顶一齐发射炮弹,雄厚高大的庙墙一片片被打塌,庙顶上被打得好像开了无数的天窗。敌人慌乱了,据伏在暗碉里和围墙后边抵抗着。我们突击队首先从东面进攻,战斗英雄尚德富一面端着机枪打,一面向围墙冲去,刚刚冲到外壕边,就被打倒了。他受了重伤,还是挣扎着要冲上去。担架员把他抢救了回来,他还不断地喊着:“同志!叫我上去,叫我上去!”这时,另外的一支突击部队也从东面和南面开始了突击,十一连的第四班首先冲到了外壕边,一连向围墙里投了四十多颗炸弹。在爆炸的烟尘中,梯子竖了起来,战士王东海头一个登上了围墙。敌人混乱了,争先恐后地向外逃窜,机枪、炮、步枪、炸药丢得遍地都是,但还没等他们逃到门口,解放军的战士已经从四面八方涌了进来。一千多名青年军全部作了俘虏。

李健永

李健永(1919—2013年),又名李晓东,偃师市缑氏镇人。缑氏初中毕业后任小学教师。1948年解放前夕任缑氏中学总务主任兼语文教师。曾担任县政府秘书、文教科长兼二中校长,洛阳地区文化的负责人,伊川中学校长,专区文管秘书,文物队长等。1957年调省文化局工作,后又回调洛阳市文化局工作。曾在洛阳图书馆、博物馆工作,主持整理了大量的文物资料,曾任洛阳市政协第五、六届委员,文史资料委员会委员,洛阳市民盟委员,曾担任洛阳八路军办事处纪念馆名誉馆长。

解放初洛阳文物考古工作的回顾(节选)[①]

……在1951年9月,建立了洛阳专区文管会,地址设在老城丁家街福音堂旧址内。它的主要任务是配合基建,做好文物保护和进行考古研究,对豫西各县进行文物调查,并采取保护措施。

1953年下半年,洛阳响起大规模经济建设的号角,各项准备工作都已展开,国家建设项目得到了具体分配,涧西四大厂、金谷园的棉纺厂、西关的玻璃厂和分布在市区的化工、冶金、机械、医药、学校、园圃、行政、商业、文化设施等建筑单位,都要急切上马。这样就给文物部门带来繁重的任务。中央文化部副部长郑振铎,国家文物局长王冶秋等领导同志,对洛阳文物工作特别重视。我曾在北京团城文化事业管理局,向郑副部长汇报了洛阳的文物考古工作,他非常支持。“打开洛阳地下博物馆的大门”,这口号就是他首先提出来的。王冶秋局长协同北京大学历史系著名教授苏秉琦先生,首先来到洛阳布置工作,曾住在专署张云生专员屋内,跟专员和文教科长杨庆生等同志商谈,给洛阳专区文管会拔款14亿元。作为文物保护及发掘经费。对白马寺和龙门,也直接拨巨款维修,派洛阳副县长王飞庭住白马寺督修,并对大殿、清凉台、齐云塔等处进行了修葺。龙门由马玉清同志负责,清理了龙门石窟、盖了些办公房。接着,把周公庙牡丹公园旧址的东边拨给中央考古所驻洛考古站占用。西边由文管会盖起了办公楼房三栋、文物仓库两排,并接收了周公庙定鼎堂及各文物

① 中国人民政治协商会议洛阳市瀍河回族区委员会文史资料委员会《瀍河文史资料》第4辑,1997年。

展室。当时展室只有数百块墓志,均砌在屋壁上。这时文物机构又进行了充实,由原来五、六个人,增加到二十余人,临时工几十人,雇用钻探工数百人。送文管会干部到中央考古班一、二期学习各一人,到省文物干部培训班十余人。从人力财力上都做了准备,以便配合基建迎接文物考古工作高潮的到来。

1954年,洛阳的大规模建设上马,引起中央的高度重视。中国社会科学院和中央文化部指派中央考古所副所长,英国留学博士、考古著名专家夏鼐先生及文物局文物处长、周口店北京猿人头盖骨的发现者裴文中先生一同来洛。裴先生首先在洛阳商场剧院为史学界作了新石器时代遗址的考古报告,接着与专署和市政府等有关人员协商,成立了"洛阳地区考古发掘队",推选裴文中为队长、夏鼐为副队长,下设发掘股、总务股,在文管会的配合下,组成一支规模宏大的文物考古大军。

……

五、外宾与洛阳文物部门最早的交往

解放初,我接待最早的外宾是朝鲜慰问团,他们是来慰问中国人民志愿军的。接着,来的最多的苏联、东欧各社会主义国家。后来,法国、意大利、英国、日本、印度等国家来洛的外宾,也日渐多了起来。当时,接待处多有文物干部陪同,参观龙门、白马寺后,还要参观文物仓库。有一次,外宾多人来到周公庙文物仓库,参观出土文物。当他们看到一个破碎的陶碗,工人一会儿就把他粘补完整。他们对工人的熟练技术,非常赞赏。在小屯发掘汉墓,外宾亲自走入墓内参观,有的还驱车参观旧城遗址。他们对洛阳古都的悠久历史文化,都很有兴趣。

穆欣

穆欣(1920—2010年),原名杜蓬莱,河南扶沟人。1937年加入中国共产党。1938年在吕梁山抗日根据地创办了《战斗报》。1940年参与创办《抗战日报》(后称《晋绥日报》),任通讯采访部主任。1946年后,任新华通讯社特派员、解放军第四兵团分社社长、云南分社社长,志愿军第三兵团农宣传部部长兼新华分社社长。1956年后,历任中共中央高级党校新闻教研室主任,《光明日报》副总编辑、总编辑,外文发行出版局副局长兼人民画报社社长、总编辑。是第三届全国人大代表、第三届全国政协委员。著有《拔剑长歌一世雄》《南线巡回》《邹韬奋》《关向应传略》《陈赓大将》《穆欣通讯选》《王震传》《述学谭往——追忆在光明日报十年》《劫后长忆》等。

攻占周公庙和西工发电厂(节选)[①]

三月初旬,我军出敌不意和惊人的速度,切断陇海铁路,在八日前攻克洛阳以东的偃师、黑石关、白马寺,洛阳以西的新安、渑池,洛河南岸的宜阳县城及龙门,肃清洛阳四周百余里内的守敌。

三月九日黄昏,我军强渡伊水、洛河,开始围攻洛阳城的四关、车站及城郊据点。华东野战军部队由城北和城东攻城,陈赓兵团在城西和城南面攻城。当天晚上,我军以突然动作肃清敌屯兵场西工和西关敌军,切断城内敌军与外围的联系;接着又攻占了洛阳的门户周公庙和西工发电厂。另部我军同在十一日开始进攻南关,当晚即将守敌肃清。

华东野战军部队九日黄昏渡过伊、洛两河,当即围攻洛阳东关、北关、东西两车站及九龙台、美国医院的守敌。除九龙台外,各地敌人均被肃清。

周公庙是洛阳西门外的一个重要据点。它背靠西关,南依洛水,北面是宽展的开阔地,西面是屯兵场西工。敌人的工事复杂而坚固,是精心构筑的以碉堡为主的半永久性环形防御阵地,是西门的屏障,也是通向西门的门户。若从西工来攻取,就须通过一千多米的开阔地。周公庙西的前沿工事,是所谓“袋形双层集团工事”,前面是稠密的鹿砦和排列成三角形的地雷群,以后便是在一片高低不平地形上的碉堡群。保护这些工事的,还有一道两丈宽的外壕,连

① 见穆欣《北线凯歌》第二十二《解放古都洛阳》之四,湖北人民出版社,1956年。

同西门坚固的城垣防御设备,构成了洛阳守敌的防御强点。

第一〇旅决心集中力量,首先攻歼周公庙和西关的敌人,为攻城扫清障碍。三月十日一时,第三〇团秘密占领位于周公庙西南的营市街。当天十六时,开始攻击周公庙。第三四团从西面担任主攻,第二八团三营从北面助攻,第二九团则从周公庙南面直插西关。经激战后,当天夜晚攻占几处碉堡,同时突入西关,经过激烈的争夺战,巩固了既得阵地,形成从侧后威胁周公庙的有利态势。随后,旅即调整部署,命令主力从突破口进入西关,先歼守敌,切断周公庙与城内敌主力的联系,然后由东面从敌背后攻击周公庙。第二九团三营为了秘密接敌,在西关居民地的墙壁上挖了几条通路,将部队抵近周公庙。

十一日十一时,第二次攻击周公庙。除第二九团肃清西关残敌外,我军从东、南、西面同时发起进攻。我军排炮的轰击,把敌人的前沿工事打成一团烟雾。各部队发扬我军英勇顽强、不怕牺牲的优良战斗传统,突击队的战士们从烟雾里飞速爬向敌人的阵地,越外壕,破障碍,炸碉堡,从三个方向同时向敌人猛扑,分别突入敌阵。第二九团十一连七班七个人,分成两个组交替掩护,连续攻下四个敌碉,占领敌人的新式"袋形工事阵地",俘敌六十二人,该班无一伤亡。这个时候,另外两支突击部队已从侧面绕到敌人侧背。在最后围歼守敌的战斗中,毁灭性的炮火把周公庙的围墙、碉堡轰得稀烂,在我各部队勇猛攻击下,经过一个多小时的激烈战斗,将敌第六团团部及两个营全部歼灭,生俘敌团长方景林以下一千名,攻占了敌人吹嘘为"不可攻破的要塞"阵地周公庙,取得了洛阳外围战的重要胜利,为继续攻城创造了有利条件。

攻占西工发电厂的是第一一旅第三一团……

蒋永敬

蒋永敬（1922—2018年），安徽定远人，早年毕业于东北大学教育学系，参加国民党青年军，后任教沈阳师范专科学校。1949年赴台湾，在台湾政治大学获硕士学位，先后在台湾警备司令部政工处、管理海员训练班任职。后调至中国国民党海员党部任职。1957年入中国国民党党史委员会工作，累升至纂修，并在台湾东海大学、辅仁大学、政治大学历史系任教，讲授中国现代史及指导研究生硕士论文。1979年退休后，任台湾政治大学历史研究所教授兼所长、南京大学近代史研究中心客座教授、台湾海峡两岸和平统一促进会副会长。2018年4月26日，蒋永敬在台北因病逝世，终年96岁。参与编著《国父全集》《国父年谱》，著有《国民党兴衰史》《范鸿仙年谱》等。

戴传贤（节选）①

继有二十一年"一·二八"淞沪之役，政府迁驻洛阳。戴于四月赴洛，并赴西北考察。其後两年，屡赴西北，考察陕甘青各省，由注意中原文化而及于西北之建设。其发起中原文化之复兴者，有洛阳周公庙、白马寺丛林及龙门伊阙之修复，以及社会教育及慈善事业之举办。其建设西北者，有西北农林专科学校之筹设，咸阳周陵之植树造林与周陵志编纂之倡导。凡此无形国防力量之充实，对以后抗战西北基地之巩固，实具重要意义。

① 载中华学术院《中国文化综合研究——近六十年来中国学人研究中国文化之贡献》，华冈出版部，1971年。

洛阳市人民委员会

河南省洛阳市人民委员会关于公布保护文物古迹第一批名单的通知(1960年8月20日)[①]

级别	类别	名称	时代	地点	说明
省人委保护项目	古文化遗址	周公庙	明	城西关定鼎路东(洛北区)	内有明清碑,现为工人俱乐部

① 选自徐金星、黄明兰主编的《洛阳市文物志》,中州古籍出版社,1985年。

田耘，陈永周

田耘（1938—2017年），本名贾天运，笔名田耘、蓝天，生于河南洛阳。洛阳理工学院副教授。著有《烽火豫西——豫西抗日斗争史话》。主编《中国近现代史与国情》《中国近代爱国人物评传》《中国古代爱国人物评传》等。

陈永周，1947年9月生于河南伊川，中共党员。1964年12月参军，历任炮兵技术学校、高射炮兵学校训练部教务参谋、干部集训中队队长等职。1978年10月转业。1979年先后任西工区龙门办事处秘书、支部书记、总支委员。1985年5月调西工区政协从事专职文史资料编辑工作，先后担任责任编辑、副主编、主编。

城厢战斗（节选）[①]

13日上午，日军战车18辆，步兵500余人向周公庙94师阵地攻击，94师炮兵集中火力向日军射击，击毁战车5辆，日军狼狈逃窜。午后，日军增加兵力，在飞机、炮火的掩护下，再度向周公庙阵地猛攻。同时，西关阵地也受到攻击，日军曾几度突破西关防线，94师官兵英勇反击，收复失去的阵地。以后，日军向周公庙和西关阵地攻击的次数越来越多，兵力不断增加，双方血战竟日，伤亡均重。黄昏后，阵地被日军攻破，94师遂放弃周公庙阵地，退回城区。13日除在周公庙、西关一带激战外，其他地区也发生了激烈战斗。

……

5月22日夜，15军撤入城区后，23日即对城厢的防区重新进行调整……同日，日军炮兵在安乐窝、周公庙、西关、火柴公司、苗家沟、庄王山、上清宫、葛家岭、五里铺、下园街等处，遍向城内及东、西车站轰炸竟日。一天之内向城区发射炮弹8000余发，争夺城厢的战斗全面展开。

……

① 节选自田耘、陈永周《孤军血战守古城》，载中国人民政治协商会议洛阳市西工区委员会文史资料编辑委员会《西工文史资料》第4辑。

田耘，巩解英

田耘，详见前文。

巩解英，不详。

洛阳周公庙今昔谈（节选）[①]

……

千余年来，周公庙在历代兵赛中曾多次遭到毁损，但人们出于对周公的崇敬，屡坏屡修，最后形成了从南向北依次有木牌坊、棂星门、仪门、元圣殿、定鼎堂、会忠祠，两侧从前至后分布着文昌阁、彰善坊、官厅及大栋东西两庑结构严谨、布局合理的祠庙建筑。

洛阳地处中原，自古以来就是兵家必争之地，战火频仍，周公庙也难免兵燹之灾，有不少重要建筑遭到破坏。现在进了大门自南向北为元圣殿遗址、定鼎堂、会忠祠、后殿。大门两旁各有古槐一棵，据传为北宋末年所种，距今日800余年。树高分别为14米和18米，胸围2.4米和3.66米，树冠覆盖面积20平方米和50平方米。树老而不枯，挺拔不衰，至今仍枝繁叶茂，郁郁葱葱，生意盎然。

元圣殿原为周公庙的正殿。因为后人曾追封周公为"周元公""元圣文宪王"，所以把周公庙的正殿定名为"元圣殿"。清代元圣殿面阔进深皆为三间，重檐歇山顶建筑。殿内奉祀元圣——周公。左立磨兜坚，右设献器。可惜该殿毁于清末，现在仅存殿基高台和高台上石柱础四件，其当年的雄姿可以想见。随着周公庙的全部修复，在不久的将来，周公庙的主要殿堂——元圣殿，将会重新屹立在这古建筑群之中。

元圣殿遗址往北为定鼎堂，原系周公庙后殿，现存者为明代建筑。清康熙、乾隆和光绪年间曾又多次重修，现为周公庙的主要建筑，这是一座面阔五间、进深三间、单檐歇山顶、青筒瓦饰件、绿琉璃瓦剪边的古建筑。它虽不富丽堂皇，却古朴典雅，庄严端重。因周公曾辅佐成王主持营建洛邑，定鼎郏鄏（洛阳），故名"定鼎堂"。现在门上悬挂的堂匾为1932年国民政府考试院院长戴传贤所书。"一·二八"事变后，日寇进犯上海，国民政府迁都洛阳，把洛

① 出自中国人民政治协商会议洛阳市西工区委员会文史资料委员会《西工文史资料》第7辑，1994年。

阳定为行都。考试院驻周公庙内。国民政府还都南京时,决定成立“中原社会教育馆”。经过一番修建,广植牡丹各种花卉并筑有假山亭阁,开辟为“洛京公园”供群众游乐。园中牡丹佳品,专作为向南京政府的“贡品”。抗战军兴,周公庙成为第一战区购粮委员会和洛阳警备司令部。庙内建筑、花卉、林木也不同程度受到损坏。殿内原有明代所塑周公、召公、毕公和周公二公子伯禽、君陈彩塑像。遗憾的是这些珍贵的塑像大都没有保存下来,仅伯禽塑像于民国年间封于东壁龛内,才得幸存。1991 年修大殿时,这座明代的大型泥塑彩像又重见天日。

伯禽为周公长子,西周初年就封于鲁(今山东曲阜),为第一代鲁公。在定鼎堂内他作为周公的配祀而受祭。伯禽塑像高 2.45 米,形体丰满健壮,眉目传神,可见当时的彩塑技术已相当高超。美中不足的是,面部细泥部分脱落。为了保留发现时原貌,现在尚未修复。据有关资料推算,该塑像历时将近 400 年。不但是洛阳市,而且也是河南省不可多见的古代大型彩绘泥塑像,具有很高的历史和艺术价值。伯禽像的发现,对研究明代的彩塑艺术有十分重要的作用。除东壁龛屹立的伯禽像外,周公像现已塑成,端坐于殿堂中央。召公、毕公等像正在绘塑之中。

……

定鼎堂往北是清代建筑的会忠祠,面阔五间,进深二间,单檐硬山式青瓦件建筑。殿内原来奉祀夏大夫关龙逄,殷少师比干,逸民伯夷、叔齐,周大夫苌弘,汉寿亭侯关羽,唐鲁郡公颜真卿、常山太守颜杲卿、睢阳太守许远,宋少保岳飞共 10 人。两庑按学宫遗规配祀先贤名臣,计有汉河南太守吴公、河南尹李膺,唐东都留守宋瑞、洛州刺史狄仁杰、河南令韩愈,宋宰相寇准、文彦博以及范纯仁、欧阳修、司马光等共 17 人。遗憾的是这些塑像早已荡然无存。现在会忠祠已改为礼乐堂,以生动形象的人物塑像和仿制文物道具,配以现代的电气、机械设备,逼真地再现了周公当年制礼作乐的场面。周公头戴冕旒端坐中央,钟、磬、琴、笙各种乐者围绕周公或立或坐,按动开关,周公点头示意,两侧即行奏乐,或敲钟击磬,或抚琴弄瑟,悦耳动听,妙趣横生。

会忠祠往北为后殿,俗称三殿,为面阔五间,进深二间,硬山式青瓦件建筑。清乾隆年间还不属于周公庙,后因元圣殿毁坏才划归周公庙,与大殿(定鼎堂)、二殿(会忠祠)构成现在的三大殿格局。

1955 年,洛阳市人民政府曾拨款修葺。1963 年河南省人民政府又把周公庙定为重点文物保护单位。1989 年 9 月,洛阳市人民政府决定在周公庙建立洛阳都城博物馆……

张治国

张治国,1938年生,原籍新安县门镇土古洞村。曾任义马车站编志办主任。1985年春,受政协河南省委员会、政协新安县委员会及张钫子女委托,撰写《张伯英将军》一书,2002年由中国文联出版社出版。

张伯英将军(节选)[①]

1930年的正月,豫西一部分灾民,远行到开封要饭,云集在洛阳城的灾民有豫西的、南阳的和洛阳相邻黄河北一带(河南省内的县)的。当时,张钫亲往洛阳视察和慰问灾民,并召集洛阳有关人士布置救灾工作。据民政部门初步统计有灾民3000人,当时确定设立五个舍饭场。从2月1日放饭,每个舍饭场灾民600人,每场下设5个社,每社一个社长,由社具体安排灾民吃住。五个舍饭场地点是:周公庙、洛阳文庙、东大寺、老鳖坑、火神庙等。东大寺舍饭场场长系新安县南李村光儒国。舍饭场一日两餐,上午9点开饭,小米稀粥煮绿豆(淡饭),每人一大瓢;下午4点开饭,小米稀粥煮萝卜丝,加盐(咸饭),每人一大瓢。

① 选自张治国所著的《张伯英将军》,中国文联出版社,2002年。张伯英:张钫(1886—1966年),本书收有其文《我所知道的河南辛亥革命》。

黄国平,张恒国

黄国平,1939年1月生,河南省渑池县人,副研究员。1964年毕业于华东师范大学政治教育系,曾任大学助教、中学校长、地委党校副校长等职。1981年开始从事地方党史资料的征编工作。1983年在中共洛阳地委党史办公室工作时被评为助理研究员,1986年起任中共三门峡市委党史办公室主任、党史地方史志办公室主任。主编《中共三门峡市组织史资料》《三门峡市民主革命时期党史大事记》《三门峡市志》,并任《三门峡党史通讯》总编辑。

张恒国,1937年6月生,河南省陕州区人,助理研究员。1963年开封师范学院历史系毕业,长期从事教育工作,历任中学校长、党支部书记等职。1986年调入中共三门峡市委党史办公室,任秘书科长。参与《中共三门峡市组织史资料》的编辑工作,并任《三门峡党史知识问答》主编。

渑池庙道会起义到达周公庙[①]

1927年2月,中共豫区委为贯彻中共中央1926年12月会议精神,支援和参加北伐战争,迎接冯玉祥部队东进,先后派共产党员张之朴、孙文青等到渑池杜寺一带组织庙道会起义。3月,张之朴、孙文青在渑池杜寺介绍杨僧瑞等三人加入中国共产党,并成立了党小组。在中国共产党的领导下,经过艰苦工作,吸收附近村庄半数以上男女青年加入庙道会,组成一支强大的农民武装,起来抗捐、抗税、抗租,使土匪不敢进村骚扰,劣绅不敢肆意摊派粮款,县役也不敢下乡勒索,有下乡者,当晚必须返回,否则,往往失踪。5月21日,冯玉祥部方振武派人到杜寺,召开紧急会议,决定次日起义。22日上午,在杜寺集结500多名会众,声称两千人,分作5个大队,手执长矛、大刀、土枪等武器,从渑池藕池镇出发,经宜阳韩城向洛阳进军。经过三天迂回转战,27日到达洛阳西关周公庙。由于蒋介石破坏国共合作,5月底,冯玉祥部队警备司令韩复榘下令捕杀共产党人,庙道起义军到洛阳后即被瓦解。

庙道起义是陕州地区共产党直接领导的最早的一次农民起义。它为以后党在陕州地区的革命斗争播下了火种,产生了积极的影响。它是第一次国共合作时期,中国共产党自上而下积极与国民党合作,全力支援北伐战争的见证。

---

① 见黄国平、张恒国主编的《三门峡党史知识问答》,题目为编者所加。

宫大中

宫大中(1939—),笔名河阳,河南孟州人,美术史论家。1966年毕业于中央美术学院美术史系,长期在古都洛阳、郑州从事龙门石窟艺术、中原美术考古研究与美术评论、美术教育工作。历任洛阳古代艺术馆馆长,龙门石窟研究所名誉所长,洛阳都城博物馆馆长、研究馆员,中国古都学会理事。出版有《龙门石窟艺术》《洛都美术史迹》。

周公庙里筹建都城博物馆(节选)[①]

勋封鲁国,生殁岐丰;
定鼎洛邑,礼乐文明。

——海内三大周公庙

在市委和市委宣传部的关怀下,我又于1989年1月,以龙门文物保管所(今为龙门石窟研究所)名誉所长、洛阳都城博物馆筹建组长的身份,到周公庙筹建都城博物馆。按照市政府的要求,在五年内建成开放。筹建之初就我一个"光杆司令",没有一寸土地、没有一个编制、没有一分钱经费,但我获悉市广播电视局机关、广播电台、电视台、器材公司,以及团市委青少年宫、市豫剧团、洛浦酒楼与新生村等多家单位虽将周公庙瓜分使用,但均无地产证。我先从兄弟单位借调几名职工,到市档案馆查出1955年周公庙被辟为公园并由省文物工作二队管辖的有关档案,又报经省文物局委托都城博物馆使用,很快办好4.4万平方米(约68亩)的周公庙地产证。在市委市政府和市文物园林局的大力支持下,经多方游说争取,市编委于当年9月先批10个编制,使都城博物馆正式成立,我出任馆长。时至1992年4月,又增批20个编制。团市委青少年宫游泳池与8名职工并入我馆。此间新建了周公庙仿古南大门,大修了明代大殿——定鼎堂,并被省文物局专家组验收评定为优良工程。一座白手起家的都城专题博物馆,终于在1992年牡丹花会试开放。

筹建之初,先行清除隋唐应天门废墟上的杂树乱草,配合中国社科院考古研究所洛阳唐城队考古发掘,隋唐东都宫城应天门东阙遗址被评为1990年全

① 见中国人民政治协商会议洛阳市西工区委员会文史资料委员会编《西工文史资料》第15辑。

国十大考古发现之一。1992 年争取到国家文物局下拨专款,对应天门东阙遗址的修复保护工程至 1995 年春告竣,局部再现了隋唐都城城阙建筑艺术雄伟壮观的历史风貌。我主持的这项国家级文物保护工程,没有修复先例,仅参照简单的施工图纸,边探索边修复。据我后来看到的唐代扬州城考古发掘资料,可以佐证应天门东阙遗址的修复保护还是符合隋唐建筑法式的。同年,我还为日本樟原市文化协会会长户田守亮先生早在 1986 年立的“日本国遣隋使遣唐使访都之地”碑,设计了一座仿唐八角护碑石亭,已由户田先生筹资建成。

1992 年,我率先与市煤炭公司合资,建仿唐门面房两层二十余间,使单位有些房租收入,弥补经费不足;1993 年又多方筹措资金与市文管办(后改为市文物局)联合建成了家属楼,解决了职工的住房困难。

为了增加文物陈列内容,扩大周公庙与都城馆的对外影响,经我多次动员、协商,“洛阳雷氏”(即“北京雷靖臣古玩字画商行”)第三代传人于 1996 年 8 月 27 日将祖传四十余方洛阳出土北魏至隋唐墓志等珍贵文物捐献给我馆,省文物局拟拨 5 万元保护经费,建一碑廊。我找市领导和编委,以捐献文物有功的名义,将其子调入我馆转为事业编制。

《洛阳日报》记者刘建新写的《古都之恋》,《洛阳晚报》于 1995 年 4 月 29 日发表,同年 11 月又收入河南人民出版社出版的《河洛星座》(王子厚主编)一书中。

说实在话,洛阳都城博物馆前五年的快速发展,与我在国内书画界的同学、朋友的支持和帮助是分不开的,他们有求必应。为筹建这个馆,我也奉献出自己收藏的名家书画。如果不是电视发射塔搬迁一再拖延,都城博物馆的原定目标是可以按期实现的。可惜“山重水复”,未能如愿。

在筹建期间,我写了《一座白手起家的博物馆——从洛阳周公庙到都城博物馆的筹建之路》(1993 年 10 月)、《在困境中生存、发展——近三年来的洛阳都城博物馆》(1996 年 7 月)和多次修正的总体规划《洛阳周公庙与都城博物馆》(1996 年 9 月)。我在退二线前夕,惦念周公庙都城博物馆的事业与前途命运,写了一份《洛阳都城博物馆筹建八年来的进展情况与遇到的催迁、资金难题》(1997 年 1 月 25 日),将八年间的经验教训、功过是非,详细而如实地向新组建的市文物局作了汇报。

……

岁月随笔(节选)①

1989年1月,我奉命以龙门文物保管所名誉所长、筹建组长的身份到周公庙筹建洛阳都城博物馆。当时周公庙内有七、八个单位,我馆没有一寸土地,没有一个编制,没有一分钱。我苦心经营,办理了占地4万多平方米(约68亩)的周公庙地产证;先后两次批复了30个编制。

① 见马月玲主编《洛阳文史资料》第21辑《名人与洛阳》。

甘海岚

甘海岚,女,1939年生,1964年毕业于南开大学中文系,先后就职于中央马列主义研究院、中共宣武区委、北京市社会科学院。历任北京市社会科学院文学研究所副所长、所长,中国老舍研究会副秘书长、副会长,北京老舍研究会副秘书长、副会长,现任中国老舍研究会顾问。系北京作家协会会员,文学学科研究员。主要从事中国现代文学和老舍研究,有专著《老舍年谱》《老舍与北京文化》等。

老舍年谱(节选)[①]

七月九日[②]到达西安,参加慰问活动五天,又赴华阴、灵宝、洛阳。在距日军18华里的陕州,险遭敌机轰炸。

七月十七日晨5时,到达洛阳。7时,到王礼锡、宋之的所率作家战地访问团驻地看望诸友。午饭时,朋友们设黄酒为老舍洗尘。(《抗战文艺》第5卷第4、5期)在洛阳逗留至二十九日,其间曾参观周公庙、关公庙、龙门、魏造象、白马寺等古迹。

八月一日到达南阳。

① 节选自甘海岚《老舍年谱》,书目文献出版社,1989年。

② 时为民国二十八年(1939)年。

张乃清

张乃清,1949 年 11 月生,上海本地人。1968 年 10 月本地插队落户。1979 年任上海县沪剧团编剧。1984 年起,从事群众文化和公共图书馆工作。1986 年起主编《春申潮报》和《春申文化丛书》,曾任《黄道婆研究》《张充仁研究》《民俗上海·闵行卷》等书籍副主编,并主编《上海闵行非物质文化遗产图典》《中国民间故事全书·上海·闵行卷》及《闵行区非物质文化遗产丛书》。著有《上海闵行本土文化研究·春申潮》《秦裕伯研究》《钮永建与俞塘民众教育馆》《老闵行记忆》《上海乡绅秦荣光秦锡田》《张充仁传》《沪谚新编》《莘庄钩针编结》《七宝皮影戏》《马桥手狮舞》等。

钮永建年谱(节选)

1932 年(民国二十一年壬申),63 岁。

2 月 26 日,永建率铨叙部抵洛阳,办公处设在吕氏街 18 号。2 月,永建为江苏省立教育学院《教育与民众》月刊撰写文章《建立民众教育系统之刍见》。

3 月 11 日,永建被选任为考试院副院长,兼铨叙部部长。4 月 7 日至 14 日,永建出席洛阳国难会议。在洛阳,永建以私资修理洛阳周公庙、五贤祠等;设立"中原社会教育馆",聘陈大白为馆长;发起修建孤儿院。

4 月 23 日,永建抵达北京,转赴洛阳。4 月 27 日,永建返回北京。

4 月,永建在国民政府纪念周上作报告,题为《建设中的洛阳行都》。5 月 25 日,永建从洛阳返回北京。

5 月,永建专心整理、研究有关吴兴钮氏的资料,校订《黄钮同宗谱》;《虞潭父忠殉国年岁考》完稿;又作松阳县令钮滔祖先的推测,撰订《钮氏源流新考》。

是月,永建出任考试院代理院长。

民国《洛阳县志》

民国《洛阳县志》，系雷福祥（时任洛阳县长，履历不详）修，孙诒鼎（字贡九，洛阳县人）纂。民国三十五年（1946年）誊清手稿，共计五十八卷。据史料记载，民国二十九年（1940年），洛阳行署专员李杏村，将国学专修馆改为县志馆，孙贡九为总纂，始修县志。民国三十三年（1944年）洛阳遭日军侵占，馆内人员分散，孙贡九将修成的部分志稿埋在家中树下，日军投降后起出，继续开馆，雷福祥时任县长兼修志馆长，另有尤士奇、杨思温为副馆长，孙贡九仍任总纂。民国三十五年底志稿完成。现仅有誊清手稿一部藏于洛阳市档案馆。

周公庙（节选）[1]

周公庙在西关。洛有元圣庙，起于唐，以公卜营洛邑故也。制甚宏敞，典章大备。民国三年占用庙址，立第四师范学校。二十一年，为中原文化馆。[2]

十五军守备洛阳战斗经过概述（节选）

本军于三十三年五月七日于洛阳东陡沟奉命协同九四师守备洛阳十至十五天……十三日，敌战车三十余辆，步兵千余，续犯周公庙、西关间。战斗激烈，往返争夺者三次……

① 见民国《洛阳县志》卷十四《祠祀》。

② 下录正殿、两庑等祭祀人物及王来庆所作祝文，均与龚崧林主修《洛阳县志》所录同，兹省略。

侯鸿钧

侯鸿钧,任职洛阳市文物工作队。余不详。

洛阳博物馆仓库史料[①]

洛阳文物事业发展是由1953年开始的,当时是由洛阳地区文教局领导,北京大学学生来洛实习,发掘洛阳烧沟汉墓奠定了洛阳文物事业的基础。省文物管理委员会派蒋若是来洛阳支援工作,当时成立了洛阳文物组,由蒋若是、裴其任组长,后写有烧沟汉墓报告。1954年由开封迁往郑州,省文物管理委员会撤销,成立省文物队。郑州(为)一队、洛阳(为)二队。洛阳正式有了文物机构,地址就在西关周公庙现文物队住址,北京文物局为洛阳建筑两排仓库20间,月圆门仓库院,三排办公整理室。省调来人员有蒋若是、米士诚、路传道、李京华、侯鸿钧,后陆续调来20多人在涧西区拖拉机厂、矿山厂进行考古发掘,相应文物仓库组成立。

仓库组人员:侯鸿钧任组长,康君管账,李茂云收进库文物,高祥发、王淑兰文物修整。仓库设备只有一张五斗桌、一把木椅、四把小竹椅、一个60厘米高的长方案子、一口大锅(刷器物用),当时的任务就是接收工地交来的器物,清洗、登记、造册、保管。

文物交接及提取、入库文物有3项来源,即工地发掘文物、公众捐献文物、采集文物(未经发掘照相、绘图收集的器物)。当时除接收工地交来的文物外,首先接收了地区文教局时期发掘文物、烧沟汉墓文物,还有文物局收集文物,原存放在丁家街教堂院一个80平方米的油毛毡棚内,在1954年七八月份经点对运到西关仓库保存。1956年又运至八中教室仓库、关林东院红瓦房。出库文物规定,本单位工作人员写报告、出图录,提取文物必须经过本单位领导批准,造册所题发掘墓号器物名称数量,由仓库提取及配合修整。1959年“大跃进”时期搞文物普及宣传,本地区县、乡借展文物经馆领导批准,外省博物馆、大专院校调走文物,如南京博物院、北京历史博物院、北师大等都是先到本馆,得到馆领导同意,与仓库协商他们所需要的器物造册登记,经省文物局批准后,仓库才给予提取。补调文物的原则是:以采集器物和写过发掘报告的

① 选自洛阳博物馆编《洛阳博物馆建馆50周年论文集》,大象出版社,2008年。

墓葬出土文物及多件重复的唐三彩。

进库制度:不论馆内外人员参观仓库,都得经馆领导批准。几十年来很少有外人进入仓库。1956 年有领导陪同郭沫若先生参观过汉代石兽等。1961 年蒋若是陪同海军大将金勇参观关林仓库瓷器,并讲解瓷器特点,鉴定了宋代瓷器。安伯康市长参观唐代银铤、银饼。王振堃陪同工宣队王团长参观晋代金狮子。

……

赵振华

赵振华，1949年4月生，上海人。1968年参加工作，曾任职于洛阳文物工作队、洛阳关林管理处研究员。致力于周、汉、唐考古与地方历史研究，以河洛文化和墓志碑刻为研究方向。在专业刊物上发表学术简报、报告、论文等100余篇。出版《中国关林》《洛阳东汉黄肠石题铭研究》《洛阳古代铭刻文献研究》等作品。

存古阁藏石的著录与流传（节选）①

存古阁是官办的地方石刻保存所，其处所依附千祥庵。民国年间无专人典守，由庵中和尚看管。1927年，冯玉祥“打偶”，千祥庵遭破坏。1931年春，张钫、刘镇华、武廷霖等在城内创办洛阳县河洛图书馆（馆址在今图书馆街）②。将各处断碑残碣以及存古阁旧藏古刻尽移置其间。

抗日战争时期警察局曾驻图书馆。1944年洛阳沦陷时为日军司令部占据。日寇投降后由国民党部队接管。因战乱，无人管理，馆中石刻凌乱散置。

1955年春，洛阳专区文物工作组派员将在原河洛图书馆西跨院东墙边靠放的和前院堆放的石刻全部用架子车运到周公庙北边河南省第二文物工作队仓库院（现洛阳市文物工作队所在地）收存。

1959年，洛阳博物馆在王城公园内涧河北岸筹建“墓志长廊”，数年间将洛阳保存、收集的约千方墓志、石刻陆续搬迁过去，存古阁藏石包括在内，选择陈列。“文革”中取消。1981年元旦，设在关林的洛阳古代艺术馆开馆。存古阁的《旧藏韩寿墓表》《常岳等百余人造像记》等在西展厅陈列；《王氏双松堂记》等在东展厅陈列。

---

① 节选自赵振华《存古阁》，载中国人民政治协商会议洛阳市瀍河回族区委员会文史资料委员会编《瀍河文史资料》第3辑《瀍河地方名胜古迹专辑》。

② 武廷霖：武廷麟。

洛阳市老城区志编纂委员会

1939年12月驻洛阳老城机关调查清册(部分)①

名称	主管姓名	官(人)	兵(人)	住址门牌
第一战区战地警备司令部	文朝籍	32	105	五权街周公庙
第一战区战时粮食管理处	卫立煌	27	14	五权街周公庙
军委会第一战区购粮委员会	卫立煌	25	8	五权街周公庙
……	……	……	……	……

民国时期老城辖区内的新闻单位一览表(部分)

刊名	创办时间	地址	创办人或单位	备考
中央通讯社特派员办事处	1945年	周公庙		

① 见洛阳市老城区志编纂委员会编《洛阳市老城区志》,河南人民出版社,1989年。

河南省文化厅文化志编辑室

“中原社会教育馆”成立[①]

民国二十一年(1932年)

……

冬季,“中原社会教育馆”成立。馆址设在河南洛阳周公庙,中原社会教育馆隶属于西北农林专科学校筹备委员会管理,月经费1000元,馆内办有民众学校、儿童简易班、民众书报室、洛京公园等。

根据河南省教育厅拟定的设立民众教育馆章程,本年度,安阳县、新郑、鹿邑、夏邑、淮阳、太康、禹县、宁陵、永城、叶县、汝南、西平、新蔡、扶沟、许昌、襄城、郾城、郏县、固始、内黄、洪县、封丘、博爱、偃师、灵宝、密县、孟津等县民众教育馆成立。

---

① 题目为编者拟。见河南省文化厅文化志编辑室编《河南省文化志资料选编》第16辑《河南省文化艺术工作大事记》,河南省文化厅印刷厂,1990年。

河南省文化厅,河南省文物局

三家博物馆更改馆名[①]

1月25日,洛阳市机构编制委员会办公室下发洛市编办〔2008〕6号文件,就洛阳古墓博物馆、洛阳都城博物馆、洛阳古代艺术馆更名作出批复,同意洛阳市文物管理局所属的洛阳古墓博物馆、洛阳都城博物馆和洛阳古代艺术馆,分别更名为洛阳古代艺术博物馆、洛阳周公庙博物馆和洛阳关林管理处。

① 见河南省文化厅、河南省文物局编《河南文化文物年鉴2009》,吉林文史出版社,2009年。

河南省地方史志编纂委员会

周公庙[1]

位于洛阳市老城定鼎南路东侧,隋末王世充为祭祈周公所建,历代重修。周公是周文王的第四子,因营建洛邑,稳定东方,后人尊为圣贤。庙内建有大殿、二殿、三殿、东西配房和石狮一对。大殿称"定鼎堂",取周公定鼎洛邑之意。周灭殷后,现存"定鼎堂"为明代建筑。1956年,人民政府拨款修葺周公庙,在西院修建花圃、假山、喷泉、凉亭。

① 见河南省地方史志编纂委员会编纂《河南省志·旅游志》,河南人民出版社,1993年。

洛阳市广播电视局编志委员会

洛阳市人民广播站设址周公庙[①]

1968 年 2 月 27 日，洛阳市革命委员会〔1968〕12 号文件批准成立洛阳市人民广播站，隶属市革委宣传组领导，站址设在定鼎南路周公庙内。当时，洛阳市人民广播站既是宣传单位，又是洛阳市广播事业管理单位。1973 年 12 月 3 日，中共洛阳市委、市政府根据洛阳广播事业的发展情况，决定设立洛阳市广播事业管理局。地址设在周公庙内，趁用庙内几间殿堂办公，条件相当简陋。

……

1990 年 6 月，洛阳市广播电视局机关从周公庙搬迁到洛阳市九都路 67 号新建成的广播电视中心大楼办公。

① 题目为编者自拟。见洛阳市广播电视局编志委员会编纂《洛阳市广播电视志》，2001 年。

中国艺术馆筹备处

洛阳市群众艺术馆志[①]

1966—1980年,唐书荣任馆长、书记。1966年春,文化馆迁至周公庙北院。"文革"初期,与文联为一个党支部。后又迁到财贸宿舍楼(定鼎路口西边)。

① 出自《中国群众艺术馆志》,社会科学文献出版社,1997年。

李健虎

李健虎，字亚修，号印修居士。其曾祖李安邦是清末贡生、洛阳警备司令部资深参议、洛阳县大庙房主事，留下不少文史资料。李健虎大学毕业参加工作后，业余时间根据曾祖所留资料一一调查求正，遍访老人，研究洛阳老城历史三十余年。在报刊、杂志、文史资料等发表近百篇文章，出版《老洛阳》和《民国洛阳城往事》等作品。

周公庙（节选）[①]

……

周公庙，原建筑八字墙大门，中立三间牌楼，称“棂星门”。棂星，即“天田星”。

棂星门外，东、西各建有三间牌坊，东牌坊上书“成周恩公”，西牌坊上书“经天纬地”。

入棂星门，正面是戟门，三间歇山式正殿，两旁配有暖阁两间。戟门即礼门。戟门两侧设旁门。

戟门后，是元圣殿，歇山式建筑，面阔三间，进深二间，单檐四周斗拱托梁，飞檐翘角。元圣殿正面，两边设窗，中间为四开大门。门楣上有一大匾，上书“元圣殿”。两边柱上配有对联。殿内中间，供元圣周公泥塑彩绘坐像，近丈高，正襟端坐，手持圭板，头带有玉串的王冠，左立磨兜坚（金人铭其背曰“慎勿言”）；右设欹器（盛水器：上铭“虚则欹，中则正，满则覆”）。在周公像两侧木柱上有对联：“官礼功成宗国馨香传永世；图书象演泥山绕绪本先型”，为乾隆皇帝书。宋代真宗大中祥符元年（1008 年），皇帝追封周公为“文宪王”，所以周公头戴王冠。

棂星门与戟门间，两侧各建有廊房 3 间，东为寅房（值守人用房），西为约礼房（接待祭祀者）。元圣殿与定鼎堂两侧各建有廊房 5 间。祀汉河南太守吴公、召信臣、河南尹李膺，唐东都留守宋璟、洛州刺史狄仁杰、河南令韩愈，宋使相判河南府王曾、丞相判河南府寇准、潞国公判河南府文彦博、宰相判河南

① 选自李建虎著《老洛阳 · 古址遗迹》，河南人民出版社，2012 年。

府范纯仁、西京留守推官欧阳修、判西京留守司马光、河南府推官苏辙,元河南经略使史天泽,明河南府知府张仲鸿,清河南府知府王来庆、洛阳县知县林洛如共 17 人①。

元圣殿后是正殿“定鼎堂”。歇山式建筑,面阔五间,进深三间,四周斗拱,九脊六兽,飞檐翘角,顶覆琉璃瓦,雕花门窗,内外彩绘,正中门额之上有“定鼎堂”大匾。两侧柱上有对联:“扶幼主、救乱世、创侯卫,奇功永生;筑洛邑、迁九鼎、制礼乐,德浩千秋”。大殿内原供有石刻的周公姬旦、毕公姬高、召公姬奭的石牌灵位。明代万历四十年(1612 年)拆除牌位,重新彩塑周公、毕公、召公及周公长子伯禽和次子君陈的立像于大殿中。并在定鼎堂外东、西、北墙壁上嵌有 19 块“周公解梦”说石碑。后因风化损坏,清代又重新雕刻,嵌于墙中。两庑按学宫遗规配祀先贤名宦。

“定鼎堂”之后为“会忠祠”。会忠祠原为前巡抚董国兴祠,雍正八年(1730 年)知府张汉改立会忠祠。硬山式建筑,琉璃瓦覆顶,祠内一通丈余石碑上书“历朝历代忠孝人臣灵位”。定鼎堂和会忠堂两厢各建廊房三间,内供历朝历代名臣先哲三尺牌位供人祭祀。其内祭祀夏大夫关龙逢、殷少师比干、逸民伯夷、叔齐、周大夫苌弘、汉寿亭侯关羽、唐鲁郡公颜真卿、常山太守颜杲卿、睢阳太守许远、宋少保岳飞共十人,两庑配祀明分守河南道王耘长、太傅忠节公吕维祺等②。

后殿为三殿(先祖堂):面阔五间,进深两间。作硬山式,上覆灰瓦,正脊、垂脊均有正吻和走兽、仙人。该殿构架亦作叠梁五檩前出廊式,共有木柱 18 根,均有砍杀。柱顶石基座为方形,上部为圆形。抱头梁朝外一端饰龙首。台基高 0.81 米,前砌一小台阶。殿墙厚 0.5 米,正南面为隔扇门和棱子窗。两侧各建廊房 3 间,构成一所幽雅、宁静小院落,为驻庙道士生活用房。

周公庙,历经千年。据原庙中石碑和清乾隆四十四年河南府记载,唐代贞观年间、宋代仁宗年间、清代康熙年间都曾重修过。

明代崇祯十四年(1641 年)年初,李自成二次攻打洛阳时,周公庙就作为李自成攻打洛阳城的大本营和指挥部,在庙中指挥义军攻打洛阳城。庙后小院是李自成和大将们的临时住所。

① 林洛如:应为井洛如。

② 王耘长:应为王胤长,一作王孕长。

义军占领洛阳城后，将抓获的福王朱常洵、前明兵部上书吕维祺、河南知府亢孟桧及洛阳城大小官吏和大富人家300余人及外县逃入洛阳城的县官和大地主，如孟津大地主孙挺生、新安大地主王朝山、嵩县大地主王翼明、偃师大地主寇瑞生等，全部关押在周公庙西院。正月二十三日中午，李自成亲自宣布其罪恶，后全部斩杀在周公庙棂星门外。李自成及手下将军们，都在周公庙大门西文昌阁观斩。当时，尸首填满了庙西大坑，血流成溪。

道光年间，周公庙建筑还基本完好，有道士驻守。清末，修建庙前道路时，为取直道路，毁牌坊和棂星门，留下门西边三间木牌坊，面西"九州福地、十省通衡、北邙面洛"三块大匾①，面东"五岳中峰、九朝都会、瀍东涧西"三块大匾。

豫通街87岁的崔凤州和85岁的冯顺潘老人说："清朝光绪二十七年(1901年)，慈禧和光绪帝逃八国联军之难，回銮京城，路过河南府洛阳时，重修了木牌坊。并请大同镇镇长谷兰生的父亲谷书林重写牌匾。谷书林，举人，是'望伊书院'的先生。"

民国年间，也曾对周公庙进行维修和扩建，1916年河南省教育会副会长王炎青来洛筹办豫西师范学校，校址设在周公庙内；1920年直系军阀吴佩孚进驻洛阳，把周公庙至洛阳县城隍庙(今豫通街小学)一带辟为洛京公园。

1932年3月，民国政府迁洛，"考试院"设在周公庙。并将庙东的五贤祠、二程祠、张横渠祠、朱熹祠、周蓬溪祠并入考试院②，作为考试院。院长戴季陶为周公庙题写"定鼎堂"匾额，悬挂在定鼎堂南正门上方。是年11月国民政府迁回南京，返京前决定在周公庙设立中原社会教育馆，宋适任馆长、李大白任主任。其间办有民众学校、儿童班、民众图书馆等。据庙内现存《重修洛阳周公庙碑》记载：民国二十二年(1933年)又对周公庙进行了维修。民国三十二年(1943年)，洛阳以宋庆龄之名设民众教育馆于周公庙。

1944年，洛阳被日寇侵占，周公庙遭到炮火袭击，国民党十五军九十四师在周公庙与日军展开激战，后撤离周公庙，周公庙成为日军驻地。解放战争期间，又成为国民党青年军二〇六师据点。1948年在解放洛阳战斗中，解放军四纵十旅旅长周希汉率部与国民党青年军在周公庙激战，并占领周公庙。周公庙戟门、西文昌阁、元圣殿、庙中廊坊，以及庙对过一通明代"大司马赠设太傅吕维祺殉难处"石碑

---

① 北邙面洛：应为"背邙面洛"。语出《千字文》。

② 周蓬溪：应为周濂溪，即周敦颐。

等,尽毁于此次炮火之中,双方都死伤不少人,又一次血染古庙。

解放后,周公庙被开辟为洛阳市工人俱乐部和青少年宫,后被洛阳广播电台和电视台使用多年,1992 年政府对周公庙进行了大的修复。民国二十一年重修庙宇时破损塑像拆毁,将较好的伯禽像藏于墙中。1992 年重修定鼎堂时被发现,并请出展示。

周公庙今天为"洛阳市周公庙博物馆"。庙中两株古槐,静静地守候在此,至今根深叶茂,它见证了千年周公庙的沧桑变化。

(写于 2003 年)

周银成

周银成,洛阳人。童年曾生活于设立在周公庙的行都慈幼院。

怀念行都慈幼院院长郭芳五先生(节选)[①]

……

郭院长品端学萃,名重当时。他虽然身居高位,但淡泊名利,一向乐善好施,爱乡情深。曾把自家的二十多间房屋让本村学校常年无偿使用,对邻里有困难者,经常周济,深受乡里的敬仰。他对旧社会国势日衰、哀鸿遍地的悲惨景象无限痛伤[②],对衣食无着、形容枯槁的苦难儿童更是同情怜悯。他早年辞官,致力于慈善事业。于1931年前后,对洛阳西关周公庙旧址进行修缮,又增设了四幢宿舍、两幢教室,聘请教师,建立了"洛阳孤儿院"(后改名行都慈幼院),收容无家可归的儿童。当时,院内筑起四个大型锅灶(每个铁锅能盛几十担水),每日两顿饭。早饭是稠糊糊的小米粥,晚饭是小米咸面条。开饭时,炊事员拿着木勺子站在锅台两边,我们排成队,把碗放在锅台上,一勺子一碗,自己随便在院里找个地方吃。我还弄个瓶子,泡些咸辣椒就着吃,同学们向我讨要时,我就给他半截。想想当时吃饭的香甜味,真比现在吃卤猪肉还要味美许多。

郭院长本来是和老师们吃小伙饭的。但他每天或早或晚总要吃一顿我们大伙的饭,而且都吃得净净的。有一次我值勤时,院长外出回来晚了,没有给他留大锅面条,他还"斥责"过我哩。

行都慈幼院的儿童人数多时达300余人。学生们都按高低个子,以仁、义、礼、智、信五个字编排名字。如张三是高个子,就叫张仁三,李四是中等个

---

① 郭芳五(1882—1947年):名郭涵,原名桂芬,字芳五,孟津县南达宿人。清末举人。青年时先后就读于开封明道学院,尊经学堂和广东法政学堂,毕业后,曾供职于广东省财务局,后加入同盟会,参加豫西地区的辛亥革命运动。民国后,又担任河南省议员、国会众议院议员、总统府咨议、刘镇华驻京办事处主任、陕西省政务厅厅长等职。晚年致力于慈善事业,和张钫、尤士奇、刘雪亚等人创办行都慈幼院、豫西教育社会协进会,创办《行都日报》,出版发行《群众课本》等。

② 哀:原误作"衷",改。

子,就命名李义四,依次类推,集合排队时,既快当又整齐。

郭院长还是一位实业家。为了使我们学到谋生本领,他在慈幼院建立了雕刻、制椅、制鞋、制毯、印刷、纺纱织布等各种生产技能组织,以半工半读形式,培养了大量人才。如制椅技术员李智旭;纺纱织布技师张宣、振亚等;军乐队员王智益、张世碾等;从事商业的张宝森等。对另外一部分学习成绩好的学生,保送到国立中学、职业中学去读书,其中有李友仁、周义民、韩大官、姚祥忠、周智正等,能够立足社会独立生活的计有两千多人。

1944 年日寇侵占洛阳,郭院长带领我们连夜转移到他的家乡南达宿村,吃住都由他家供给,以后又把我们安全疏散到西北,度过了炮火连天的灾难,如果不是郭院长的关心爱护,哪里会有我的今天!

……

朱书宗

朱书宗，洛阳市孟津平乐镇人。先后任职于孟津县委党史办公室、孟津县政协文史资料委员会。

尤士奇先生事略

尤士奇，字绍铭，孟津县平乐乡（原洛阳县）尤村人，生于同治十二年（1873年），排行居二。父尤鸿勋为明经进士，博学多闻，教子颇严。在其影响下，尤士奇寒窗苦读，20岁左右中秀才、廪生，以文章显名。光绪二十九年（1903年）中癸卯科副榜举人，先后担任江西省抚院文案、祥务局参事等职。其间，对清廷的卖国苟安政策深表愤恨。1911年辛亥革命爆发，他看到三民主义的先进性，从一个封建官吏变为民主革命的拥护者。因此，中华民国成立后，他积极响应第二届知事试验，于民国四年（1915年）分任江西南康县知事……后任陕西省警务处总务科长，处事明断，廉洁奉公且待人谦和，深得下属爱戴。在担任河南省伊阳县（今汝阳）知事时，因地制宜，筹划大面积种植柞树，发展养蚕事业，奖引百姓致富图强。离任后，人们仍时常称道，怀念不已……

尤士奇早年游宦南北，勤政爱民，德被远土；晚年返归故里，亦能竭智尽力，造福桑梓……

1931年，他与孟津南达宿人郭芳五组织工匠，在洛阳周公庙修建房舍，创办洛阳孤儿教养院（后更名行都慈幼院），并任副院长。收容数百名流浪儿童，教其读书识字、耕地种菜，学习制椅制鞋、木雕印刷、纺纱织布等技艺，使众多孤儿得以温饱，又培养了他们日后谋生的本领……

1933年，尤士奇以地方知名士绅担任国民党洛阳县财务委员会委员长，后兼赈灾委员会主任委员。1938年，地下党在平乐建立震华纱厂，支援前方抗战，他曾从中斡旋，协助解决场地，为抗日救亡工作提供方便。1942年，他负责筹办洛阳修志馆，任副馆长，主持编修《洛阳县志》，为之倾注大量心血，受到舆论界的一致好评。1944年日寇侵占洛阳，邀其出任伪县长，他闻讯后愤然离洛，隐居冲山，表现了不与侵略者为伍的民族气节。

1946年7月16日，尤士奇病故于洛阳北关郏鄏街寓所……

四、洛阳周公庙现存其他碑刻

佚　名

重修范文正公祠记[①]

□进士第文林郎河南府[②]……赐□□第中宪大夫山东□[③]……进士第大中大夫浙江右[④]……洛中旧有文正公祠，其建……日宿汴城公署中，夜分时……余忽觉而异之，已巳春西……时曾共董李村、□曹生滋[⑤]……祖俱有捐，特因循□举也……谅余之可寄以兴斯役也……尹复轩鲍子，雅有同志，亦……河山形胜，毕收一览之中……乡民日食寒泉之利，翁之……目云，工俱告竣，西塘、后峰[⑥]……窃惟士君子立身于天地……之泽冲庵公振舞平顺云……评视文正公何愧焉？故西……诸子之在黉宫者[⑦]，蜚英驰……又□让焉。天人福善之机……故兹举也，在二公谓之显……之德业文章，著在史册者……□而祠之。兴废恢弘顾有……

---

① 此碑为周公庙保存文物，存放于三殿之后。此碑仅存上半部，碑首与碑身连体，圆弧形碑额有篆书"重修范正公祠记"字样，竖排两行，两侧阴刻云鹤纹饰。此碑残高 65 厘米，宽 77 厘米，厚 22 厘米。

② 文林郎：官名，散官。隋文帝开皇六年（586 年）置为八郎之一，从九品上，炀帝大业三年（607 年）罢。唐高祖武德七年（624 年）置为从九品上文散官，宋初因之，神宗元丰三年（1080 年）废。金、元皆用为文散官，为四十二阶之第三十五阶。金正八品上；元正七品，敕授。明、清沿置，以授正七品文官。

③ 中宪大夫：官名。金代文散官正五品称中宪大夫，元代升为正四品，明代为正四品升授，清代为正四品。见《金史·百官一·文官九品》《元史·百官七·文散官》《明史·职官一·吏部》《清史稿·职官一·吏部》。

④ 大中大夫："太中大夫"。金、元、明文散官名。金、元为四十二阶之第十八阶，明为第十六阶。金从四品上；元从三品，宣授；明从三品，加授。

⑤ 董李村：董尧封（1527—1592 年），洛阳人，字淑化，号李村，明嘉靖丙午科（1546 年）举人，癸丑科（1553 年三甲第 135 名）进士，擢御史，按四川，后按顺天，密疏战守机宜，世宗每向徐阶语兵事称董御史而不名。寻陞操江都御史。忤张居正，罢归。江陵败，起抚甘肃，累官户部侍郎，卒谥恭敏，赠尚书。

⑥ 西塘：指刘贽。后峰：指刘衍祚。乾隆十年《洛阳县志》卷二十四《纪事》载："澹逸会举于万历中，兴会者十一人。侍郎王柱峰正国，参政刘后峰衍祚，尚书陈对泉应时，副使刘西塘贽，都给事中谢岷阳江，侍郎董李村尧封……"该志卷八（人物）又载："刘贽，字子礼，嘉靖进士，以临清副使致仕……要同志会惇谊会。""刘衍祚，字叔嗣，嘉靖进士……累官至浙江参政，乞终养，不待报而归，结惇谊、崇雅二社，布衣屡屦见者，不知为达官也。"

⑦ 黉（hóng）宫：学宫。

□□五年辛未孟春吉日。①

重修洛阳范文正公祠记

① □□五年辛未：应为明隆庆五年（1571年）。

武攀龙

武攀龙(1599—?),字兰石,交城县人。清顺治三年(1646年)中第三甲第二百七十名进士,历任河南省洛阳县知县,擢刑科给事中,转上湖南道。历任河南督粮道参议,通蓟道副使。清顺治十八年(1661年)正月初九日,诰封江南分守江宁兵备道布政使参政中大夫政仕。

范文正公祠堂记[①]

宋魏国范文正公葬伊阙万安山下,其子忠宣公置祭田八百亩[②]。熙宁间创褒贤显忠寺,以奉香火,然而祀事未备。自元守臣郭文鼐[③],始请举祀典云。厥后修祠墓、禁牧樵者代不乏人。而兵革相寻,荒废日甚。求其故迹,胥委之寒烟芜草之间。余既建程夫子之祠于中,邵先生祠于左,复辟西偏之地为公之祠堂。使天下知公之忠义在朝廷,勋猷在竹帛,济世厥美在累朝,而祀事孔明在万祀也。祠既成,长平同年庞子太仆适过余,顾谓余曰:"公之建兹三祠也,其以表宋之大儒与宋之名臣也,固矣。第四人者时地既不同,出处亦各异,胡鼎峙而为三,胡珠联而若一,其有意为之耶?亦无心合之耶?岂非道德事功可一以贯之耶?亦岂继往开来,高谭名理之人,出将入相固不难耶?又岂非先忧后乐,慨然以天下为己任者其于圣学渊源,顾未尝所得耶?噫!是其作祠之意宁无是耶?"余俯而叹,抵掌而应曰:"有是哉!"相与酹酒祠侧,举而纪之石上。

赐进士第知洛阳县事太原古交武攀龙撰。

县丞 傅梦祖[④]。

---

① 此碑为周公庙保存文物。

② 范文正(1027—1101年):字尧夫。苏州吴县人。北宋时期政治家、宰相,参知政事范仲淹次子。范纯仁为宋仁宗皇祐元年进士。曾从胡瑗、孙复学习。父亲殁后才出仕知襄邑县,累官侍御史、同知谏院,出知河中府,徙成都路转运使。宋哲宗立,拜官给事中,元祐元年同知枢密院事,后拜相。宋哲宗亲政,累贬永州安置。范纯仁于宋徽宗登基后,官复观文殿大学士,后以目疾乞归。卒谥忠宣。有《范忠宣公集》。

③ 郭文鼐:奉议大夫、河南府路同知。

④ 傅梦祖:原碑祖字漫漶不清,据李勇先、王蓉贵校点《范仲淹全集》(四川大学出版社,2002年)附录所收《新建河南范文正公祠记》补。顺治《洛阳县志》卷九《职官·丞》职官载:"傅梦祖,吏员,浙江诸暨人,(顺治)五年任。"又,该文在傅梦祖后有"督工乡约曹俊杰"。

时顺治八年六月吉日[①]。

范文正公祠堂记

残　碑[②]

□□□名翁传□知先生之……

□□之变，究物之初者，三十……

（探）赜索隐，抉天人之秘，可与二……

王使以皇极绪余，出而经世……

之游而不陟也。卒之熙宁[③]。诸……

免于评论甚矣。先生之大也，古……

津桥上、安乐窝中，令人齿颊犹……

---

① 顺治八年：公元1651年。

② 碑残，款名已佚。据文中内容可知，为祭祀邵雍之碑。碑文10行，满行字数不详。

③ 熙宁：北宋时期宋神宗赵顼的一个年号，1068—1077年，共计10年。邵雍即卒于熙宁十年，即1077年。

片石者,亦渺无可究。而余以二□……
宇于二程之东,以明景慕无穷之□……
然临之哉,余不敏,殆将顾瞻百世之……
赐进士第知洛阳县事太原古交武攀龙。
时顺治八年六月吉日。

残碑

五、洛阳周公庙图版

乾隆十年《洛阳县志》

周公庙图

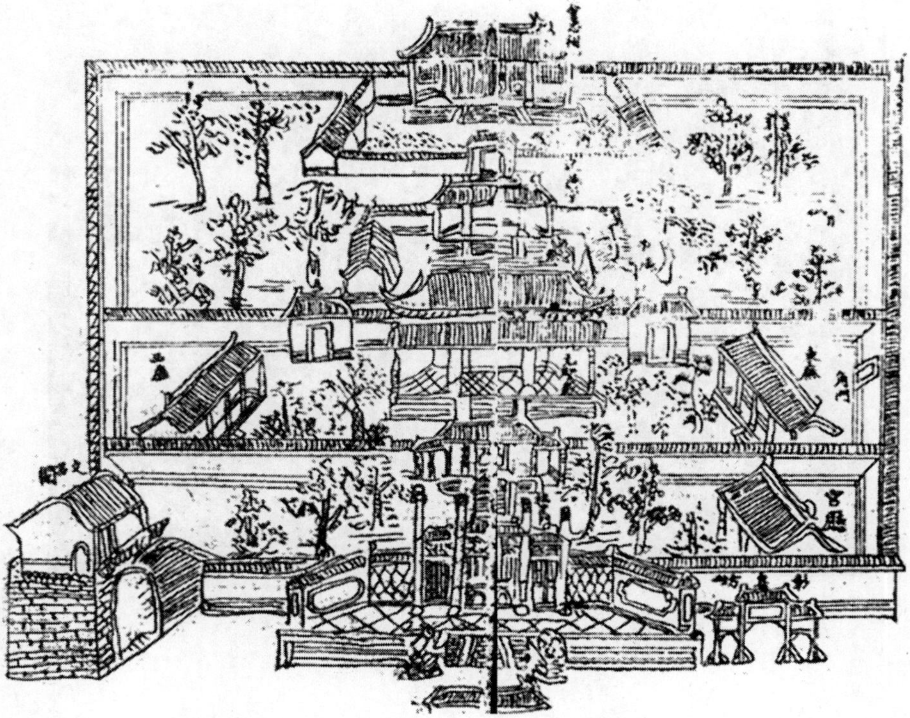

佚　名

洛阳西郊周公庙中之定鼎堂①

① 见《东方杂志》1935 年第 32 卷第 3 期《洛阳胜迹》。

刘敦桢

刘敦桢(1897—1968年),字士能,号大壮室主人,湖南新宁人。现代建筑学家、建筑史学家,中国建筑教育及中国古建筑研究的开拓者之一,中国科学院院士(学部委员)。1921年毕业于日本东京高等工业学校(现东京工业大学)建筑科。南京工学院(现东南大学)教授。刘敦桢毕生致力于建筑教学及发扬中国传统建筑文化。有《中国住宅概况》《中国古代建筑简史》《苏州古典园林》《佛教对于中国建筑之影响》《河北西部古建筑调查记略》《河南北部古建筑调查记》《西南古建筑调查概况》等。

洛阳县周公庙定鼎堂山面斗栱后尾[①]

① 见《河南省北部古建筑调查记图版十伍》甲、洛阳周公庙定鼎堂山面斗栱后尾,《中国营造学社汇刊》1937年第6卷第4期。

附录一　偃师周公庙史料

郦道元

郦道元(？—527年),北魏地理学家、散文家。字善长,范阳涿鹿(今河北涿县)人。孝文帝太和年间(477—499年),为尚书主客郎。后累迁辅国将军、东荆州刺史。孝明帝时,为安南将军、御史中尉。因执政严猛,得罪汝南王元悦,出为关右大使,被雍州刺史萧宝夤谋害。郦道元好学,历览奇书,为《水经》(《水经注》)一书作注四十卷,又注《本志》十三篇,又作《七聘》等文。所撰《水经注》是富有文学色彩的地理学著作,在我国地理学史和文学史上都占有很重要的地位。

水经注·河水(节选)①

河水南对首阳山……上有夷、齐之庙②,前有二碑……又有周公庙。

① 见《水经注》卷五。

② 夷、齐:指伯夷、叔齐。

杨衒之

杨衒之(？—550年)，杨或作阳，又误作羊，北平(今河北遵化)人。曾仕北魏城郡太守、抚军府司马等职。武定五年(547年)，因行役，重游洛阳，见寺观灰烬，庙塔丘墟，不胜感慨，故撰《洛阳伽蓝记》。全书以记北魏京城洛阳佛寺园林为纲，而系以当时的政治、人物、风俗、地理及掌故传闻，寄托了作者对国家治乱兴亡的无限感慨，具有很高的文学价值和历史价值。毛晋云："著撰园林歌舞鬼神奇怪兴亡之异，以寓其褒讥，又非徒以记伽蓝已也。妙笔葩芬，奇思清峙，虽卫叔宝之风神，王夷甫之姿态，未足以方之矣。"(《洛阳伽蓝记跋》)纪昀云："其文秾丽秀逸，烦而不厌，可与郦道元《水经注》肩随。"(《四库全书总目提要》)

洛阳伽蓝记(节选)①

于是封长广为东海王②，世隆加仪同三司尚书令乐平王③，余官如故；赠太原王相国晋王④，加九锡⑤，立庙于芒岭首阳上⑥。旧有周公庙，世隆欲以太原

① 见《洛阳伽蓝记》卷第二。

② 长广：元晔(？—532年)：北魏宗室，鲜卑族，字华兴，小字盆子。元英弟元怡之子。性轻躁，有膂力。孝庄帝初封长广王，出为太原太守，行并州事。尔朱荣被诛，尔朱世隆等奔还并州，推晔为主，年号建明，寻为世隆等所废。节闵帝(前废帝)立，封晔为东海王。孝武帝初，因事赐死。

③ 世隆：尔朱世隆(500—532年)，字荣宗，仲远弟。太原王尔朱荣从弟。庄帝时，为尚书左仆射。曾劝荣不入洛阳。荣卒，世隆护荣妻子北走。与兄弟拥立长广王元晔为主。及入洛，复拥立节闵帝，自为尚书令。私宅听事，总执朝政。尔朱氏军于韩陵被高欢击败。世隆在洛阳被杀。仪同三司：谓官非三公而仪制待遇同于三司(三公)。《后汉书 · 邓骘传》：东汉殇帝"延平元年(106年)，拜骘车骑将军，仪同三司，始自骘也。"魏晋时期，授予开府位从三公之文武官。南北朝授予范围不断扩大，逐渐成为官号。北魏孝文帝太和十七年(493年)定为一品下，二十三年以后改从一品，位开府上。北齐二品，位三公下。

④ 太原王：尔朱荣(493—530年)，字天宝，北秀容(今山西忻县西北)契胡人。继父为部落酋帅。六镇起义后，荣招集兵马为魏战。以战功至仪同三司，擅据肆州。北魏武泰元年(528年)，灵太后毒死明帝。荣举兵向洛阳，拥立庄帝。于河阴杀太后、少主及宗室、大臣等二千余人。后又出兵滏口，击败葛荣军，擒葛荣送洛阳。屯兵晋阳，遥执朝政。遣军破元颢，擒萧宝夤、万俟丑奴。自为大丞相、天柱大将军，封太原王。庄帝恶其逼迫，乘朝会时诛杀。

⑤ 九锡：古代天子优礼大臣，所赐与的车马、衣服、乐器、朱户、纳陛、虎贲、弓矢、鈇钺、秬鬯等九种物品。

⑥ 芒岭：邙岭。

王功比周公,故立此庙。庙成,为火所灾。有一柱焚之不尽,后三日,雷雨,震电霹雳,击为数段。柱下石及庙瓦皆碎于山下。复命百官议太原王配飨。司直刘季明议云①:"不合。"世隆问其故。季明曰:"若配世宗,于宣武无功②;若配孝明,亲害其母③;若配庄帝,为臣不终,为庄帝所戮④。以此论之,无所配也。"世隆怒曰:"卿亦合死。"季明曰:"下官既为议臣,依礼而言。不合圣心,俘翦惟命。"议者咸叹季明不避强御,莫不叹伏焉。世隆既有忿言,季明终得无患。

① 司直:官名。北魏孝文帝太和中(477—499年)置司直,属廷尉,称五局司直,专主刑狱,后罢。孝庄帝永安二年(529年)复置十人,名隶廷尉,秩五品,位在廷尉正、监上,不署曹事,唯覆核御史检核之案件,亦称廷尉司直,北齐属大理寺,称大理司直。员十人,从五品,位在大理正、监、评上。

② 若配世宗,于宣武无功:北魏宣武帝(483—515年)元恪,孝文帝次子。即位初,由大臣赞辅。年十六亲政,宠用外戚高肇,翦除宗室。在位时,与南朝梁连年战争,互有胜负,取得梁寿春、义阳等城。正始三年,俘杨绍先,灭氐王杨氏。崇信佛教,曾亲为诸僧及朝臣讲《维摩诘经》。境内共建寺庙一万三千余座。在位十六年,庙号世宗。

③ 若配孝明,亲害其母:北魏孝明帝(510—528年)元诩,宣武帝第二子。即位时年六岁,由高阳王元雍、任城王元澄辅政。旋母胡太后临朝听政,幸清河王元怿。领军元叉等杀怿,幽太后。孝明帝孝昌初太后复临朝摄政。时朝政紊乱,义军四起。武泰元年,帝召尔朱荣兵入京,以威胁太后,反为太后毒死。在位十二年。庙号肃宗。

④ 为臣不终,为庄帝所戮:北魏孝庄帝(507—530年)元子攸,献文帝孙。孝明帝死后,为尔朱荣所立。荣拥兵在外,遥制朝政。孝庄帝建义元年,梁武帝以魏北海王元颢为魏主,遣将送入洛阳。魏将元天穆抗击梁军,大败,帝渡黄河北走。尔朱荣率军南下,破梁军,帝还洛。诱杀尔朱荣。荣从弟世隆、从子兆俱反,攻破洛阳,帝被杀。在位三年,庙号敬宗。

魏 收

作者生平不详。

世宗纪[①]

戊戌[②],诏立周旦、夷、齐庙于首阳山。

① 《魏书》卷八《帝纪第八·世宗纪》。

② 时在正始元年(504年)夏六月。

李延寿

李延寿(生卒年不详),字遐龄,安阳人。仕唐累迁至符玺郎,兼修国史。唐太宗贞观中,受诏参修《五代史志》(《隋书》十志)、《晋书》。于编辑之暇,搜寻抄录史料,仿司马迁《史记》义例,参阅父大师遗稿,用十六年之力,撰成《南史》《北史》。呈国子祭酒令狐德棻,德棻为其扬誉于宰相,延寿乃上表奏闻。又撰《太宗政典》三十卷,上奏。寻卒。后唐高宗读《政典》,叹赏其作。令人赐物于延寿家。

宣武帝本纪(节选)①

正始元年春正月丙寅②,大赦,改元。夏五月丁未朔,太傅、北海王详以罪废为庶人。六月,以旱故,彻乐减膳。癸巳,诏有司修案旧典,祗行六事。甲午,帝以旱故,亲荐享于太庙。戊戌,诏立周旦、夷、齐庙于首阳山。

---

① 见《北史》卷四《魏本纪第四》。宣武帝:元恪(483—515年),北魏皇帝,鲜卑族。孝文帝次子。即位初,由大臣赞辅。年十六亲政,宠用外戚高肇,翦除宗室。在位时,与南朝梁连年战争,互有胜负,取得梁寿春、义阳等城。正始三年,俘杨绍先,灭氐王杨氏。崇信佛教,曾亲为诸僧及朝臣讲《维摩诘经》。境内共建寺庙1300余座。在位16年,庙号世宗。

② 正始元年:公元504年。

贾正义

贾正义,开元二年(714年)朝议郎,行偃师县尉。

周公祠碑[①]

原夫阴阳不测之谓神,变化无穷之谓圣。圣也者,范围天地,备万物而不有其功;神也者,探赜窈冥[②],降百祥而不矜其德。持太元之斡运[③],日月齐明;振中古之謩猷[④],乾坤合度。盛业冠于三代,美化流于四国。其生也,藉我为光辅[⑤];其逝也,荐我为明灵[⑥]。所谓有始有终、可久可大者也。

公字朝明[⑦],文王之子、武王之弟、成王之叔父也。昔尧臣以披(阙一字)践祚,初开相地之宜;殷伯以积德累仁,终翦格天之业[⑧]。历太极而承元吉[⑨],资中和而诞贤圣。知微表于幼颜,继体分于正气[⑩]。兵戈已偃,西周之历数攸归;宅土(阙一字)封,东鲁之衣冠允集[⑪]。故能勤劳家国,翊亮台衡[⑫];植圭璧

① 周公祠碑:现存偃师商城博物馆。碑用灰白色石料凿成,首身一体。通高2.44米,宽0.90米,厚0.25米。半圆碑首,上雕六盘龙。额略方,正镌一小佛。题额篆书"周公祠碑"。

② 探赜(zé):探索奥秘。

③ 太元:犹太空。斡(wò)运:旋转运行。

④ 中古:次于上古的时代。由于古人所处时代不同,所指时期不一。謩猷(yóu):通"谋猷",计谋,谋略。

⑤ 光辅:多方面辅佐。《左传·昭公二十年》:"神人无怨,宜夫子之光辅五君,以为诸侯主也。"

⑥ 明灵:圣明神灵。

⑦ 公字朝明:后人考证,当为唐人讳唐睿宗李旦之故,称周公旦为朝明。本书收有考证文章,请查看。

⑧ 格天:感通上天。语本《尚书·君奭》:"在昔成汤既受命,时则有若伊尹,格于皇天。"

⑨ 元吉:大吉;洪福。

⑩ 体分:秉赋和素质。

⑪ 允集:聚集;会合。

⑫ 翊(yì)亮:辅佐。台衡:犹台辅,宰相之称。台:三台。衡:玉衡。都是星名,位于紫微宫帝座之前,故用来比喻宰相。陆机《赠弟士龙》诗:"奕世台衡,扶帝紫极。"

而拜三坛，御冕旒而朝万寓[①]；《鸱鸮》救其衰乱[②]，《狼跋》明其终始[③]。尊严其父，孝理也；炯诫其子[④]，卑牧也[⑤]。《七月》艰难[⑥]，陈业也；三年征伐，叙功也。复子宝位，不亏忠敬之诚；开我金縢，乃得风雷之意。于是测四方以定都邑，分六职以明典刑[⑦]。制大礼以安上理人，则俎豆之法行，揖让之仪备；制大乐以移风易俗，则和感之音畅，舞咏之情宣。详八卦而究精微，演六爻而告疑滞[⑧]，所谓极深研精、立功成器，以为天下利者也。敢问先王之德，何以加于斯乎？若乃示诸仁，藏诸用，道艺可以激扬今古[⑨]，轨模可以粉泽人伦[⑩]，悬寓焕然，不假一二谈也。嗟乎！天道有盈虚，人事有存没。欲使百年黎庶，詟轩帝之威灵[⑪]；四序蒸尝[⑫]，用君王之典则。非天下之至圣，孰能与于此哉？

偃师县祠堂者，按图经云[⑬]，后人怀圣恩所置也。负阳岑之岩险[⑭]，面通谷之萦纡[⑮]；四水以为川[⑯]，二室以为镇[⑰]。重檐累栱[⑱]，登玉户而三阶；洞室迴

---

① 冕旒(liú)：古代大夫以上的礼冠。顶有延，前有旒，故曰“冕旒”。天子之冕十二旒，诸侯九，上大夫七，下大夫五。见《周礼·夏官·弁师》。亦专指皇冠，借指皇帝、帝位。

② 鸱鸮：《诗·豳风·鸱鸮》。《毛诗序》谓：“《鸱鸮》，周公救乱也。成王未知周公之志，公乃为诗以遗王，名之曰《鸱鸮》焉。”方玉润《诗经原始》、魏源《诗古微》又以为乃“周公悔过以儆成王”“周公戒成王”之作。

③ 狼跋(bá)：《诗·豳风》篇名。历代学者大多认定此诗所说的“公孙”即“周公”。诗以“狼”的进退皆狼狈不堪的情景，来衬托周公进退从容、无所往而不宜的智慧品德。

④ 炯诫：明显的警惕。

⑤ 牧：统治；主管。

⑥ 七月：《豳风·七月》。其主旨，《毛诗序》认为是“陈后稷、先公风化之所由，致王业之艰难”；陈奂《诗毛氏传疏》则认为是“周公遭管蔡之变而作”。崔述《丰镐考信录》认为：“此诗当为大王以前豳之旧诗，盖周公述之以戒成王，而后世因误为周公所作耳。”

⑦ 六职：有多种说法。一谓治、教、礼、政、刑、事六种职事。一谓王公、士大夫、百工、商旅、农夫、妇功六种职别。一谓司土、司木、司水、司草、司器、司货六种官职。典刑：常刑、正法。

⑧ 六爻(yáo)：《易》卦之画曰爻。六十四卦中，每卦六画，故称。爻分阴、阳。

⑨ 道艺：指学问和技能。

⑩ 轨模：法式楷模。粉泽：修饰，润色。

⑪ 詟：丧胆；惧怕。释为承袭，亦通。

⑫ 四序：指春、夏、秋、冬四季。蒸尝：本指秋冬二祭。后泛指祭祀。

⑬ 图经：有图画、地图的书籍或地理志。

⑭ 阳岑(cén)：阳指首阳山。岑：小而高的山。

⑮ 通谷：大谷。在今河南洛阳市伊滨区。东汉于此置大谷关，为八关之一。曹植《洛神赋》有“经通谷”句。

⑯ 四水：伊、洛、瀍、涧。

⑰ 二室：嵩山之太室、少室。镇：古称一方的主山为镇。《周礼·大司乐》：“四镇五岳。”

⑱ 栱：斗拱。

廊,列金楹而四合。寿宫肃肃,备物严严[①]。宛若居摄之仁明[②],穆如行化之易简[③]。孝若之徘徊庭庑[④],未足赞其精微;灵均之倦𠠯阶除[⑤],不能诃其怪异。《易》称王假[⑥],所以致孝享;《诗》称天作[⑦],所以祀王公。崇敬则遐迩同臻,嘉祥则贤愚共被。若乃日之吉,辰之良,银鞍绣轴溢通庄[⑧],会舞安歌纷满堂。樽酌奠兮㪺桂[⑨],璆锵鸣兮琳琅[⑩]。下祷戴兮介福[⑪],上歆馨兮乐康[⑫]。虽盛凝之持戒练心,倾恇不怠[⑬];刘长之去邪归道[⑭],拜谒逾勤。正直聪明,于是乎在。

粤以癸丑秋末[⑮],迄于甲寅夏首[⑯],西郊不雨,南亩亢阳[⑰]。八溪以眺渚滨河[⑱],罕植青草;九重以握圭沈璧[⑲],屡命皇华[⑳]。阙(缺一字)无鹤立之征,田

---

① 寿宫:供神之宫。严严:紧密严实貌。

② 居摄:因皇帝年幼不能亲政,由大臣代居其位处理政务,谓"居摄"。三国魏曹植《周公赞》:"成王即位,年尚幼稚,周公居摄,四海慕利。"

③ 行化:推行教化。

④ 孝若之徘徊庭庑:《昭明文选》卷四十七晋代夏侯孝若(湛)《东方朔画赞·序》:"大人来守此国,仆自京都言归定省,睹先生之县邑,想先生之高风;徘徊路寝,见先生之遗像;遥城郭,观先生之祠宇。慨然有怀,乃作颂焉。"

⑤ 𠠯(jù):极。阶除:指台阶。

⑥ 王假:"王假有庙"。语出《周易·萃》:"萃,亨,王假有庙。"假:为至;有,语词。《彖》说:"王假有庙,致孝亨也。"句意为:君王到宗庙祭祀。萃为聚义。

⑦ 天作:《诗经·周颂》篇名。诗曰:"天作高山,大王荒之。彼作矣,文王康之。彼徂矣,岐有夷之行。子孙保之。"其中"天作高山"是说上天赐予岐山这块圣地。周人重视天赐,视为吉祥。

⑧ 通庄:通道,往来的大路。

⑨ 㪺(jū):舀水的器具,亦作动词,舀取。

⑩ 璆(qiú):美玉,亦指玉石相碰声。

⑪ 戴:尊奉,推崇,拥护。介福:大福。

⑫ 歆馨:谓神灵享馨香之祭。

⑬ 恇(kuāng):惊恐;惧怕。

⑭ 刘长(公元前198—前174年):淮南厉王。西汉沛县(今属江苏)人。刘邦子。其母原为赵王张敖美人,因赵王谋反案自杀,他由吕后抚养。高祖十一年(公元前196)诛灭英布,被立为淮南王。文帝即位,他骄横不法,"不听天子诏",藏匿亡命,文帝六年(公元前174年)阴谋反叛,被拘,谪徙蜀严道邛邮,途中绝食死。

⑮ 癸丑:开元元年,公元713年。

⑯ 甲寅:开元二年,公元714年。

⑰ 亢阳:盛极之阳气。指旱灾。

⑱ 八溪:苑囿中的大小池沼。

⑲ 九重:指帝王。

⑳ 皇华:《诗经·小雅》中的篇名。《序》谓:"《皇皇者华》,君遣使臣也。送之以礼乐,言远而有光华也。"《国语·鲁语下》:"《皇皇者华》,君教使臣曰:每怀靡及,诹、谋、度、询,必咨于周。"后因以"皇华"为赞颂奉命出使或出使者的典故。

夫有狼顾之惧[①]。尹上柱国武威县开国子陇西李杰[②]，山河间气[③]，廊庙宏材[④]。允四海之具瞻[⑤]，裁三川之景化[⑥]。西京伫润[⑦]，稍（缺一字）分陕之郊[⑧]；东都思理[⑨]，再临惟洛之邑。奸豪惩而疑滞剖，鳏寡悦而礼义行。德泽布濩[⑩]，颂声洋溢。正议大夫行少尹护军彭城刘祯、正议大夫行少尹上柱国博陵县开国男崔元祐[⑪]，并星象之奇，衣冠之秀。器惟经国，文艺袭于班扬[⑫]；道以匡时，令望升于台阁。佐官司录柳齐物等[⑬]，并陟遐自迩[⑭]。始当州府之劳；择士用才，终践公侯之望。朝请大夫行令博阳县开国男彭城刘体微[⑮]，金枝玉叶

① 狼顾：狼行走时，常转过头看，以防袭击。比喻人有所畏惧。

② 尹：指河南尹。上柱国：官名。战国楚国置，位极尊，仅次于令尹，掌军政，主征战。秦末，项梁曾拜楚王、上柱国，陈胜以上蔡人房君蔡赐为上柱国。北周武帝建德四年（575年），置为最高级勋官，正九命。隋朝置为从一品散实官，炀帝大业三年（607年）罢。唐高祖武德七年（624年）置为十二转勋官，比正二品。李杰（？—718年）：唐相州滏阳人，本名务光。举明经，历天官员外郎、卫尉少卿、河东道巡察黜陟使、河南尹、御史大夫。明敏有吏才，修梁公堰，通江淮漕运。以护作桥陵有功，赐爵武威县子。

③ 间气：旧谓英雄豪杰上应星象，禀天地特殊之气，间世而出，称为"间气"。《太平御览》卷三百六十引《春秋演孔图》："正气为帝，间气为臣。"宋均注："间气则不苞一行，各受一星以生。"

④ 廊庙：指朝廷。

⑤ 允：信，实。具瞻：谓为众人所瞻望。语出《诗经·小雅·节南山》："赫赫师尹，民具尔瞻。"毛传：具，俱；瞻，视。郑玄笺："此言尹氏汝居三公之位，天下之民俱视汝之所为。"

⑥ 三川：河、洛、伊为三川。景化：犹敬仰。《后汉书·刘恺传》："景化前修。"李贤注："景，慕也。"

⑦ 伫：积聚。

⑧ 分陕：陕即今三门峡市。相传周初周公旦、召公奭分陕而治，周公治陕以东，召公治陕以西。后谓封建王朝官僚出任地方官为"分陕"。

⑨ 思理：犹构思。

⑩ 濩（hù）：布散。

⑪ 正议大夫：官名。隋炀帝大业三年（607年）始置，正四品。唐沿置为正四品上文散官。少尹：官名。唐代置，为都城及其他地方重要府级行政副长官。玄宗开元元年（713年），改京兆、河南、太原等府司马设，各二人，从四品。掌贰府州之事，岁终则更次入计。护军：唐初秦王、齐王府各置左右六护军府，各有护军、副护军为正四品下、从四品下，掌率所部侍卫陪从。高祖武德九年（626年）废。唐德宗以后左右神策军置"护军中尉"，左右神威军置"中护军"。亦为勋官名。唐代为十二级之第四级。开国男：爵名。初指男爵中开国置官食封者，后仅为爵位名。食邑为县，故爵前常冠以所封县名。唐朝太宗贞观十一年（637年）男爵始加开国之称，为九等爵最末等，从五品上，名义食邑三百户，实际未加实封者并不食封。

⑫ 班扬：汉班固和扬雄的并称，二人以擅辞赋著名。

⑬ 司录：司录参军、司录参军事。官名。唐开元初改三京府及凤翔、成都、河中、江陵、兴元、兴德六府的录事参军为司录参军，都督府及诸州仍为录事参军。

⑭ 陟遐：远行。

⑮ 朝请大夫：官名。隋炀帝大业三年（607年）始置，正五品散官。唐代定为文散官，从五品下。诸王众子出身封郡公者，由此叙阶。刘体微：唐彭城人。中宗景龙中，为始平主簿，朔方总管张仁亶奏为幕僚，分总军事。玄宗开元二年，官偃师令，封博阳县男。入为金部郎中，出为郑州刺史，后累迁谏议大夫、卫尉卿。

之门，上善通贤之量。历霜台之鲠直①，阐雷邑之风（缺一字）立义（缺一字）欺，兼并自息。通直郎行丞王钝②、朝议郎行主簿李循古③、承议郎行尉崔延祚④，莫不珪璋比德⑤，麟凤成文，藏用于东畿，安卑于西亳⑥。咸以分官济俗，共理经邦。钦若皇情⑦，特怜黔首⑧。吁嗟庙宇，申至理之馨香；拜起灵坛，奠明祈之（缺一字）诚。敬如在，神听无违。言未毕而布油云⑨；礼未终而澍甘液⑩。三农有庆⑪，八政（缺十一字）而家邦可制⑫。非圣人之利物，岂能与于此者？是以黄发儿齿之徒相与而称曰："昔文翁以化渐蜀川⑬，犹存古庙；子产以政行郑国⑭，尚列遗祠。"况公道德均两仪⑮，神灵庇万代，而颂章斯缺，盛事

---

① 霜台：古称御史台为霜台。岑参《虢州西亭陪端公宴集》诗："为逼霜台使，重裘也觉寒。"鲠（gěng）直：刚直，正直。鲠：直。

② 通直郎："通直散骑侍郎"简称。官名。隋炀帝大业三年（607 年）谒者台置，员三十人，从六品，据事大小出使。唐高祖武德七年（624 年）置为从六品下文散官。

③ 朝议郎：官名。隋文帝开皇六年（586 年）吏部别置散官八郎之一，炀帝大业三年（607 年）罢。唐代又置为正六品上文散官。主簿：隋、唐、五代部分中央及地方机关皆置。中央御史台、秘书省、司天台、诸寺监、东宫詹事府及太子诸寺、地方县、关所置，多掌监印，检核文书簿籍，勾稽缺乏，故有"主簿为印曹"之说。

④ 承议郎：官名。隋炀帝大业三年（607 年）置，员三十人，正六品，据事大小出使。唐代沿置，为正六品下文散官，郡公出身者由此叙阶。宋初为正六品下文散官。太宗太平兴国元年（976 年），以避讳改承直郎。

⑤ 珪璋：一种玉器。古代朝觐的礼仪，诸侯朝王执珪，朝后执璋。常比喻人品高洁。

⑥ 西亳：在今河南偃师市西尸乡沟一带。《尚书·序》："汤始居亳，从先王居。"《史记·殷本纪》正义引《括地志》："河南偃师为西亳，帝喾及汤所都，盘庚亦徙都之。"20 世纪 80 年代考古发现商代早期都城遗址于此。

⑦ 钦若：敬顺。

⑧ 黔首：平民；百姓。《礼记·祭义》："明命鬼神，以为黔首则。"郑玄注："黔首，谓民也。"孔颖达疏："黔首，谓万民也。黔，谓黑也。凡人以黑巾覆头，故谓之黔首。"

⑨ 油云：浓密的云。陆游《夏雨》诗："起看油云满四郊。"

⑩ 澍（shù）：及时雨。

⑪ 三农：平地农、山农、泽农。《周礼·天官·大宰》："一曰三农生九谷。"

⑫ 八政：古代国家施政的八个方面。具体内容不一。《书·洪范》："三，八政：一曰食，二曰货，三曰祀，四曰司空，五曰司徒，六曰司寇，七曰宾，八曰师。"后世所称"八政"多指此而言。

⑬ 文翁（公元前 187—前 110 年）：名党，西汉庐江舒人。少好学，通《春秋》。景帝末，为蜀郡守。崇尚教化，以变风俗。派小吏至长安，就学于博士。又在成都兴办学校，成绩优良者为郡县吏。由是蜀地大化。汉代郡国立学校官，自文翁始。卒后蜀人祀之。

⑭ 子产（？—公元前 522 年）：春秋时期政治家。字子美，又名公孙侨、公孙成子，郑国人。出身贵族，曾任卿。自公元前 543 年至公元前 522 年在郑国执政，实行政治、经济、军事、法律等一系列改革。

⑮ 两仪：指天地。《易·系辞上》："易有太极，是生两仪。"

莫传。蒙少忝青衿[①]，晚纡黄绶[②]。勤诚不梦，岂吾道之将衰[③]；游践难言[④]，冀斯文之未丧。

颂曰：

伊太初兮[⑤]，惟混惟茫。暨中古兮，无制无防。大忠勤国兮，辅我君王。至道被物兮，明(缺一字)典章。乾坤可测兮，阴阳会合。威仪不差兮，礼乐铿锵。上德既丧兮，先灵如在。下人蒙庇兮，遗惠不忘。春夏炎赫兮，销流金石。官寮祈请兮[⑥]，拜伏坛场。神听之兮，密云已洒。人赖之兮，零雨其滂[⑦]。喜大田之多稼，望高廪之盈仓。羞苹蘩于祭礼[⑧]，建碑颂于祠堂。松柏森沈兮岁久，烟霞(缺二字)兮山荒。谒明神于此地，降福祚之穰穰[⑨]。

---

① 忝(tiǎn)：辱，有愧于，常用作谦辞。青衿：古代学生穿的衣服，衣领青色，因以称读书人。

② 纡：系，结。黄绶：古代官员系官印的黄色丝带。借指官吏或官位。

③ 勤诚不梦，岂吾道之将衰：《论语·述而》载孔子语曰："甚矣吾衰也，久矣吾不复见周公。"

④ 游践：犹游踪。

⑤ 太初：亦作"大初"。天地未分之前的混沌元气。

⑥ 官寮：官僚。指官员。

⑦ 零雨：慢而细的小雨。滂(pāng)：形容水涌出或雨水量多。

⑧ 羞：同"馐"，美味的食品。苹蘩：苹和蘩。两种可供食用的水草，古代常用于祭祀。泛指祭品。

⑨ 穰穰：丰盛繁多的样子。《诗经·周颂·执竞》："降福穰穰，降福简简。"

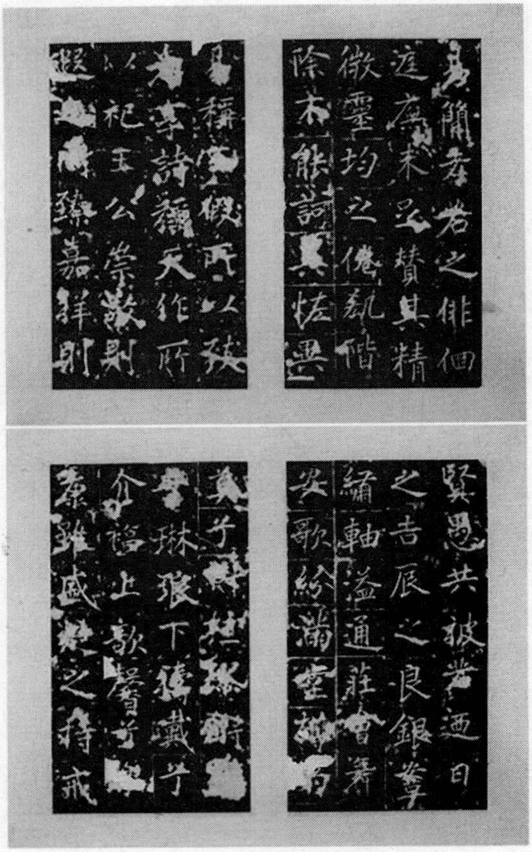

周公祠碑拓片(局部)

严　衍

严衍(1575—1645 年),字永思,一字午庭。明末清初,江苏嘉定(今属上海市)人。世居马陆,后居厂头(今属桃浦乡)。精易理,通史学,能诗律,善书法。性孝友,重节操。明万历年间秀才,为人刚直,一生未仕。隐居教授,各地名士前来从学者百余人。尤精于史学,潜心研究,致力编撰,历 30 余年,于明末清初作《资治通鉴补》500 卷,为《资治通鉴》拾遗补缺、刊正疏误、理乱删复。严衍对《易》经等研究,也颇有心得,有《溪亭问答》《修绠斋易说》24 卷。另有《修绠斋四书说略》20 卷及《拙道人诗文集》等。

高祖武皇帝(节选)[①]

又为荣立庙于首阳山[②],上因周公旧庙而为之,以荣功可比周公。庙成,寻为火所焚。

---

① 选自《资治通鉴补》卷一百五十五《梁纪十一》,清光绪二年盛氏思补楼活字印本。

② 荣:尔朱荣。

顾炎武

顾炎武(1613—1682年),原名绛,字忠清,明亡后改名为炎武,字宁人,学者尊为亭林先生,苏州府昆山人(今江苏昆山)。明清之际思想家。少年时参加"复社",反宦官权贵斗争。连年科举不第,感于国事艰危,于明崇祯十二年(1639年)起专心治实学。清兵南下后参加昆山嘉定一带人民抗清起义,失败后十谒明陵,不忘复兴,多次拒绝清廷征聘。从清顺治十四年(1657年)起弃家北行,游历20余年,足迹遍布大江南北。晚年居于陕西华阴,卒于曲沃。一生治学抱定经世致用的宗旨,对国家典制、郡邑掌故、天文仪象、河漕、兵农,以及经史百家、音韵训诂都有研究,学识极为渊博。晚年治经侧重考证,对清代学术文化发展有深远影响,被称为"清学开山"。其著述有近50种,比较著名的有《日知录》《天下郡国利病书》《肇域志》《音学五书》《韵补正》《亭林诗文集》等。

偃师周公祠①

《伽蓝记》:普泰初,为太原王尔朱荣立庙于芒岭首阳,上旧有周公庙,世隆欲以太原王功比周公,故立此庙。庙成,为火所灾,有柱焚之不尽。后三日,雷雨震,电霹雳,击为数段。柱下石及庙瓦皆碎于山下。《魏书》:世宗正始元年六月戊戌,诏立周旦、夷、齐庙于首阳山。

① 见顾炎武《肇域志》卷二十九,题目为本书著者所拟。

顾祖禹

顾祖禹(1624—1680年),字景范,江苏无锡人,生于常熟,故尝自署为常熟人,后又徙居无锡城东的宛溪,学者称为宛溪先生。明末清初历史地理学家。父柔谦精于史学,他少承家学,通经史,喜远游。明亡后,隐居著作终身。从顺治十六年(1659年)至临终前的二十余年间,撰成《读史方舆纪要》一书共一百三十卷,详述山川险易,是研究历史沿革、战守形势的地理名著,与梅文鼎的《历算全书》、李清的《南北史合钞》,时称三大奇书。

读史方舆纪要(节选)

首阳山在县西北二十里。杜佑曰夷、齐葬于此①。旧有周公庙。后魏普泰初②,尔朱世隆为尔朱荣立庙于首阳山③,因周公旧庙而为之。庙成,为火所焚。

① 杜佑(735—812年):字君卿,京兆万年(今陕西西安)人。蒙荫入仕,补济南郡参军。历淮南节度使、扬州大都督府长史等职。贞元十九年入拜检校司空、同平章事。元和七年辞相。精于吏事,洁身守道。勤于学问,曾扩充刘秩《政典》,撰成《通典》二百卷。

② 普泰:公元531年二月至十月,北魏节闵帝元恭的年号,历时仅数月。

③ 尔朱世隆(500—532年):北魏北秀容川人,字荣宗。尔朱荣从弟。随尔朱荣转战。庄帝时,为尚书左仆射。曾劝荣不入洛阳。荣卒,世隆护荣妻子北走。与兄弟拥立长广王元晔为主。及入洛,复拥立节闵帝,自为尚书令。私宅听事,总执朝政。尔朱氏军于韩陵被高欢击败。世隆在洛阳被杀。尔朱荣(493—530年):字天宝,北秀容(今山西忻县西北)契胡人。继父为部落酋帅。六镇起义后,荣招集兵马为魏战。以战功至仪同三司,擅据肆州。武泰元年(528年),灵太后毒死明帝。荣举兵向洛阳,拥立庄帝。于河阴杀太后、少主及宗室、大臣等二千余人。后又出兵滏口,击败葛荣军,擒葛荣送洛阳。屯兵晋阳,遥执朝政。遣军破元颢,擒萧宝寅、万俟丑奴。自为大丞相、天柱大将军,封太原王。庄帝恶其逼迫,乘朝会时诛杀。

陈梦雷

作者简介见前文“二、洛阳周公庙古代文献”部分。

周公行祠

在县治西石桥保①。唐开元二年建。

① 县：指偃师。

雍正《河南通志》

雍正《河南通志》由田文镜等修。田文镜(1662—1732年),汉军正黄旗人,监生出身,清康熙二十二年(1683年)出仕县丞,久淹州县官,康熙五十六年(1717年)始为内阁侍读学士。雍正元年(1723年)署山西布政使,二年出任河南藩司,同年升本省巡抚,五年七月晋河南总督,加兵部尚书衔,后转迁山东总督,七年加太子太保,八年兼北河总督。雍正十年(1732年)十一月,以久病请解任,八日去世,谥端肃。田文镜监生出身,曾任久淹州县官、福建长乐县丞、内阁侍读学士。雍正元年(1723年)出任山西布政使,因他清理积压的案牍,使吏治为之一新,雍正遂评他"忠诚体国,公正廉明"。

周公祠[①]

周公祠在府城。明嘉靖四年建[②]。偃师县亦有。

① 见雍正《河南通志》卷四十八,清文渊阁四库全书本。

② 嘉靖四年:公元1525年。

王士俊

作者简介见前文“二、洛阳周公庙古代文献”部分。

周公祠[1]

周公祠，在府城，明嘉靖四年建[2]。偃师亦有。

① 见雍正《河南通志》卷四十八，清文渊阁四库全书本。

② 嘉靖四年：公元 1525 年。

毕　沅

毕沅(1730—1797年),字纕蘅,又字秋帆,号灵岩山人,镇洋(江苏太仓)人。清代学者、诗人。清乾隆二十二年(1757年)以举人为内阁中书军机处行走;乾隆二十五年(1760年),以一甲第一名成进士,授翰林院修撰,升左庶子。出为甘肃安肃道,擢陕西按察使、布政使、巡抚,转河南、山东巡抚,升湖广总督,病卒于任上。死后,清廷说他镇压农民起义不力,籍没其家产。他通经学、史学与小学,也能诗文。喜与文人名士过往,好延客著书,聘人讲学。在史学家邵晋涵、章学诚等协助下,他历20年时间,四易其稿,撰成《续资治通鉴》二百二十卷。又招致洪亮吉、孙星衍、汪中等人,校辑整理《经训堂丛书》,共21种一百六十二卷,包括《山海经》《吕氏春秋》等,以校勘精审著称。其他著作还有《传经表》《经典辨正》《关中中州山左金石诸记》等。诗文有《灵岩山人诗集》四十四卷,《文集》八卷。

周公祠碑①

《洛阳伽蓝记》云:"首阳山旧有周公庙,世隆欲以太原王功比周公,故立此庙。庙成,为火所灾。有一柱焚之不尽,后三日,雷雨震,电霹雳,击为数段。柱下石及庙瓦皆碎于山下。"又,《水经注》云:"河水南对首阳山。又有周公庙。"今碑云偃师县祠堂者,按《图经》云,后人怀□恩所置也。"负阳岑之岩险,面通谷之萦纡。"碑故在石桥保,近首阳山,当是魏时旧庙,唐人所修。今移碑至学宫,恐失其阯矣②。碑又云:"公字朝明。"不见经传。其下述祈雨之人为尹李杰,行少尹刘桢③,行少尹崔元,佐官司录柳齐④,行令刘体微,行丞王铫,行主簿李循古,行尉崔延祚。按李杰,刘昫《唐书》有传,云开元初为河南尹。杰既精于听理,每有诉列,虽衢路当食,无废处断。于是官无留事,人吏爱

① 见《中州金石记》卷二。

② 阯(zhǐ):同"址"。

③ 少尹:官名。即司马,为府的副职。《旧唐书·职官三·州县官员》:"京兆河南太原等府……少尹各二员。"注:"魏晋已下,州府有治中……永徽避高宗名,改为司马,开元初,改为少尹。"

④ 司录:司录参军事。唐开元初改三京府及凤翔、成都、河中、江陵、兴元、兴德六府的录事参军为司录参军,都督府及诸州仍为录事参军。宋承唐制,诸州称录事参军,诸府称司录参军(惟临安府称录事参军),如带京朝官、选人、三班使臣等阶官或试衔者任职,则称"知录"。掌府衙总务,户婚诉讼,通书六曹案牍。

之。《新唐书》家太子詹事景公传云①,李杰为河南尹,与公皆一时选,世谓毕李,即其人也。《宰相世系表》刘氏有体微。谏议大夫卫尉卿,今云朝请大夫,行令博阳县开国男者,是时行偃师令也。《通志·金石略》有周公祠碑,云开元二年立在西京,即此,而不著撰人姓名。

① 太子詹事:官名。掌皇后和太子家事。唐置詹事府詹事一人,统三寺十率府之政令,内外众务无所不统;少詹事为副贰。景公:指毕构(?—约216年),唐河南偃师人,字隆择。擢进士第。历左拾遗,中书舍人,润、卫、同、陕四州刺史,迁益州长史。中宗景龙末召拜御史大夫,封魏县男。会平诸韦,治其党,构详比轻重,皆得其情。与河南尹李杰,皆一时选,世谓毕李。复为益州长史。睿宗时迁吏部尚书,徙广州都督。玄宗时授河南尹,进户部尚书。卒谥景。

周广业

周广业(1730—1798 年),字勤圃,号耕厓,海宁伊桥人。清代藏书家。清乾隆四十八年(1783 年)举人。早年丧父,靠教授生徒以奉母养弟。好学不倦,精通经典,善于论史。清廷编纂《四库全书》时,参与其事的名流学者,争相聘其担任校勘。广业精心从事,凡经手校勘过的古籍,都成为善本。后受荐主讲安徽广德书院,兼修州志;为当地培育了不少人才,并修成了一部评价颇高的《广德州志》。广业生性耿介,不随流俗,后归家著述以终。所著《孟子四考》,于孟子生平,颇有独到见解,曾刊入《皇清经解续编》。此外还著有《蓬庐文钞》《读易纂言》《石经纪略》《经史避名汇考》,并辑录《宁志余闻》等。

周公祠碑①

《中州金石记》载,开元二年《周公祠碑》有云:"公字朝明。"不见经传。按,公名同睿宗,不敢斥言,遂伪撰此字。唐人妄诞,往往有此。

① 见《经史避名汇考》卷十五,清钞本。

王　昶

王昶(1725—1806年),字德甫,号述庵,又号兰泉。江苏青浦朱家角(今属上海)人,清代文学家、金石学家。清乾隆十九年(1754年)中进士,乾隆二十二年(1757年),召试第一,入直军机处。乾隆三十二年(1767年),涉两淮贪污案罢官。乾隆四十一年(1776年),因平定金川有功,升任鸿胪寺卿兼军机章京。历任江西按察使、陕西按察使、云南布政使,官终刑部右侍郎。乾隆五十九年(1794年),以年迈为由辞官。之后主讲娄东、敷文两书院。工诗文,与王鸣盛、吴泰来、钱大昕、赵文哲、曹仁虎、黄文莲并称"吴中七子"。有《春融堂集》60卷。王昶穷半生精力搜罗商周铜器及历代碑刻拓本,撰成《金石萃编》160卷。王昶还辑有《明词综》《国朝词综》《湖海诗传》《湖海文传》等书。另有《使楚从谭》《征缅纪闻》。

周公祠碑①

碑高七尺,广三尺五寸五分二十七行行三十四字,正书,篆□,在偃师县。

周公祠碑并序(此处略,编者)

按:碑所载偃师县祠堂者,按《图经》云,后人怀□恩所置也。"负阳岑之岩险,面通谷之萦纡。"其文述祠之始末基宇略可推见如此。《伽蓝记》云:"首阳旧有周公庙,世隆欲以太原王功比周公,故立此庙。庙成,为火所焚。"今是碑旧在石桥保,与首阳山比近,碑亦云"负阳岑",则祠即尔朱时所营造。由其庙焚以后,唐犹依其故址也。碑又云:"以癸丑秋末,迄于甲寅夏首,西郊不雨,南亩亢阳。"按《新唐书·元宗纪》,开元二年五月壬午,以关内旱,求直谏云云。据此,则东都亦旱矣。史文或有阙记也。《五行志》开元二年春大旱。按,碑云癸丑秋末迄于甲寅夏首,则旱已隔岁,非仅一春旱也。文内有云,公讳旦,字朝明。公字他书皆无闻,独见于唐碑,疑皆后人附会之词,不足据。今府志采入,谓补史传之阙,盖失斟也。(《偃师金石遗文记》)

右周公祠碑,朝议郎行偃师县尉贾□义撰,文多慢漶,不见书人姓名,详其文义,盖以河南尹陇西李行正少尹,彭城刘祯偃师令、彭城刘体微等祷雨周公祠有应,立石颂之也。考《旧唐书·本纪》,开元二年正月,关中自去秋至于是

① 见《金石萃编》卷七十。文中所引碑上内容,本书前有录。

月不雨，人多饥乏，遣使赈给名山大川，并令祈祭。是时明皇亲政，姚元之当国[①]，民隐不壅于下，而守令亦能勤于民事。祈祷之诚，如响斯答，良足称已。(《潜研堂金石文跋尾》)

按文载，河南尹李杰，少尹刘桢□元□司录柳齐物，令刘体微，丞王钝，主簿李循古，尉崔延祚，凡八人。独李杰《两唐书》有传，云杰本名务光，相州□阳人。其先自陇西徙焉。举明经，累迁天官员外郎。神龙初累迁卫尉少卿，为河东巡察黜陟使。开元初为河南尹，勤于听理，当食无废处断。寡妇有告其子不孝者，物色一道士按问，乃与妇私杀而内于棺[②]。濬梁公堰[③]，省功速就，刊石水滨，以纪绩。此皆见于传者。碑所谓奸豪惩而疑滞剖，鳏寡悦而礼义行，盖约略言之也。两传俱云以护桥陵作赐爵武威子[④]，桥陵为睿宗陵，开元四年始葬。此碑立于开元二年，已云武威县开国子，则在护桥陵之先二年。恐传误也。文内几用字俱缺笔，作用当必有所避耳。

当是魏时旧庙，唐人所修。今移碑至学宫，恐失其阯矣。碑又云："公字朝明。"不见经传。其下述祈雨之人为尹李杰，行少尹刘桢[⑤]，行少尹崔元，佐官司录柳齐，行令刘体微，行丞王铫，行主簿李循古，行尉崔延祚。按李杰，刘昫《唐书》有传，云开元初为河南尹。杰既精于听理，每有诉列，虽衢路当食，无废处断。于是官无留事，人吏爱之。《新唐书》家太子詹事景公传云，李杰为河南尹，与公皆一时选，世谓毕李，即其人也。《宰相世系表》刘氏有体微。谏议大夫卫尉卿，今云朝请大夫，行令博阳县开国男者，是时行偃师令也。《通志·金石略》有周公祠碑，云开元二年立在西京，即此，而不著撰人姓名。

---

① 姚元之：姚崇(651—721年)，本名元崇，字元之。陕州硖石(今河南陕县)人。唐代名相、著名政治家。

② 内：纳。

③ 梁公堰：一名汴口堰。漕渠名。汉有石门渠，利于舟楫和灌溉。隋开皇七年(587年)，使梁睿于河阴(今河南荥阳东北)西增筑堰，遏黄河水入汴河，以利漕运，因称梁公堰。唐开元二年(714年)，河南尹李杰以年久堰破，曾疏浚之，公私深以为利。五代后周显德五年(958年)，又加疏浚，使江淮漕运复通，舟楫相继，商贾毕至。

④ 桥陵：唐睿宗李旦的陵墓。在今陕西蒲城县西北三十里坡头乡丰山上。《元和志》卷一《京兆府奉先县》："县西北三十里有丰山，于此置睿宗桥陵。"

⑤ 少尹：官名。即司马，为府的副职。《旧唐书·职官三·州县官员》："京兆河南太原等府……少尹各二员。"注："魏晋已下，州府有治中……永徽避高宗名，改为司马，开元初，改为少尹。"

翁方纲

翁方纲(1733—1818年),中国清代书法家、金石学者。字正三,号覃溪,晚年得到苏轼书《天际乌云帖》,因此又号苏斋,直隶大兴(今北京市)人。清乾隆十七年(1752年)进士,改翰林院庶吉士,授编修,后至内阁学士,迁鸿胪寺卿。翁方纲精于考据、金石、书法之学,又是清代肌理说诗论的倡始人。有《粤东金石略》《苏米斋兰亭考》《复初斋诗文集》《小石帆亭著录》等。

跋偃师周公祠碑①

此周公祠碑在偃师县学。开元二年十二月朝议郎行偃师县尉贾大义撰,不著书人姓名。其云公字朝明,《偃师金石录》谓是后人傅会之文②。然愚谓此非后人妄造周公字也。昔《伏侯古今注》③,于汉光武讳秀曰秀之字茂,明帝讳庄曰庄之字严,此岂谓光武、明帝有此字哉。盖后人避其讳之本字而云然耳。今唐人撰周公祠碑,盖不敢直斥公讳某,而代为之辞曰公字朝明,亦犹夫《古今注》之谓秀为茂,谓庄为严耳。且旦又唐讳也。乃撰此金石录者,反增益其文曰公讳旦,字朝明,则大误矣。此须善会作碑者之意,而不可诬为傅会者也。文有云七月艰难陈业也,三年征伐叙功也。据此,则唐初经说皆以居东为东征,无可疑矣,而何容多其歧说为哉!

---

① 见《复初斋文集》卷二十三,李彦章校刻本。

② 《偃师金石录》:清偃师武亿撰。

③ 《伏侯古今注》:又名《伏侯注》。作者伏无忌(生卒年不详),东汉琅琊人。

施诚

施诚，字我真，浙江会稽（今绍兴）人。官河南府知府。清乾隆三十七年（1772 年）纂修《鄢陵县志》二十卷首一卷，又于乾隆四十四年（1779 年）纂修《河南府志》一百十六卷首四卷。

周公祠[①]

周公祠在石桥北二里，俗呼其地为庙台，有唐开元周公祠碑。

① 见乾隆四十四年《河南府志》卷七一《古迹志》之十七《坛庙》。

孙星衍

孙星衍(1753—1818年),字伯渊,一字季逑,亦作季仇,号渊如、薇隐、芳茂山人,江苏阳湖(今常州市)人。少与同里杨芳灿、洪亮吉、黄景仁文学齐名,袁枚品其诗为"天下奇才",与订忘年交。清乾隆五十二年(1787年)进士,授编修。和珅知其名欲一见,孙婉拒不往。历官山东督粮道,权布政使,后引疾归。累主诂经精舍、钟山书院,深究经史、文字、音训、考证之学,旁及诸子百家,皆心通其义。工篆隶,篆刻工整有法度。尤精校勘,辑刊《平津馆丛书》《岱南阁丛书》,世称善本。洪亮吉《北江诗话》云:"吾友孙星衍,工六书篆籀之学。"钱泳《履园丛话》云:"渊如观察守定旧法,当为善学者,微嫌取则不高,为梦英所囿耳。"著作宏富,有《诗文集》二十五卷、《尚书今古文注疏》三十九卷、《孔子集语》十七卷、《金石萃编》二十卷、《续古文苑》二十卷、《周易集解》、《魏三体石经残字考》、《仓颉篇》、《史记天官书考证》、《寰宇访碑录》等。

周公祠碑[①]

贾大义撰[②],正书,开元二年十二月。河南偃师。

周公庙[③]

周公庙,在首阳山。

《水经注》:首阳山,有周公庙。

《洛阳伽蓝记》:首阳旧有周公庙,世隆欲以太原功比周公,故立此庙。庙成,为火所焚。

刘昫《唐书·王世充传》:李密破化及,还,其劲兵良马多战死,士卒疲倦。世充欲乘其敝而击之,恐人心不一,乃假托鬼神,言梦见周公,乃立祠于洛水。遣巫宣言,周公欲令仆射急讨李密,当有大功,不则,兵皆疲死。唐开元二年,贾(大)义撰周公祠碑,略云:按《图经》云,后人怀□恩所置也。负阳岑之岩险,(面)(通)谷之紫纡。

星衍按:唐碑旧在县西石桥保,俗呼其地为庙台,今移置学宫。

---

① 见《寰宇访碑录》卷三。

② 贾大义:他书多作贾正义。此疑有误。

③ 见乾隆四十五年(1780年)《偃师县志》卷四《陵庙记》。

石韫玉

石韫玉(1756—1837年),字执如,号琢堂,又号花韵庵主人,亦称独学老人,江苏吴县人。清代诗人、藏书家。清乾隆五十五年(1790年)中一甲一名进士,授翰林院修撰。乾隆五十七年(1792年),任福建乡试正考官。旋视学湖南。历官四川重庆府知府,山东按察使。因事被劾革职,念旧劳赏编修。乃引疾归,主讲苏州紫阳书院二十余年。尝修《苏州府志》,为世所重。有《独学庐诗文集》《晚香楼集》《花韵庵诗余》《花间九奏乐府》及《竹堂文类》等作品。

唐周公祠碑跋[①]

右碑在河南偃师县,唐开元二年十二月立。撰书人姓名俱不可辨。首有"周公祠碑"四字,今已全泐不可辨[②]。碑文云:"公字朝明,文王之子、武王之弟、成王之叔父也。"按周公之字,于经传未之前闻。进士武虚谷《中州金石记》谓出后人附会之词,余以为不然。考旦字为睿宗庙讳,此碑立于开元二年,撰碑文者不敢斥言旦字,故以"朝明"二字代之。亦犹汉人以秀为茂,以庄为严之例耳。非真以"朝明"二字为周公之字也。学者稽古人之事,所贵心知其义,是在善体作者之意而已。

---

① 见《独学庐稿》二稿下卷。

② 泐(lè):石头因风化、遇水而形成的纹理,石头依其纹理而裂开。此指碑文因年久风化而剥蚀消失。

劳 格

劳格(1819—1864 年),字保艾,一字季言,清仁和(今杭州余杭区)塘栖镇人。诸生。与兄权均精校雠之学,校补父经原之《唐折冲府考》成书。赵钺撰《唐郎官石柱题名考》《唐御史台精舍题名考》近半,以年老,付格续成之。咸丰间避兵,自塘栖迁双溪,再迁同里,忧伤病卒。所著尚有《读书杂识》。

刘体微(节选)[①]

石刻贾□义《周公祠碑》称朝议大夫行偃师令博阳县开国男彭城刘体微"历双台之鲠直,阐雷邑之风□"。开元二年河南偃师[②]。

① 见《唐郎官石柱题名考》卷十五。

② 开元二年:应为"开元二十二年"。

缪荃孙

缪荃孙(1844—1927年),字炎之,又字筱珊,号艺风,江苏江阴人。近代藏书家、校勘家。清光绪二年(1876年)中进士,选翰林院庶吉士。散馆授编修,助张之洞修《顺天府志》。光绪八年(1882年)任国史馆协修。光绪九年(1883年)任纂修。光绪十四年(1888年)任总纂,撰成儒林、文苑、循吏等五传二百余篇。同年丁继母忧归里,主讲南菁书院。光绪十七年(1891年)主讲山东济南栎源书院。光绪十九年(1893年)任国史馆提调,撰《常州词录》。光绪二十年(1894年)至武昌,修《湖北通志》。从光绪二十二年(1896年)至光绪二十七年(1901年),应两江总督张之洞之约主讲江宁钟山书院,兼领常州龙城书院。光绪二十九年(1903年)赴日本考察。此后曾创办江南图书馆、京师图书馆,任清史馆总纂,协修《江苏通志》《江阴县志》。著作甚多,主要有《续碑传集》《南北朝名臣年表》《近代文学大纲》《艺风堂藏书记》《艺风堂文集》《艺风堂金石文字目》《藕香零拾》《清学部图书馆善本书目》《辽文存》等。还编有地方志、文集多种,辑刻巨编也甚多。

云自在龛随笔(节选)[①]

蔡州祀吴元济,狄道祀董卓[②],杭州有秦桧祠,邺下有石虎祠[③],澧州有驩兜庙[④],尔朱隆改嵩山周公祠祀尔朱荣[⑤],田承嗣祀安禄山、史思明父子[⑥],号曰四圣。又有盗跖庙、黄巢庙。然则抗(杭)人葬陈其美于万松岭,祠汤寿潜于西湖,得无类是。

---

① 见《云自在龛随笔》卷二。

② 狄道:秦置,治今甘肃省临洮县,为陇西郡治。《汉书·高后纪》:高后七年(公元前181年),“匈奴寇狄道,略二千余人”,即此。东汉改为狄道县。

③ 石虎(295—349年):十六国时后赵国君。公元334年至349年在位。字季龙,上党武乡(今山西榆社北)人。羯族,石勒侄。勒死,废勒子弘自立,迁都于邺(今河北临漳西南),在位时穷兵黩武,残暴荒淫,民不聊生,梁犊等起义,众至数十万。身死不久,后赵即亡。

④ 澧州:隋开皇九年(589年)置松州,寻改澧州。治澧阳县(今湖南澧县)。以澧水得名。辖境相当今湖南省澧水流域(溇水上游除外)。驩兜:一作驩头。传说中远古时人,尧之臣。尝举共工,而共工淫辟,所举非人,舜乃放之于崇山。一说,颛顼生驩头,驩头生苗民。

⑤ 嵩山:误。据实,应为邙山或首阳山。

⑥ 田承嗣(704—778年):唐平州卢龙人。初为安禄山部将,任武卫将军。安史之乱,为前锋,两次攻入洛阳。代宗时降唐,由郑州刺史擢魏博节度使,征税扩军,自署官吏,割据河北。代宗大历十年兼有贝、博、魏、相、卫、磁、洺七州。曾两度叛乱,朝廷不能制。

洛阳市文物管理局

周公祠遗址①

遗址位于偃师市首阳山镇石桥村东北，原有建筑均已荡然无存，现仅存一高约3米、面积约200平方米的夯土台基。台基的断崖处和地表还留有大量的外素内布纹筒瓦、板瓦等建筑材料。在夯土台基的附近，石桥村2组村民赵应奎家门外西侧现存有1通残石碑。碑仅存半截，青石质，高0.94米、宽0.85米、厚0.22米。碑上残存有“祠遗址”3字，阴刻楷书，推测该碑应为“周公祠遗址”碑。据村民讲述，石碑原有螭龙首、龟趺，现均已下落不明。根据清代乾隆年间举人张绍乾撰写的此碑碑文现残余文字内容，结合商城博物馆所收集的《周公祠牌》碑文中所引《洛阳伽蓝记》中“首阳旧有周公庙，世隆欲以太原功比周公，故立此庙”，以及“碑旧在县西之石桥堡”的内容，推断周公祠创建于北魏时期。

① 见洛阳市文物管理局编著的《洛阳市第三次全国文物普查新发现》，文物出版社，2009年。

附录二　登封周公庙史料

黎　逢

黎逢，生卒年、籍贯皆不详。唐大历十二年（777 年）丁巳科状元。黎逢状元及第后，于建中元年（780 年）又考中经学优深科，建中三年（782 年）任监察御史，其后行迹不详。《全唐诗》存其诗二首。

测景台赋

（以“设在天中，端景垂则”为韵）

瞻彼古台，揆日爰设①。载征经始之旨②，将测运行之节。天地之心可见，风雨之交既别。玉律匪先③，土圭是揭④。以征阴阳之短长，以察浮骖之晷辙⑤。不然者，焉可以酌其数于高空，建天中而有截？

详厥周典⑥，询诸日官⑦。以寒暑为候，以阴阳为端。且俯接神州，迥当嵩岭。凭累土之增构⑧，运孤标之直影。矧因高以垂范⑨，异寻虚而捕景。分至有度⑩，知王者之迎长；盈缩不愆⑪，念志士之思永。蹇产峭耸⑫，昭明有融⑬。九层一验⑭，万寓攸同。彰宣精而示下，表无私而得中。况复圭植于台，日生

---

① 揆（kuí）：度（duó），揣测；根据。爰（yuán）：于是。

② 征：寻求。经始：开始营建；开始经营。

③ 玉律：玉制的标准定音器。相传黄帝时伶伦截竹为筒，以筒之长短分别声音的清浊高下。乐器之音，则依以为准。分阴、阳各六，共十二律。古人又以配十二月，用吹灰法，以候气。匪：非。

④ 揭：使隐瞒的事物显露；标示。

⑤ 浮骖：意思是指奔走的骏马，此当指太阳。古人以为羲和驾车。

⑥ 周典：周代的典章制度。特指《尚书·周书》。

⑦ 日官：古代掌天象历数之官。

⑧ 增构：高耸的建筑。

⑨ 矧（shěn）：况且。

⑩ 分至：指春分、秋分、冬至、夏至。

⑪ 盈缩：增长和减少。愆：错，差错。

⑫ 蹇产：高而盘曲。

⑬ 昭明：显明。

⑭ 九层：九重，九级。亦用以喻极高。

于海。当呈象以委照,必澄霞而赋彩。两童之辨犹惑①,太史之占斯在。上千里而是驰,下寸晷而未改。

嗟夫!悠也久也,元之又元。升大明而赫矣,顾崇址而岿然。是以分北陆,识南躔②。审以作程,定此而会期率土③;中以举正,因兹而仰辨均天④。惟彼元德,我后是则。普观端景,知立表于天中;潜测末光,思劳躬于日昃。至若视朔兴纪⑤,书云立规⑥。浮箭司辰⑦,且于室内;建木灭影,或在天垂⑧。岂比夫兹台之特立,平四气而正两仪⑨。

① 两童之辨:《列子·汤问》:"孔子东游,见两小儿辩斗。问其故,一儿曰:'我以日始出时去人近,而日中时远也。'一儿以日初出远,而日中时近也。一儿曰:'日初出,大如车盖;及日中,则如盘盂:此不为远者小而近者大乎?'一儿曰:'日初出,沧沧凉凉;及其日中,如探汤:此不为近者热而远者凉乎?'孔子不能决也。两小儿笑曰:'孰谓汝多知乎?'"

② 躔(chán):天体的运行。

③ 率土:谓境域之内。《诗经·小雅·北山》:"率土之滨,莫非王臣。"率:循。率土之滨,犹言四海之内。"率土"为"率土之滨"的省语。

④ 均天:钧天。天的中央。古代神话传说中天帝住的地方。

⑤ 视朔:古代天子和诸侯在每月初一祭告于明堂和祖庙后听政,叫"视朔"。《春秋·文公十六年》:"公四不视朔。"

⑥ 书云:古代观察天象以占吉凶,并加以记录。《左传·僖公五年》:"公既视朔,遂登观臺以望,而书,礼也。凡分、至、启、闭,必书云物,为备故也。"杨伯峻注:"云物,古有两义。《太平御览》八引《左传》旧注云:'云,五云也;物,风、气、日、月、星、辰也。'是分云、物为二。然《周礼·春官·保章氏》云:'以五云之事辨吉凶、水旱降丰荒之祲象。'郑众、郑玄皆谓云物即云色。五云之色者,青、白、赤、黑、黄五色也。杜注亦云:'云物,气色灾变也。'其义亦同两郑,是以云物为一。盖古礼,国君于二分二至及四立之日,必登臺以望天象(或日旁云气之色),占其吉凶而书之。"南朝梁刘勰《文心雕龙·书记》:"占者,觇也。星辰飞伏,伺候乃见,登观书云,故曰占也。"

⑦ 浮箭:谓漏壶上指示时刻的箭头。司辰:主管时令。

⑧ 天垂:犹天际。

⑨ 四气:指春、夏、秋、冬四时的温、热、冷、寒之气。两仪:指天地。《易·系辞上》:"易有太极,是生两仪。"

范　荣

范荣，生卒年、里居、事迹均不详。唐代辞赋家，善为律赋，作品今存4篇。

测景台赋

大圣崇业，万象潜通。据河洛之要，创造化之功。建以黄壤，亘以紫宫①。右辅伊阙，左连轘嵩②。银台比而可拟③，瀛壶方而讵同④。掩扶桑于日域⑤，包蓬莱于海濛⑥。式均霜露之气，以分天地之中。

于是仰元穹之文⑦，俯黄壤之理。下压坤德⑧，上罗乾纬。垂刑象物，既不假于银衡；司刻探元⑨，何必邀于铜史⑩。其细也难究，其妙也若此。斯岂光阴而若易徙⑪。且夫圣不可测，道实兼致。天地与能，幽灵必契。囊括众巧，网罗群艺。自然而来，畴能比计⑫。今来古往，时移道替⑬。滋岁月以成朽，觉风尘之渐异。人有代兮俗没，地有形兮无制。零落空阶，莓苔古砌。但觉萧条，颓墉逦迤⑭。高阜荒凉，寒城芜翳⑮。攀圣迹而难企，感吾徒而流涕。猗欤成

---

① 紫宫：神话传说中神仙居住的地方。亦为星座名。指紫微星。

② 轘：轘辕山。在今河南省偃师市东南，接登封、巩义二市界。因山道险隘、盘旋往复得名。形势险阻，历为兵家控守要地。有轘辕关。

③ 银台：传说中王母所居处。《后汉书》卷五九《张衡传》："聘王母于银台兮，羞玉芝以疗饥。"

④ 瀛壶：瀛洲。晋王嘉《拾遗记·高辛》："三壶，则海中三山也。一曰方壶，则方丈也；二曰蓬壶，则蓬莱也；三曰瀛壶，则瀛洲也。形如壶器。"方：比。讵：岂，怎。

⑤ 扶桑：神话中的树名。《山海经·海外东经》："汤谷上有扶桑，十日所浴，在黑齿北。"郭璞注："扶桑，木也。"《海内十洲记·带洲》："多生林木，叶如桑。又有椹，树长者二千丈，大二千余围。树两两同根偶生，更相依倚，是以名为扶桑也。"传说日出于扶桑之下，拂其树杪而升，因谓为日出处。亦代指太阳。日域：日出之处。古代以喻极东之地。

⑥ 蓬莱：蓬莱山。古代传说中的神山名，亦常泛指仙境。《史记·封禅书》："自威、宣、燕昭使人入海求蓬莱、方丈、瀛洲，此三神山者，其傅在勃海中。"

⑦ 元穹：玄穹，苍天。

⑧ 坤德：地德。汉李尤《漏刻铭》："仰厘七曜，俯顺坤德。"

⑨ 探元：探求玄理。元：同"玄"。

⑩ 铜史：指汉张衡所制漏刻仪上的铜制仙人像。

⑪ 徙：一本作"从"，从上下文韵脚来看，当以"徙"为是。

⑫ 畴：犹曩。以往；从前。

⑬ 替（tì）：衰废。

⑭ 墉：墙垣。逦迤（lǐ yǐ）：曲折延绵的样子。

⑮ 寒城：寒天的城池。

周,系圣纂极①。君少臣疑②,流言更逼。自陕卜洛,其仪不忒③。公敷其化④,人尽其力。惠而不费,功成事息。钦圣德之微奥,岂赋者之能识。

① 纂:夺取。极:帝王之位。

② 疑:一本作“政”,从上下文韵脚来看,当以“疑”为是。

③ 忒(tè):差错。

④ 敷:布置,铺开。这里是张大之意。

李吉甫

李吉甫(718—814年),字弘宪,赵郡(今河北赵县)人。以荫补仓曹参军,后任太常博士,出为忠州等地刺史。宪宗即位,由考功郎中升为中书舍人,参与讨平西川节度副使刘辟叛乱。唐元和二年(807年),任中书侍郎、同平章事。次年,转任淮南节度使,在高邮筑富人、固本二塘,溉田近万顷。元和六年(811年),再任宰相,裁减冗官八百员、吏一千四百员,使魏博节度使田兴归唐。他排斥进士出身的牛僧孺、李宗闵等人,成为后来"牛李党争"的起因。有《元和郡县图志》等。

测景台[①]

在县城内西北隅[②],高一丈。开元十年诏太史监南宫说立石表焉[③]。

---

① 见《元和郡县图志》。

② 县:指告成县。

③ 太史监:官署名,亦为官名。隋初秘书省领太史曹,置令、丞各二人。炀帝改太史曹为监,进太史令的秩为从五品,减丞为一人。唐武德四年(621年)改太史监为太史局,隶秘书省。光宅元年(684年)改太史局为浑天监,不隶麟台。久视元年(700年)改称浑仪监,置副监及丞。长安二年(702年)浑仪监复为太史局,废副监及丞,隶麟台如故。景龙二年(708年),改太史局为太史监,太史令之名不改,不隶秘书省,复置丞。景云元年(710年)改太史监复为太史局,景云二年(711年)复改称浑仪监。开元二年(714年)复为太史监,改令为监,置少监,开元十四年(726年),太史监复为局,以监为令,而废少监。天宝元年(742年)太史局复为监,此后不隶秘书省。乾元元年(758年)敕改太史监为司天台。南宫说:唐代天文学家。生卒年不详。活动于公元8世纪。神龙元年(705年)唐中宗复位后,南宫说当时担任太史丞,奏请改革《麟德历》,奉诏和其他历官一起编制《乙巳元历》。

欧阳修

欧阳修(1007—1072 年),字永叔,号醉翁、六一居士,吉水(今属江西)人。北宋文学家、史学家。天圣进士。入朝为馆阁校勘,后被贬为夷陵令。宋庆历三年(1043 年)任知谏院。支持范仲淹,要求在政治上有所改良。嘉祐年间,加龙图阁学士、知开封府,拜礼部侍郎兼翰林侍读学士。嘉祐五年(1060年)任枢密副使。次年,任参知政事。神宗时出知亳州(今安徽亳州)、青州(今山东益都)。王安石推行新法时,他曾对青苗法表示不满,主张文章应“明道”“致用”,对宋初以来追求糜丽形式的文风表示不满,积极提倡古文,是北宋古文运动的领袖。其诗文雄健清新、其词和宛深挚,被列为“唐宋八大家”之一。另史学成就卓著,与宋祁合修《新唐书》,自撰《新五代史》。有《欧阳文忠集》。

地理志(节选)[①]

阳城……天佑二年更名阳邑。有测景台,开元十一年,诏太史监南宫说刻石表焉。

① 见《新唐书》卷三十八。

欧阳忞

欧阳忞，生卒年不详，吉州庐陵（江西吉安）人，欧阳修族孙。北宋地理学家。有《舆地广记》。《舆地广记》为历史地理学著作，成书于政和年间（1111—1117年），共三十八卷。又有《巨鳌记》。

测景台[①]

登封……有测景台。昔周公以土圭测日景，求地中，以阳城为地中焉。

① 见《舆地广记》卷五。

郑樵

郑樵(1104—1162年),字渔仲,兴化军莆田(今属福建)人。南宋杰出史学家。不应科举,居夹漈山下,刻苦力学三十年,访书十年,知识渊博,学者称夹漈先生,自号溪西逸民。他注意实地考察,用力极勤,对天文、地理、草木、虫鱼等均有论述。绍兴中,以荐召对,授右迪功郎、兵部架阁。因被劾,改监南岳庙,后入为枢密院编修官。在史学上,他推崇司马迁、刘知几,反对歪曲历史,任意褒贬。生平著作极富,有《氏族志》《动植志》等八十余种。晚年编撰《通志》,搜罗各代历史,合为一书,为百科全书式的通史,其中的二十略,颇有创见。所著多有亡佚,存者除《通志》外,仅有《尔雅注》《夹漈遗稿》等。

测景台记①

《测景台记》。

① 见《通志》卷七十三《金石略第一》。

杨奂

杨奂(1186—1255年),又名知章,字焕然,号紫阳,金元间乾州奉天(今陕西乾县)人。金末举进士不中,教授乡里。金亡,北渡寓冠氏。元太宗诏试诸道进士,奂两中赋论第一,荐授河南路征收课税所长官,政事约束,一以简易为事。在官十年,请老归。卒谥文宪。奂博览强记,作文务去陈言,以蹈袭古人为耻,家贫而喜周人之急。有《还山遗稿》。

测景台

一片开元石①,愈知天地中。
今宵北窗梦,或可见周公。

① 开元石:唐开元十一年(723年),命南宫说在这里建立一座纪念石表,以纪念周公在此建测景台。石表在观星台南面约二十米处。

王应麟

王应麟(1223—1296年),字伯厚,号深宁居士,先世居浚仪(今河南开封),后迁居庆元府(今浙江鄞县)。19岁中进士,做过地方官和京官,53岁时官至礼部尚书兼给事中。宋理宗宝祐四年(1256年),文天祥考进士,并被擢为状元第一名,就是由主考官王应麟发现的人才。王应麟在史学方面的著作有《汉制考》《汉艺文志考证》《通鉴地理通释》《玉海》等。

唐测景台·土圭[①]

《地理志》河南府阳城县南有测景台。开元十一年,诏太史监南宫说刻石表焉。《会要》唐仪凤四年五月太史令姚元辨奏[②],于阳城测景台立八尺表。夏至日中,测景尺有五寸。调露元年十一月十一日[③],于阳城周公测景所得土圭,长丈二尺七寸……《通典》阳城有测影台。开元以阳城测景未中,乃于浚仪之岳台。《文苑英华》范荣《测景台赋》:"据河洛之要,创造化之功。下压坤德,上罗乾纬。囊括众巧,网罗群艺。平四气而正两仪。"

---

① 见《玉海》。

② 《会要》:指《唐会要》。唐仪凤四年:公元679年。

③ 调露元年:公元679年。

许有壬

许有壬(1287—1364年),字可用,彰德汤阴(今属河南)人。元延祐二年(1315年)进士,授同知辽州事,后迁集贤殿大学士,改枢密副使,又拜中书左丞,以老病致仕。诗、词、文均能。其散文曾得到欧阳玄的称赞,有盛名。有《至正集》《圭塘小稿》。

阳城山记(节选)[①]

郜县,度邓家岭山开一大区,乃嵩岳正落,四外冈峦盘向,中发一土形小巅,迤脉下为夷阜,古阳城地。周公营东都,求土中具测景台,立土圭以测日景。表石高八尺,状如柱。古所制,尚存。台后文宪王庙。庙后原筑观星台,甚危敞,古砌整制。台背下有量天尺。其制划石成溜槽。石三十六方,色深青异常品,每阔三尺六寸,旧有挈壶走水漏刻,以符日景。更北有中禁城故址。

① 见叶封、焦贲恒所著的《嵩山志》。原注:"慎蒙《名山记》作郜山。"

迺贤

迺贤(1309—1368年),一作乃贤,字易之,又名纳新、葛逻禄易之,别号河朔外史,为葛逻禄氏裔,属色目人。因葛逻禄为突厥族姓氏,汉译为“马”,因而也叫马易之。先祖迁居中原,寓居南阳(今属河南),也自称南阳人。博学多才,工于诗文。曾为东湖书院山长,后任翰林编修官。死于军中。著有《金台集》《河朔访古记》。

测影台①

测影台。在登封县东南二十五里,天中乡告成镇,周公测影台石迹存焉。告成即古嵩州阳城之墟,是为天地之中也。台高一丈二尺,周十六步,可容八席。《周礼》:“大司徒以土圭之法,测土深,正日景,以求地中,建王国焉。日至之景尺有五寸,谓之地中。”唐开元十一年,诏太史监南宫说,以石立表。宋太中三年,汜水令李偃重建,增崇七尺。国朝至元十六年,太史令郭守敬奏设监候官十有四员②,分道测景。十八年,奉敕于古台之北筑台,高二十六尺,中树仪表,上为四铜环,规制极精致。命有司营廨舍门庑③,又于古台新台南,建周公之庙以祀之。其碑则河南宪史李用中撰文也。台西则天中观云。

---

① 出自《河朔访古记》。

② 郭守敬(1231—1316年):顺德邢台(今属河北)人,字若思。曾从刘秉忠学。元中统三年(1262年)以张文谦荐,任提举诸路河渠,次年升副河渠使。至元元年(1264年)从张文谦行省西夏,治复唐来、汉延等大渠。至元二年(1265年),为都水少监,掌河渠、堤防、水利、桥梁、闸堰等事。十三年起,参与制定《授时历》,创制天文仪器十余种,所制简仪系世上最早之大赤道仪。二十三年,任太史令。二十八年,领都水监。其后,主持修成通惠河。三十一年,任知太史院事。著有天文历算书籍十余种,均佚。

③ 廨(xiè):旧时官吏办公的地方。

周叙

周叙(1392—1453年),字功叙,一字公叙,号石溪,吉水(今属江西)人。明永乐十六年(1418年)进士,历修撰、侍读学士,迁南京翰林院侍讲学士。宣德元年春三月,曾奉诏祭宋陵,假道嵩阳。有《石溪集》。

游嵩阳记(节选)

极西有法王寺[1],亦名刹,殿宇颓圮,惟浮图巍然。南下,则有周公测影、观星二台废址。

① 法王寺:位于登封嵩山之太室山南麓,嵩岳寺之东北。相传建于汉明帝永平十四年(公元71年)。

郑大原

郑大原，山西长治人。举人，明初任登封知县。

春日谒周公祠观测景台次壁间韵

元圣当年曾测景，巍峨庙貌石淙浔①。
阶前台榭余芳草，门外山川映古林。
观象已知超远略，量天更见识玄心。
我来肃戒明祀典，漫向碑前续赏音。

① 石淙：在今河南登封市东南三十里。《清一统志·河南府一》：石淙水，"唐武后与群臣游宴赋诗于此。薛曜序云，'石淙者俗谓之平乐涧……'《旧志》：源出嵩山，南流经告成镇东五里，又南入颍"。浔（xún）：水边深处。

程敏政

程敏政（1445—1499年），字克勤，明徽州府休宁人，程信子。明成化二年进士，授编修，历左谕德，以学问渊博著称。弘治中官至礼部右侍郎兼侍读学士。见唐寅乡试卷，激赏之。弘治十二年，主持会试，以试题外泄，被劾为通关节于唐寅等，下狱。寻勒致仕卒。有《新安文献志》《明文衡》《篁墩集》等。

测景台考

按：《周礼》以土圭之法测日景，凡立五表，其中表在阳城即今登封东南告县旧治是也。予至其地，有二台存焉。其南一台，琢大石为之，上狭下阔，高丈余，广半于高。中树一石碑，刻曰周公测景台。台北三丈所，复有一台，约高三丈。余垒砖为之。其北之中为缺道，深广二尺许，下列石为道，直达于北，约五丈许。石上为二小渠，渠侧刻尺寸甚精密。最北一石为二小窍以出水，询其土人，云故老相传，为量天尺。又以为铜壶滴漏。考之县志，此名观星台，亦周公所筑。然予见其刻尺寸，所书特今文耳。恐非出于周公。况历代律书言尺度者，亦未尝言及阳城测星台尺。盖不可信。恐惟石台乃周公遗迹，所谓观星台者则后人因而建耳。且其地尝置金昌府治①，又尝置告县治②。建斯台者，岂其时耶？又按《礼疏》，四方之表各去中表千里。予以《禹迹图》考之，南表当在郢之北，东表当在辽之东，北表当在肃之北，西表当在华之西南、终南山之东。其地不知亦有遗迹在否。姑记兹台之制以备参考。

① 金昌府：金兴定元年（1217年）改河南府置，建号中京。治所在洛阳县（今河南洛阳市）。辖境相当今河南渑池县以东，巩义、登封二市以西，北起黄河，南至伊川县地。元改为河南府路。

② 告县：告成（城）县。

陈宣

陈宣，字文德，浙江平阳人。明成化十七年(1481年)进士，授工部主事，因治水有功，升刑部郎中。后因事谪夷陵州(今湖北宜昌市一带)。弘治九年(1496年)任河南知府。后官至云南参政。其主修的弘治《河南郡志》是现存最早的河南府志。

周公祠堂记

昔周公营洛时，仰观俯察，以道莫大于天地。天地之中，不有以考验之，则凡所以裁成辅相者无定据①。立于此而参于彼，其功反有以补其过与其不及。峻极无间，万古圣人如周公者，又焉可诬之耶！呜呼，周公之心何心也！

恒言洛当天地之中，周公以土圭测之，非中之正也。去洛之东南百里而远，古阳城之地，周公考验之，正地之中处。乃立石表八尺，状如柱，以测日景之远近短长②，以证四方，以定四时，成岁③。台废表存，相传犹曰"测景台"。台北又筑观星台，甚高且宽，旧有挈壶漏刻，以符日影而求中之法尽矣。其故迹与天地相为悠久而不能泯灭，以至于今日，岂鬼神护之使独存耶？抑亦天将以彰周公之功，使后人得以依凭论世，识圣人之心于数千载之上，非耶？

尝考《正义》云："周公度日影，置五表，今阳城是周公测景之处，古迹犹存。"《地理志》以河南阳城有测景台刻石表焉。王朴亦云④："古者植圭于阳城，以其近洛也。"尚慊其中在洛之东偏⑤，或者以世远人亡，议非周公之手迹，

---

① 裁成辅相：《汉书·卷二一·律历志上》："后以裁成天地之道，辅相天地之宜。"裁成：成就。

② 短长：一作"长短"。

③ 成岁：成为一年。《尚书·尧典》："期三百有六旬有六日，以闰月定四时，成岁。"

④ 王朴(906—959年)：字文伯，东平(今山东东平)人。五代时后汉、后周名臣。幼时颖悟，好学擅文。后汉乾祐三年(950年)，擢进士第，拜秘书郎，依附枢密使杨邠。其后见政局日乱，便审势东归，避乱免难。后周广顺元年(951年)，担任镇宁节度使柴荣(后周世宗)的节度掌书记。柴荣即位后，王朴献《平边策》，主张"攻取之道，从易者始"，先取江淮，再逐一消灭南方割据势力，最后平定北汉；并规划开封、修订历法、考证雅乐，深受柴荣重用。累官枢密使。显德六年(959年)，王朴猝逝，年54。有《大周钦天历》《律准》等。

⑤ 慊(qiàn)：不满。

然则彼皆非欤？唐遣使往交州等地[①]，立表以求之，是其周公之知弗若欤[②]？由是观之，信非公不能作此也。

弘治丙辰[③]，宣来守河南。明年巡属邑登封，而城在境上，即往求所谓天地之中之故迹，周遭而谛视之[④]。窃叹曰："周公成文、武之德，立法图治于天下后世。其精到有如此者，不有恻然然而为之动，岂人心者耶？"遂命登封吏，筑墙四围，中谋立祠以报公功。墙完而祠未绳墨，迟至于辛酉之冬[⑤]，任丘邝公以进士知县事[⑥]，暇以进君以稽古。君知所重，祠不日告成[⑦]，题其门曰"周公测景"。祠中作周冢宰周公之位[⑧]，特牲以告公曰[⑨]："维周多圣兮，于赫周公[⑩]。传周公之功兮，咸秩公宗[⑪]。严祠翼翼，秉彝之同。神之格兮不可度，邈千古之阆风。[⑫]"意或然也。

---

① 交州：东汉建安八年（203年）改交州刺史部置，治所在广信县（今广西梧州市）。建安十五年（210年）移治番禺县（今广东广州市）。辖境相当今广东、广西的大部，越南承天以北诸省。三国吴黄武五年（226年）分为交、广二州，交州治龙编县（今越南北宁省仙游东）。辖境相当今广西钦州地区、广东雷州半岛，越南北部、中部地区。隋废。唐武德五年（622年）复置，治所在交趾县（今越南河内市西北）。宝历元年（825年）移治宋平县（今河内市）。后废。

② 知：同"智"。

③ 弘治丙辰：弘治九年（1496年）。

④ 谛（dì）：仔细。

⑤ 辛酉：弘治十四年（1501年）。

⑥ 任丘邝公：邝珩（生卒年不详），字廷用，山东任邱（今属河北）人，弘治十二年（1499年）进士，授登封知县，有声，召为工部员外郎，升平凉知府。登封、平凉俱祀名宦。

⑦ 告成：在河南省登封市东南部。武周万岁登封元年（696年），武则天登嵩山封中岳，取"大功告成"之意命名。《元和郡县志》："则天因封中岳，改名告成。"今镇仍以告成为名。周称颍邑。秦为阳城县治，北魏为阳城郡治，唐为告成县和阳邑县治。

⑧ 冢宰：官名。周设此官，为百官之长，掌率百官佐天子治国，即后代的宰相。《周礼·天官·冢宰》："惟王建国，辨方正位，体国经野，设官分职，以为民极。乃立天官冢宰，使帅其属，而掌邦治，以佐王均邦国。治官之属，大宰卿一人、小宰中大夫二人……"《尚书·周官》："冢宰掌邦治，统百官，均四海。"

⑨ 特牲：祭礼或宾礼只用一种牲畜。《左传·襄公九年》："祈以币更，宾以特牲。"杨伯峻注："款待贵宾，只用一种牲畜。一牲曰特。"《国语·楚语下》："大夫举以特牲，祀以少牢。"韦昭注："特牲，豕也。"

⑩ 于赫：叹美之词。

⑪ 咸秩：谓皆依次序行事。

⑫ 秉彝：持执常道。严祀翼翼……邈千古之阆风：一本无此数语。阆风：指山名，传说中神仙居住的地方，在昆仑之巅。

历仲彰

历仲彰，生平不详。明弘治十二年（1499年）《河南郡志》署有"东嘉陈宣监修，洛阳乔缙编集，古藤崔誉、东鄞历仲彰同校"，知其约与陈宣同时，为浙江宁波（古代鄞县县治所在）人。

周公台

周公初建洛，昌运此时开。
天子垂衣坐①，诸侯执玉来②。
仁风涵九有③，王气接三台④。
余烈今犹在⑤，江山绕废台。

---

① 垂衣：垂衣裳。谓定衣服之制，示天下以礼。后用以称颂帝王无为而治。

② 执玉：执玉圭。古以不同形制之玉圭区别爵位。

③ 九有：九州。

④ 三台：古时天子有灵台、时台、囿台，合称为"三台"。唐代徐坚《初学记·卷二四·台第六·叙事》："天子有三台，灵台以观天文，时台以观四时施化，囿台以观鸟兽鱼鳖。"

⑤ 余烈：遗留的业绩、功业。

伦文叙

伦文叙(1469—1513年),字伯畴,广东南海人。明弘治十二年进士第一。授翰林修撰,官至右春坊右谕德。有《迂冈集》《白沙集》。

重修测景台碑记

嵩高之南①,今为登封县。去治城东南三十里许②,实古阳城地。有石一区,方可仞余,耸立盈丈。上植石表八尺,刻其右方曰"周公测景台"。距北二十余步,则为观星台,亦时漏刻求景者。遗址尤广峻。按《周礼疏》曰:"周公欲求土中,营王城,乃立五表,以土圭测日景。颍川阳城为中表。"《隋志》亦曰:"周公测景于阳城,以参考历纪。"则台建于周公无疑矣。但当时皆置臬,今则非是。据《地理志》,唐开元中,曾诏太史监南宫说刻石表焉。意或然也。自是以降,若晷仪中晷法、司天台景表,率于是乎取则,以为历法准验。信非圣人之制,不足以及此。然典瑞"土圭以致四时日月,封国则以土地"③。顾其为用,止于宅中明时而已耶?后世形胜立国,既罔即乎天地四时之交,风雨阴阳之会。洎太初、乾元诸历之作④,亦因时苟就,委差于象纬而已⑤。尚望其能推而用之,以大其裁成辅相之功,使万物各职其职也哉!无怪乎置斯台于榛莽,

---

① 嵩高:嵩山。《史记·封禅书》:"昔三代之君皆在河洛之间,故嵩高为中岳。"

② 治:旧称地方政府所在地。

③ 典瑞:《周礼》特设的专职管玉机构,从属于六卿的春官。《周礼·春官宗伯·典瑞》规定:"典瑞掌玉瑞玉器之藏,辨其名物,与其用事,设其服饰。""土圭……土地":亦见于《周礼·春官宗伯·典瑞》。

④ 洎(jì):到。太初:太初历。汉历法名。汉武帝太初元年邓平、落下闳等人所造。把一日分做八十一分,故又称"八十一分律历"。《太初历》第一次把二十四节气订入历法,以没有中气的月份为闰月;推算出135个月有23次交食的周期。从汉武帝太初元年(公元前104年)起到东汉章帝元和二年(公元85年)止,共施行188年。原著已佚。乾元:乾元历。宋王处讷主修。宋太宗太平兴国六年(981年)辛巳岁颁行。

⑤ 象纬:象数谶纬。亦指星象经纬,谓日月五星。

刓敝剥落[①]。自列乎铜驼、翁仲[②]，而莫之注意也。

弘治戊午[③]，今巡抚辽阳张公用和，时为汴臬宪副[④]。行部至其地[⑤]，见台中泐而欹[⑥]，四旁芜秽不治，乃慨然曰："使圣人万古之制，日就堕蚀，庸非守土者之过欤！[⑦]"亟命属吏，合而正之。仍拓土若干亩，缭以周垣。而后门卫森然，人知为周公作处。更欲建祠二台间，用妥周公之灵[⑧]。会遭丧去位[⑨]，弗果。

既而东嘉陈侯文德来守是邦，乃踵而成之。共其事者，县令邝君廷用也。廷用惧无以诏后，谋立石记之，爰以文请。夫周公德业在《诗》《书》，经制在《六典》，不系一台之兴废，较然矣。慨惟治法莫备于成周，皆周公精思妙契之余[⑩]，以为天下后世要典。夫何人政不齐，落落数千载间，苟存什一于千百者，亦其器数名物之迹耳。然实因名存，幸其迹之不泯。后世有如周公者作，得以依凭考验，庶几精微之意犹或可复，则世道之升降未可知也。若并与其迹而亡之，是虽近代疏略之规，犹不能以自立，况欲拟躅于三代之盛乎[⑪]！

予故嘉诸君子之志，既为之叙，又从而诗之。曰：

天地之中，土圭可测。

阳城之地，表景斯得。

周公肇建，以占洛极。

王城既成，百度交式。

更汉历唐，以宪以则。

虽小厥用，遗规孔饬[⑫]。

---

① 刓（wán）：坏，损坏。

② 铜驼：《晋书·索靖传》："靖有先识远量，知天下将乱，指洛阳宫门铜驼，叹曰：'会见汝在荆棘中耳。'"按，汉铸铜驼两座，置洛阳宫门外。后以"荆棘铜驼"慨叹山河残破，世乱荒凉。翁仲：《淮南子·氾论训》高诱注载：传说秦始皇初兼天下，有长人见于临洮，其长五丈，足迹六尺。仿写其形，铸金人以象之，称为"翁仲"。后因用"翁仲"指称铜像或石像。

③ 弘治戊午：公元1498年。

④ 臬：臬台，明清按察使之别称。宪副：明代按察副使之别称。

⑤ 行部：汉代制度，刺史常于每年八月间巡行所部，查核官吏治绩，称为行部。

⑥ 泐（lè）：石头因风化遇水而形成裂纹。

⑦ 庸：岂。

⑧ 用：以。妥：安稳，安置。

⑨ 丧：指父母之丧。

⑩ 妙契：神妙的契合。

⑪ 躅（zhú）：足迹。此指踩踏、追随。

⑫ 孔：很。饬（chì）：整齐。

神灵守护,靡有薄蚀。
迤于近代,莫之保啬①。
弃置榛莽,震撼歊刻②。
方围外欹,中径潜泐。
有美张公,见之太息③。
厘复旧规④,拓土披棘。
守令克贤,继踵葺饰。
门壁神祠,如翚矫翼⑤。
过辄耸瞻,居民诫敕。
后人有作,噫畴之德⑥。
赐进士及第翰林院国史修撰儒林郎南海伦文叙撰。

① 啬(sè):爱惜。
② 歊(xiāo):炎热。这里作动词,晒。
③ 太息:叹息。
④ 厘:治理,整理。
⑤ 翚(huī):古书上指有五彩羽毛的雉。矫:高举。
⑥ 噫:叹词。畴:同类,同等。

陈凤梧

陈凤梧(1475—1541年),字文鸣,江西泰和人。明弘治九年(1496年)进士。历官刑部主事、湖广提学副使、山东左布政使、副都御史、右都御史。卒赠工部尚书。有《毛诗集解》《周礼校正》《困知记》等。

周公测景台暨新庙记[①]

登封县东南三十里许,有先圣周公测景台。迄今二千余载,岿然独存。考之《周礼·大司徒》职曰[②]:"以土圭之法,测土深,正日景,以求地中。日南则景短,多暑,日北则景长,多寒。日北则景夕,多风,日西则景朝,多阴。日至之景,尺有五寸,谓之地中。天地之所合也,四时之所交也,风雨之所会也,阴阳之所和也。"盖周公相成王,定都于洛,立士圭以测日景、求地中。其制度精审,有非大圣人不能作者。所谓考诸三王而不谬,建诸天地而不悖,置诸鬼神而无疑,百世以俟圣人而不感者也。[③] 先周公而圣者,曰尧、舜、禹、汤、文、武,达而行道于上;后周公而圣者,曰孔子、孟子,穷而明道于下。惟周公以元圣任行道之责,而兼明道之功,观之六经则可知矣。《易》有六十四卦爻辞,所以著阴阳变化之妙也。《书》有《无逸》《立政》诸篇,《诗》有《豳风》《文王》《清庙》诸什,所以明修身治天下之道也。《春秋》虽未有辞,然本鲁史之旧文,实祖周公而寓一王之法也。至于《周礼》《仪礼》,则斟酌损益,极深研几[④],尽制作礼乐之妙,极经天纬地之文。前乎千万世之既往,后乎千万世之方来,盖未有能过之,亦未有能易之者也。周公之功,其可谓盛矣![⑤]

孔子之道,实传自周公,故曰:"甚矣,吾衰也!久矣,吾不复梦见周公!"自昔论大圣人者,必以周、孔并称。而汉唐以来,祀于学宫,率以周公为先圣,孔子为先师。自后尊孔子为先圣,而学者不复知有周公矣。故愚尝欲建议以周公、孔子并祀于学,而未之举也。

---

① 见《登封县志》。碑存登封市告成镇。

② 今存康熙五十三年碑,"曰"前有"职"字。

③ 所谓考诸三王……俟圣人而不感者也:一本无此数语。

④ 研几:穷究精微之理。

⑤ 《易》有六十四卦爻辞……其可谓盛矣:一本无此数语。

己卯之冬[①],承乏汳台[②]。明年春,公牒稍暇[③],乃稽图经,得所谓测景台者。亟檄有司[④],葺其颓坏,芟其繁芜,以复古制。台之北,旧有周公庙,久而湮废,后令重修之。殿庑门墙,焕然一新,扁曰"先圣文宪王庙"[⑤],盖唐所封爵谥也。乃遣儒官祭告,仍著为定式。岁以春秋次丁[⑥],有司致祭如仪。庶以表示元圣之制作,而系千古之瞻仰云尔。崇德服功,岂止于是哉!

有司请文纪其事,谨拜手稽首而为之书。其承檄修复,则知县韩锡、典史李崇学也[⑦]。而观星台在庙之北,相传亦周公所筑,因并及之,以传疑云。

告　文

维正德十有五年[⑧],岁在庚辰。八月丙辰朔[⑨],越十二日丁卯,河南等处提刑按察司按察使陈凤梧谨遣登封县儒学训导戴贤告于先圣文宪王周公曰[⑩]:

天生元圣,道隆德备。制作礼乐,经天纬地。维兹土中,测景有台。巍然庙貌,久而就颓。爰檄有司,载加葺治。稽于周礼,万古之制。谨遣官属,荐兹频祭。圣灵昭格[⑪],天壤俱存。谨告:

公妙先天学,嵩高测景台。

一中分造化,万古不尘埃。

礼乐从先进,乾坤愧不才。

瞻彼殊不已,还□瓣香来[⑫]。

闰八月二十五日登封知县韩锡立石。

---

① 己卯:明正德十四年,公元1519年。

② 承乏:继承暂时无适当人选的职位,多用为在任者的谦辞。汳:"汴"的本字,今开封。台:官署名。汉应劭《汉官仪上》:"汉因秦制,故尚书为中台,谒者为外台,御史为宪台。"汉有兰台、御史台。见《后汉书·百官三》。后代总督称制台,巡抚称抚台,布政使称藩台,按察使称臬台等。

③ 公牒:官方文书。

④ 亟(jí):急切。檄(xí):用檄文晓谕。

⑤ 扁:同"匾"。

⑥ 次丁:次丁日。

⑦ 典史:官名。元代设此官,为知县的属官,掌管收发公文。明清沿置。明代废县尉,存典史和主簿,主簿兼领县尉缉盗之务,主簿出缺时,典史兼管其务。到清代,典史掌管缉捕和监狱;如无主簿和县丞,典史兼领其职务。

⑧ 正德十有五年:明正德十五年(1520年)。

⑨ 朔:农历每月初一。

⑩ 儒学训导:学官名。明清两代的府学、州学、县学都设此官,其责任为帮助教授或学正或教谕教诲所属生徒。

⑪ 昭格:降临吉祥。

⑫ 瓣香:形状像瓜瓣的香,表示祷祝敬慕之意。

周公测景台诗二首

坤舆八极此居中，制度犹存古圣踪。
测景台端擎石表，观星坛上滴铜龙。
千年神鬼为呵护，五夜奎文自景从。
安得重来逢日至，敬占羲驭纪尧封。

元圣功存礼乐间，六经道德实开先。
上承姚姒三王统，下启宣尼百世传。
宅洛规模真纬地，土圭制作是经天。
衮衣新饰丹青像，端拜祠堂为肃然。

测景台、文宪王周公庙既成，凤梧亟欲瞻拜，而羁于官守未暇也。兹叨转山东左布政使，乃趋登封，至庙下一展谒焉。谛观测景台土圭及表皆全石为之。观星台上以候星辰，下有滴漏水道，具刻尺寸。二台制度极高明，而尽精微，信非大圣人不能作也。敬占一律以致景仰之私云。

正德辛巳年秋七月三日后学陈凤梧谨书。

佚　名

创建螽斯殿卷棚碑记[①]

时康熙十年孟春吉旦[②],有里人□民邱者,向予言曰:“吾辈于周公台后螽斯殿前,创建卷棚三间。”请予言以誌之。予不觉喟然叹曰:“螽斯殿者,人间权要神也,何也？凡人无不知爱其子孙也。知爱其子孙者,无不欲懋盛其子孙也。欲懋盛其子孙,无不尊敬民事子孙之神也。此所以为要也。其殿左有送子诸神,以子孙送人,能令人喜。殿右有痘疹诸神,以痘疹病人,能令人惧也。令人喜,令人惧,此所以为权要也,此所以有卷棚之誌也。”斯以誌之。

① 螽(zhōng)斯:或名斯螽,一种直翅目昆虫,常称为“蝈蝈”。一说“斯”为语气词。《国风·周南》有《螽斯》一诗,《毛诗序》云:“《螽斯》,后妃子孙众多也,言若螽斯。不妒忌,则子孙众多也。”

② 康熙十年:公元1671年。

魏　校

魏校(1483—1543 年),字子才,自号"庄渠",昆山(今属江苏)人。明弘治十八年(1505 年)进士。历南京刑部、兵部郎中,国子祭酒,太常卿。致仕。私淑胡居仁主敬之学,而贯通诸儒之说。持"性,即理"之论。著有《大学指归》《六书精蕴》。谥恭简。

测景台

望气观星古有台,巍然中土此奇哉。
玑衡度数昭天象①,杲□规模出圣裁。
德不言功垂至教,泽遗后世仰多才。
衮衣赤舄劳恩后②,不必尧阶蓂荚开③。

① 玑衡:璇玑玉衡的省称。古代观测天体的仪器。

② 衮衣:古代帝王及上公穿的绘有卷龙的礼服。赤舄(xì):古代天子、诸侯所穿的鞋。赤色,重底。

③ 尧阶蓂荚:蓂荚,古代瑞草名。每月从初一至十五,每日结一荚;从十六至月终,每日落一荚。所以从荚数多少,可以知道是何日。故又名历荚。《竹书纪年》卷上:"(尧时)有草夹阶而生,月朔始生一荚,月半而生十五荚;十六日以后,日落一荚,及晦而尽;月小,则一荚焦而不落。名曰蓂荚,一曰历荚。"《艺文类聚》卷十一引晋代皇甫谧《帝王世纪》曰:"(尧时)又有草夹阶而生,随月生死,王者以是占日月之数。惟盛德之君,应和而生,故尧有之。名曰蓂荚。"

王　洙

王洙(1485年—?),一字崇教,号一江,浙江临海人。明正德八年(1513年),29岁的王洙成为南京国子监举人。正德十五年(1520年),参加会试,中12名。次年,成为进士,官行人。嘉靖三年(1524年),升行人司副。后升刑部尚书郎。嘉靖六年(1527年),补河南按察佥事。据民国《临海县志稿》,嘉靖九年(1530年),官广东左参议。嘉靖十一年(1532年),致仕。有《宋史质》。

周公测景台[①]

周公祠宇尚中天,一瓣香烧岂素缘。
景正嵩阳分晓暮,山宗黄盖列曾玄。
千年台照寒空月,万井春余碧树烟。
制作至今犹想见,当时谁赋黍离篇[②]。

① 见《嵩书》卷十五。

② 黍离:本为《诗经·王风》中的篇名。首章二句为:"彼黍离离,彼稷之苗。"《诗经·王风·黍离序》:"《黍离》,闵宗周也。周大夫行役,至于宗周,过故宗庙宫室,尽为禾黍,闵周室之颠覆,仿徨不忍去而作是诗也。"后遂用作感慨亡国之词。

侯 泰

侯泰(生卒年不详),嘉定人。明嘉靖五年(1526年)中举。曾任登封县令。所修《登封县志》为登封现存最早的县志。

修周公祠题记[①]

嘉靖丙戌[②],泰来令[③],谒祠。祠之前有石琢测景台,为拭棘生长而裂[④]。少偏,其故址后有砖甃观星台[⑤],为愚民窃砖而缺半,废其旧规。大圣人精神心术妙用之迹,今渐废,终必湮没矣。前人因迹而秩祠祀,是也。而此迹则未及葺,使迹废而祠祀存,后世虽切仰报,而莫稽其实,亦徒哉[⑥]!泰虽想索故制,于前台则正其偏而复其址,于后台则陶砖甃缺,建室于其上。于仪门则葺而高之。外建牲房以备宰烹。内建道人舍,以寄焚守之责[⑦]。庶乎数千载之圣迹,或可延于无穷矣。功完,欲识岁月,闻泰主司伦先生有文未刻[⑧],乃访刻如右。盖不废先生文笔,因附泰之微劳云。

生员王晋卿书丹。

嘉靖七年岁舍戊子九月吉旦[⑨],知登封县事嘉定侯泰谨刻。

祭 文

右记久未刻石,今寻之。谨录祭文于左,以便时祭者书而读之。维某年岁次某月某某日某登封县某言某教明告于文宪王周公之神曰:天生元圣,道隆德备。制礼作乐,经天纬地。维兹土中,测景有台。辨方正位,继往开来。时维仲秋仲春,谨具牲醴,载瞻载肃,式陈明祀。尚飨。

嘉靖七年岁在戊子九月吉旦,知登封县事嘉定侯泰刻,生员王晋卿书丹。

---

① 原无题。此题为笔者所拟。
② 嘉靖丙戌:嘉靖五年(1526年)。
③ 原碑此句前有"嘉靖七年登封县知县侯泰立石"。嘉靖七年即公元1528年。
④ 拭棘:酸枣。
⑤ 甃(zhòu):砌,垒。
⑥ 徒:徒然。
⑦ 焚守:烧香和守门。
⑧ 伦先生:指伦文叙,本书收有其《重修测景台碑记》。
⑨ 嘉靖七年:公元1528年。岁舍:岁在。吉旦:吉日。

孙承基

孙承基(生卒年不详),山西蒲城人。明万历十年(1582年)前后,曾任登封县训导。

重修元圣周公祠记

更新周公祠,始信感通之道大,古圣贤不我诬也。夫周公制石表,测日景,以窥地中,砖崇台以观星。台上故有滴漏壶,滴下注水,流以尺天,此公之制未有裁天地也。水表南台祠三楹,以像公。祠前左屋三楹,为奉祀者斋居所也。右屋三楹,为庙守者燕居所也。台上有亭,卑萎不制。南表则仪门、大门焉[①]。

二千年余来,两祀春秋,不闻坠典。前此三岁,尹是者宣节省之政,于公祀裁其旧礼,而以三牲代焉。庙守者感之而去,居民感之而戗[②]。栋宇门窗,壁垣瓦砌,剥落甚矣。

余谒而伤之,作《周公祠论》,锓之梓[③],将以规夫来也。献之邑侯,宁侯叹曰:"有是哉!夫周公者,兼三王,施四事,行道之尧舜也。爻周易[④],训诗书,明道之孔孟也。当与学宫并峙于天下者,可割祀于制作所乎?复之,义也。"即捐俸钱,择人之谨者董之。乃申命曰:"栋宇门窗,壁垣瓦砌,吾废者兴之,缺者补之,隘者拓之,宜有者制之。及丹恶粉漆,俱吾饰之,期必改观。莫吾废,惮不足,吾继之。"百姓翕然感曰:"测景台祠,吾镇于斯生,长于斯居,吾侯新而复之,不爱费,吾属何爱费且力哉!"

于是近者悦,远者来,富者钱而木,贫者力而作。乃先大门,兴其废也。次仪门、两厢屋,补其缺也。亭于台者,充拓之。又有创始者,若神宇之辑,环堵之固,门窗户牖之制,丹垩粉漆之宜[⑤],惟侯命焉。信改观哉!且请庙地四十亩,余帖佃于民毛诗等六人,免其典值。遇所祭,出猪羊各一牲,而旧典复矣。噫嘻!前以废感民,以废通流言,公再遭也。今以兴感民,以兴应金藤,公又启也。是天欲酬周公之道之绩,故使贤来尹土乎!

---

① 仪门:明清官署、邸宅等大门内的第二重正门。

② 戗:疑当为"创",创伤。

③ 锓(qǐn):雕刻。梓:木头雕刻成印刷用的木板。

④ 爻(yáo):组成八卦中每一卦的长短横道。这里作动词。

⑤ 垩(è):白土,泛指可用来涂饰的土。

功用告成,余友刘生思敬、李生大伦、谢生承式、李生讴,高侯之举[①],揖余言记之石,为后来废者戒,兴者感,图亦良矣哉!

侯姓宁讳烈,字思提,布泉其号也,为闽之南平人云。记曰赞曰:

于赫周公,卓彼先觉。测景有台,大圣制作。祀以禘祭[②],鲁颂斯侈。易以三牲,匪称殷礼。宁侯莅止,用慨于衷。旧典一复,民感而通。以祀以享,新庙翼翼[③]。四方观者,云垂万祀。

万历十年壬午仲冬之吉登封县儒学训导蒲城孙承基撰记[④],生员傅玉书丹,刘应明篆额。

---

① 高:以……为高。

② 禘祭:古代对天神、祖先的大祭。

③ 翼翼:庄严雄伟貌。

④ 万历十年:公元 1582 年。

陈 第

陈第(1541—1617年),字季立,号一斋,福建连江人。明音韵学家。万历时诸生。初为都督俞大猷幕僚,后出守古北口,历蓟镇游击将军。研究古音,认为“时有古今,地有南北,字有更革,音有转移”,充分论证了古今音的不同,为后世开辟研究古音的途径。著有《毛诗古音考》《读诗拙言》《屈宋古音义》《寄心集》《一斋诗集》等。

过箕山许由墓北有周公庙[①]

勋业终萧瑟,躬耕薄至尊。
隔冈元圣庙,秋草暗寒门。

① 见陈第《一斋诗文集》。

叶秉敬

叶秉敬(1562—1627年),字敬君,号寅阳,明代衢州府西安县峡川(今衢江区峡川镇)人。秉性好学,幼通经史。明万历二十九年(1601年)进士。历任工部都水司主事,守开封府,提督河南学政、江西布政使司、大中大夫、右参政等职。官至荆西道布政司参议。寻移南瑞,未行而卒。秉敬学问淹通,多处讲学,著作宏富,诗有《叶子诗言志》十二卷及《字孪》《千字说文》《韵表》《教儿识数》《字学疑似》《诗韵纲目》等教材,著有《兰亭讲会》《开沟法》《赋役握算》《书肆说铃》《明谥考》《寅阳十二论》《治汴书》《学政要录》等书,内容涉及政治、财经、赋税、教育、水利。《均四库总目》共有四十余种。晚年致仕归里。天启三年(1623年),应知府林应翔邀,编纂《衢州府志》。

登测景台[①]

朝出阳城雾色笼,登台如梦见周公。
临高洞识阴阳会,测景全看天地中。
二室云开花烂漫,千畦泉绕玉玲珑。
前旌指点石淙路[②],马首徘徊未忍东。

① 见傅梅《嵩书》。为作者任河南提学副使时,受登封县令傅梅之邀,游嵩山所作。

② 石淙:在今河南登封市东南三十里。《清一统志·河南府一》:石淙水,"唐武后与群臣游宴赋诗于此。薛曜序云,'石淙者俗谓之平乐涧……'《旧志》:源出嵩山,南流经告成镇东五里,又南入颍"。

傅梅

傅梅(1565—1642年),字符鼎,顺德邢台(今河北邢台)人。明万历十九年(1591年)中举。万历三十五年(1607年)授登封知县。任职五年,有政绩,擢刑部主事。因得罪权贵,被罢官。崇祯年间,被重新起用,任台州(今属浙江)知府。后解职归家。崇祯十五年(1642年),清兵围邢台,傅梅捐金助知府吉孔嘉守城,城池被攻破,傅梅殉难,时年七十八岁。死后,朝廷追赠太常寺少卿。清乾隆时,谥"忠节"。有《嵩书》。

周公庙[①]

在告成镇。弘治间知府陈宣建。嘉靖七年知县侯泰重修,万历壬子知县傅梅重修。仍申请增置守役。其公移略云[②]:"元圣燮理精神[③],寄此一席之地。庙而祀之,是矣。惟是晨昏启闭,仅一老僧司焉。无论周公儒宗,不宜以异端缁流承应左右[④],且此僧毫无养赡,强半出乞,以致神宇之内狐鼠纵横,庭阶之前鞠为茂草,殊为亵慢。乞比洛阳例,于本庙添置门子一名。"云云。

测景台[⑤]

在告成镇,即古阳城地也。有石,方可仞馀,耸立盈丈,上植石表八尺,刻其南曰"周公测景台"。按:《周礼·大司徒职》:"以土圭之法测土深,正日景,以求地中。"故云:"日南则景短,多暑;日北则景长,多寒;日东则景夕,多风;日西则景朝,多阴。日至之景,尺有五寸谓之地中。"郑众说:"土圭之长,尺有五寸。以夏至之日,立八尺之表,其景与土圭等,谓之地中。今颍川阳城地也。"郑玄云:"凡日景,于地千里而差一寸。景,尺有五寸者,南戴日下万五千里也。以此推之,日当去其下地八万里矣。日邪射阳城,则天径之半也。天体员如弹丸,地处天之半,而阳城为中,则日春秋冬夏,昏明昼夜,去阳城皆等,无

① 见《嵩书》卷二十二。

② 公移:不相统属的官署间的公文的总称。

③ 燮理:协和治理。《尚书·周官》:"立太师、太傅、太保,兹惟三公,论道经邦,燮理阴阳。"孔传:"和理阴阳。"亦专指宰相的政务。

④ 缁流:僧徒。僧尼多穿黑衣,故称。

⑤ 见《嵩书》卷二十二。

盈缩矣。故知从日邪射阳城,为天径之半也。"《隋志》云:"昔者周公测晷景于阳城,以参考历纪。"杜氏《通典》云:"仪凤四年五月,命太常博士姚玄于阳城测景台依古法立八尺表。夏至,日中测景,尺有五寸,正与古法同。"《唐·地理志》云:"阳城有测景台。开元十一年,诏太史监南宫说刻石表焉。"即今表是也。古人置臬之法变矣。

观星台[①]

在测景台北。高五丈,阔二丈,名曰观星台。砖甃尚完,想亦唐所建也。台北面凹入数尺,悬直而下,相传为滴漏之所,莫晓其制。下有平石数十方,向北接连,一路阔一尺,高二尺,约长十丈。石面有通池二条,其宽如指,至北尽头处合而为一,此必古人用以置水而取平也。《隋·天文志)云:"《考工记·匠人》:'建国,水地以县。置槷以县。视以景。为规,识日出之景与日入之景。昼参诸日中之景,夜考之极星,以正朝夕。'"[②]又"按:梁祖暅造八尺铜表,其下与圭相连,圭上为沟,置水以取平正。揆测日晷,求其盈缩"。由此观之,则知测景、观星、置水虽似三事,总之所以求地中耳。

议正祀典公移[③]

窃惟祭祀有国之重典也。通鬼神之情,合幽明之故,崇功德之报,树风教之标,咸于是焉在。必名不愆于义[④],事不违于礼,斯行之一时为足式,垂之异世为可传。匪是,则君子不举焉。

故有毁已成之制,而无嫌于革。举未有之典,而无嫌于创者。惟其準诸礼与义耳。登封邑虽褊小[⑤],居天地之中,处阴阳之会,实帝王揖让之薮[⑥],亦高贤隐遁之区也。奈世代既远,文献久湮,徒存佛老之淫祠,反昧圣贤之名迹。踵习故常,而忘其谬,坐观废坠,而不知兴,匪一朝一夕之故矣。卑职至愚极陋,窃禄此方。当受事之初,盗贼未平,急务莫先于去害。逮朞年之后,凶荒迭至,苦心惟望于足民。日亲簿书,期会之劳,徒守晨门抱关之役,先劳无倦。空

① 见《嵩书》卷二十二。

② 建国……以正朝夕:意为匠人们营造都城的时候,用悬挂准绳的方式来保证土地的水平,用悬挂准绳观察影子的方式来保证柱子的竖直,做一个日晷,观察它的影子,确定日出时和日落时的影子,参考白天中午的影子,晚上看北极星的位置,来确定一天的时辰。国:都城。

③ 见《嵩书》第二十二卷。

④ 愆(qiān):过失。

⑤ 褊(biǎn):狭小,不宽广。

⑥ 揖让:指礼乐文德。

怀大圣之谟[①],礼乐未兴。欲为君子之俟,幸迩来雨暘时若[②],年谷丰登,中泽之鸿雁已归[③],四境之桑麻粗具。弦歌虽吾岂敢,笾豆则有司存[④]。妥神实所以安人,修祀亦通乎从政。于是忘其固陋,僭有敷陈[⑤]。敬为四事之谈,聊抒一得之见。伏惟俯从俞允,批下遵行。

一撤岳庙四配之像……

一增许由墓祠之祭……

一创禹益岁祭之庙……

一添正祠看守之役。略云:本县告成镇有测景台,即其地建周公祠一所,每岁春秋二祭。其来亦旧矣。夫元圣燮理精神,寄此一席之地。庙而祀之,良是。惟是晨昏启闭,仅一老僧司之。无论周公儒宗,不宜以异端缁流承应左右,且此僧毫无养赡,每年强半出乞,以致神宇之内狐鼠纵横,庭阶之前鞠为茂草。职每至其中,黯然伤之。合无比照洛阳各祠事例,于本祠及新建禹庙二处各设门子一名,以供洒扫启闭之役。每名每年工食银三两六钱,亦不必加派里甲也。乞将本县原额步民壮内量减一名,省工食足,供门子二名之用,裁军旅之冗役,补俎豆之缺典[⑥],似亦可行也。

右四欵[⑦],惟第一欵上官意见不一,难于撤毁神像,今仍旧贯。余三欵,则悉如县议矣。

星台远望[⑧]

成周礼乐久尘埃,吊古强登百尺台。
满目浮云何处望,愁看洛水自西来。

---

① 谟(mó):计谋;谋略。

② 雨暘时若:语本《尚书·洪范》:“曰肃,时雨若;曰乂,时暘若。”后用“雨暘时若”谓晴雨适时,气候调和。

③ 中泽:沼泽之中;草泽之中。《诗经·小雅·鸿雁》:“鸿雁于飞,集于中泽。”毛传:“中泽,泽中也。”《韩诗外传》卷九:“孔子出游少源之野,有妇人中泽而哭,其音甚哀。”

④ 笾(biān)豆:笾和豆。古代祭祀及宴会时常用的两种礼器。竹制为笾,木制为豆。《礼记·礼器》:“三牲鱼腊,四海九州之美味也;笾豆之荐,四时之和气也。”孔颖达疏:“盛其馔者,即三牲鱼腊笾豆是也。”《后汉书·东夷传·濊》:“其人终不相盗,无门户之闭。妇人贞信。饮食以笾豆。”

⑤ 僭:攒。

⑥ 缺典:指仪制、典礼等有所欠缺。

⑦ 欵:同“款”。

⑧ 此为《嵩阳二十咏》之一。

崔万仞

崔万仞(生卒年不详),生平事迹不详,约与傅梅同时。《嵩书》云其为举人,字元晖。

夏日同元鼎游石淙过告成,刘先辈叔侄见邀饮观星台[①]

久雨暑气薄,联翩出城隈。
县令爱敬客,冠盖行趋陪。
道逢衣带士,邀我登高台。
高台临测景,仰怀元圣才。
荒荒众山里,前阶尽草莱。
他乡如旧识,倾意倒尊罍。
情长苦日短,倒景忽相催。
我行为山川,自劝覆余杯。

① 元鼎:傅梅字。

王正民

王正民(生卒年不详),河北柏乡人,曾为登封令傅梅幕客。明万历三十七年(1609年)为傅梅《嵩山三十六峰诗》书写行书。

傅元鼎招同崔元晖沿五渡登观星台宴于石淙暴雨水涨待月赋此①

崇朝涉五渡,停午逾星台②。
迤逦群峰转,沧茫一水来。
石斑似新锦,涛响怒如雷。
丝竹临溪奏,尊罍倚嶂开。
披襟眠绿草,对弈坐苍苔。
雨过长虹灭,云飞皎月回。
远岑瞻崒嵂③,曲涧弄萦洄。
醉读摩崖赋,空怜异代才。

---

① 傅元鼎:傅梅,字元鼎。
② 停午:正午;中午。
③ 崒嵂(zú lǜ):高峻貌。亦指高山。

李世德

李世德(生卒年不详),明代登封人,官至南京户部主事。北京文天祥祠有一石碑《过文先生祠》,系嘉靖甲寅(嘉靖三十三年,1554 年)春望,时任南京户部主事嵩山李世德所题。明嘉靖《登封县志》收其诗十余首。今嵩阳书院大唐碑上有李世德题名:"嘉靖戊申(嘉靖二十七年,1548 年)岁夏奉使过此嵩山李世德题。"

测景台

春日初登万丈台,好山四面画屏开。
天中一测无余算,万古还输元圣才。

无影台

覆载无垠处处同,古人曾此费经营。
一从测立天中后,千载华夏界限明。

袁宏道

袁宏道(1568—1610年),字中郎,公安(今属湖北)人。明万历二十年(1592年)进士。知吴县,官至吏部郎中。与兄袁宗道、弟袁中道称三袁,抨击王世贞、李攀龙的复古之风,主张诗文以抒写性灵为主,时称“公安体”。有《瓶花斋杂录》《破研斋集》《袁中郎集》。

嵩游第五(节选)

过箕山①,望许由冢②。云片鳞鳞如欲坼③。至测景台④,乃见日。折而东,倚涧行,山皆土阜⑤,甚舒缓。

---

① 箕山:在今河南登封市东南。《孟子·万章》:“益避禹之子于箕山之阴。”

② 许由冢:《史记·伯夷列传》:“说者曰尧让天下于许由,许由不受,耻之,逃隐……太史公曰:余登箕山,其上盖有许由冢云。”许由:一作许繇。传说中为尧、舜时期的人。

③ 坼(chè):裂开。

④ 测景台:指周公测景台。位于登封市东南13千米告成镇观星台南侧。据《周礼》记载,西周时,周公姬旦在营建东都洛阳时,在这里垒土圭、立木表来测量日影,定出二十四节气。景:同“影”。

⑤ 阜(fù):土山。

高 出

高出(1579—1630 年)字孩之,海阳县徽村人。明万历二十六年(1598 年)考中进士。历任曲周、卢氏两县知县及户部主事、郎中,江南布政使司参议,山西按察使、按察副使,辽东监军道等职。有《镜山庵全集》。

观星台

山豁阳城内①,云涵颍水东。
观台衔睥睨②,漏刻隐蒿蓬。
泉注丹型旧,铭湮石磴同。
风雷遭忽仄,天地划当中。
礼乐繁周室,星辰拥汉宫。
登临美人思,千古慨无穷。

星台望远

千秋逝矣美人哉,缥缈天中百尺台。
圭刻茫茫人不识,犹余佳气日徘徊。

---

① 阳城:在今河南登封市东南告城镇附近。《孟子·万章上》:"禹避舜之子于阳城。"《汉书·地理志》颍川郡阳翟县注引《世本》称:"禹都阳城。"

② 睥睨:睥睨。本指斜视,这里是歪斜的意思。

文翔凤

作者简介见前文“二、洛阳周公庙古代文献”部分。

再过嵩少遂观于测景台并石淙

直扑莲花峭壁来，青飞岳色欲浮杯。
流云忽作千峰想，洗眼重悬一镜开。
匹练佳岩天上水，寻圭测影日中台。
须臾石丈罗如纣，倚涧迎人似爱才。

龚黄

龚黄(生卒年不详),明末人。撰《六岳登临志》,共六卷。前五卷分别讲东岳、中岳、西岳、南岳、北岳等五岳,第六卷讲玄岳武当山。

测景观星

在黄盖峰二十里。有石一区。方可仞余。耸立盈丈。上植石表八尺。右方刻曰周公测景台。北二十余步为观星台遗址,尤广峻。

徐霞客

徐霞客(1586—1641年),明常州府江阴人,名弘祖,字振之,号霞客,又号霞逸。少时好读奇书,博览古今史籍、舆地方志、山海图经。应试不得志,即向往问奇于名山大川,得贤母王夫人支持,从二十二岁起出游,至五十五岁滇南之行止,前后三十余年,足迹遍历南北直隶、浙江、山东、河南、山西、陕西、江西、福建、湖广、两广、云南、贵州。今存《徐霞客游记》六十余万言。

游嵩山日记(节选)①

登陇②,西行十里,为告成镇③,古告成县地。测景台在其北。

① 见《徐霞客游记》。作于明天启三年,公元1623年。

② 陇(lǒng):通"垄",田中高地。

③ 告成镇:从战国至唐初皆称阳城,武则天时将封嵩山,改阳城为告成。唐以后废,故称"古告成县地"。今又作郜城,属登封市。

谈迁

作者简介见前文“二、洛阳周公庙古代文献”部分。

国榷(节选)[①]

癸未嘉靖二年[②]。

……

正月……癸亥,立洛阳周公庙。巡抚何天衢言[③],观星、测景二台,公遗迹也。

① 见《国榷》卷五十二。

② 嘉靖二年:公元1523年。

③ 何天衢:(? —1527年),字道亨,湖广道州人,弘治九年(1496年)进士,授嘉兴知县,擢监察御史。

查继佐

作者简介见前文“二、洛阳周公庙古代文献”部分。

历代帝王贤圣祀典(节选)[①]

嘉靖二年[②],建周公庙于雒阳,仍遣官视登封县公遗迹观风、测景二台,考正土圭表漏制度尺寸[③]。

---

① 见《罪惟录》卷八。

② 嘉靖二年:公元1523年。

③ 土圭:古代用以测日影、正四时和测度土地的器具。《周礼·地官·大司徒》:“以土圭之法,测土深,正日景,以求地中。”贾公彦疏:“土圭尺有五寸,周公摄政四年,欲求土中而营王城,故以土圭度日景之法测度也。度土之深,深谓日景长短之深也。”

顾炎武

作者简介见前文“附录一偃师周公庙史料”部分。

登封周公祠[①]

登封县，府东一百四十里[②]……周公测景台在东南三十里[③]，实古阳城地。《本志》测景台在县东南古告成县内[④]，昔周公建此台，立土圭测日景，所谓日至之景尺有五寸，谓之地中者也。其石相传为龙起而裂。

观星台在测景台北，亦周公所筑。甃以磨砖[⑤]，砖多为人窃，而台半废。台上相传有铜壶滴漏等器，为昔人所取下。有磨石三十六块，每块有二水路。今已失其一。后又有亭，亦废。莫考其制度。正德末，建周公祠，在二台之间。

测景台[⑥]（在登封县东南三十里故告成县）

象器先王作，灵台太室东。
阴阳求日至，风雨会天中。
考极三辰正[⑦]，封畿万国同。
吾衰今已甚，犹一梦周公[⑧]。

---

① 见顾炎武《肇域志》卷二十八，题目为本书作者所拟。

② 府：指河南府，治在洛阳。

③ 景：同“影”。

④ 告成县：唐万岁登封元年（696 年）改阳城县置，属洛州。治所在今河南登封市东南告成镇。神龙元年（705 年）复为阳城县，神龙二年（706 年）又改为告成县。开元初，属河南府。天祐二年（905 年）改为阳邑县。

⑤ 甃（zhòu）：砌，垒。

⑥ 见《亭林诗文集》。题下原注：在登封县东南三十里故告成县。

⑦ 考极：考究。三辰：指日、月、星。

⑧ 吾衰今已甚，犹一梦周公：《论语·述而》：“子曰：‘甚矣，吾衰也！久矣，吾不复梦见周公。’”

李如琦

李如琦(1619—1684年),字二韩,号嵩生,登封市大冶东刘碑人。邑廪膳生,清顺治乙亥(1659年)岁贡生,庚子(1660年)科举人。候选知县,改授开封府鄢陵县教谕。康熙甲子科为湖广聘为试官。

重修周公庙碑记

昔周公营洛,洛宜有周公祠,因已①。曷为乎复建于吾登之东南隅?则以当日测景之表在是,好古者遂推原所自而崇祀之也。当日立表之意,测日景以求地中,盖为营王城故也。立表原有五,而中表在颍川阳城,此表宜是。既于此得所为地中矣,则王城宜营于嵩戹之阳②。硕西去此百八十里③,而营于洛水之北、邙山之南,何欤?

考测景求土中之始,盖在摄政之四年。政拮据,将綦谋室众之日也,其意惟期阜安百物耳,苟为风雨之所会,阴阳之所和,如射者得中侯焉,足矣。岂□拘拘于侯中之□而后得会合之所哉?若夫嵩前之地,山水蕞杂④,其不足以容王畿也,人固知之矣。所以因以前帝都多在西北,或平□,或蒲坂,据上游也。周以后,帝都每在豫中,或洛中,或汴京,位王中也。独怪夫测地之形,较难于知天。天有星辰之躔□⑤,日月之得道,周天之象数,举目毕见。地则崇山峻岭,多障碍也。江河亦甚纡曲也。道里既不可以中绳墨,而善视者不能见百里。而历象测天,植表最已,或十余所,或且至二十余所,则是尽中国之境而测之。历代卒莫有定说。何周公仅立五表,东西南北仅去十里,而毫芒之途中,虽可指见。呜呼!非大圣人,孰克几此山。由此观之,周公之灵,固千百年如一日也。

当日创建斯庙,吾知从中表起见也。而今昔之□,事周公则不耑以是⑥。

① 因:当为“固”。

② 戹(è):古同“厄”。阻塞,险要的地方。

③ 硕:疑有误。

④ 蕞(zuì):古代演习朝会礼仪时捆扎茅草立放着用来标志位次,引申为丛聚的样子。

⑤ 躔(chán):天体的运行。

⑥ 耑:同“专”。

前吾夫子而振起斯文者[1]，非周公也耶！则此固宜与文庙并永今古者也。自前代凤梧陈先生重修而后，已更两代，历时既久，风雨及鸟鼠之患，日就倾圮。时莅邑侯万父母新政[2]，巡历至此，深痛庙之久而或废也。于是捐廉俸食[3]，会辍公鸠工，旬月之内，焕然复新矣。时领其事者，府庠生杜子季甫也。于落成，属予纪万父母之政。予曰："万父母不尝捐俸新学宫乎？兹复为此，是欲使吾登知礼乐、文物之为重，而持此以为治吾登之首务也与？诚不可不以此意勒石，以告吾登之人。"因并推考言之。或曰溵水之天中[4]，亦测景之所也。彼历家治历事也，何足以相蒙欤？

钦命遣祭中岳进士礼部右侍郎杨正中[5]。

知登封县事知县万姓苏[6]。

大清康熙十五年岁次丙辰仲秋吉旦李如琦撰，杜预书。

（碑存登封市告成镇观星台）

---

① 吾夫子：指孔子。

② 邑侯万父母：登封知县万姓苏。

③ 捐廉：旧谓官吏捐献除正俸之外的养廉银。俸食：指俸禄和食料。《新唐书·食货志五》："（开元）二十四年，令百官防阁、庶仆俸食杂用以月给之，总称月俸。"

④ 溵：古水名，在今天的河南省中部，称沙河，发源于伏牛山区的鲁山境内，流经平顶山、漯河、周口，在安徽境内汇入颍河，为淮河的支流。天中：天中山，在今河南汝南县北三里。《方舆纪要》卷五十汝阳县：天中山"亦名天台山。高止尺余，上土下石，以在天地之中，故名。自古考日景测分数，以此为正云"。

⑤ 杨正中：字尔茂，顺天通州人。清顺治十五年（1658 年）进士，选庶吉士，授编修，累官礼部左侍郎。

⑥ 万姓苏，江西丰城人，贡生。清康熙十四年（1675 年）任登封知县。

叶　封

叶封(1623—1687 年),字井叔,号慕庐,自号退翁、桐初,时人敬称叶井叔,祖籍浙江嘉兴,少时随父居黄陂,后迁至武昌西山。清代诗人。早年学诗于舅父著名诗人杜浚。家贫,刻苦自学,清顺治十四年(1657 年)中举,第三年取进士。康熙二年(1663 年)出任福建延平府推官。改登封知县,迁西城兵马司指挥。康熙十八年(1679 年)荐试博学鸿词,报罢。康熙二十六年(1687 年),铨授工部主事,已卒。擅金石之学,辨证碑版文字甚精博。家武昌之樊湖,以渔钓诗酒自娱,及官河南,诗益雅健可诵。王士禛尝为其点定诗集,以之与宋荦、王又旦、曹贞吉、颜光敏、田雯、丁重辉、丁炜、曹禾、汪懋麟并列为十子,由是名益起。有《慕庐集》《嵩游集》《嵩阳石刻集记》。

周公庙①

旧志:在告城。明知府陈宣建。知县候泰、傅梅修。

测景台②

自古阳城地,相传测景台。
岳形正当落,石表定谁裁。
太史推求法,元公制作才。
土中千象纬③,瞻望重低回。

测景台④

在告成镇。有石方可仞余,耸立盈丈,上植石表八尺,刻其南曰:“周公测景台。”唐《地理志》曰阳城“有测景台,开元十一年,诏太史监南宫说刻石表焉”⑤。杜氏《通典》曰“仪凤四年五月,命太常博士姚玄于阳城测景,台依古法,立八尺表,日中测景”即此。

---

① 见乾隆五十二年《登封县志》。
② 见乾隆五十二年《登封县志》。
③ 土中:四方的中心地区。象纬:象数谶纬。亦指星象经纬,谓日月五星。
④ 见乾隆五十二年《登封县志》。
⑤ 唐《地理志》:《新唐书·地理志》。

观星台[1]

在测景台北。高五丈,阔三丈,世亦称此台为测景,盖测景其统目,观星其专名也。台背中凹,上下如沟,世传为漏刻下水石。三十六方接连平铺,面为二溜槽,至尽头环通,世称为量天尺。按汉赵爽《周髀算经》云[2]:“平地径二十一步,周六十三步,令其平矩,以水正则位;径一百二十一尺七寸五分,因而三之为三百六十五尺四分尺之一,以应周天三百六十五度四分度之一。”与此略同。明嘉靖九年,巡按河南御史何天衢上言[3],登封旧有测景、观星二台,乞敕委官考正。从之。

焦贲亨曰[4]:按:《周礼·大司徒》以土圭之法测土深,正日景地中。日南(谓中表南之日)则景短,多暑;(于中表南千里立八尺表,表北景尺四寸)日北则景长,多寒;(于中表北千里立八尺表,表北景尺六寸)日东则景夕,多风;(于昼漏半东,表日已跌中表景乃中)日西则景朝,多阴。(亦于昼漏半西,表日未中,而中表日已中也,多风多阴,疏无定解,不载)日至之景,尺有五寸(此指阳城)。谓之地中。隋祖暅谓土圭测景[5],经文阙略,先儒解说又未明审,乃错综经注以推地中,其法曰:先验昏旦,定刻漏,分辰次。乃立一表于准平之地,为南表。于漏刻日中,更立一表于南表景末,曰中表。依依中表,以望北极枢,而立北表。三表直者,当子午之正。又以春秋二分之旦,日始出东方半体,乃立表于中表之东,曰东表。是日之夕,日入西方半体,又立表于中表之西,曰西表。三表与日参相直者,即南北之中。与《周礼·大司徒》贾疏五表不同。又按《考工记》曰:“匠人建国,水地以县。(立四柱,绳以正之,又以水平之法遥望,柱高下,即知地高下)置槷以县[6],视以景,为规,识日出之景与日入之景。(既立臬,又为规,以识之)昼参诸日中之景,夜考之极星,以正朝夕。(日中之景最短,以其在上临下,短也。朝夕即东西)隋志之法盖本此。又《素书

---

① 见乾隆五十二年《登封县志》。

② 赵爽:名一作婴。三国时吴国人,字君卿。精算学。曾注《周髀算经》,对于勾股定理中有关勾、股、弦各种关系和二次方程解法均有几何证明。

③ 何天衢(? —1527 年):字道亨,湖广道州人。明弘治九年(1496 年)进士,授嘉兴知县,擢监察御史。时刘瑾用事,朝臣谄附,天衢耻与为伍,遥劾中伤,禁锢家居。刘瑾死,起迁河南知府。嘉靖初擢都御史巡抚河南,再进工部右侍郎理易州山厂。嘉靖六年(1527 年)二月初九日卒于官,赠尚书。

④ 焦贲亨(1625—1659 年):字汝将,号丘园,河南登封人。清顺治五年(1648 年)举人。历任福建兴华府推官、江西瑞州府同知。后主讲于嵩阳书院。有《诗文》二卷及《嵩山志》四卷。

⑤ 祖暅:数学家,祖冲之之子。

⑥ 槷(niè):测日影的标杆。县:古同“悬”。

指南》云:以二至景之最短,为正午;夜望表端与北极相值,为正子。以今石座之表观之,疑北表亦立台上,始可与北极参相直。不然极与表高下相悬,何以值邪?《考工记》又云:尺有五寸,以致日疏。谓景至与不至,皆由君政得失而来。由是而知圣人立法之意,将以节宣和气,辅相物宜,非徒驰神于不可知,以测天地之大,土圭之法。《唐书》亦云周末失传,阙疑可也。

周公测景图说①

房后,人建台与表与三十六石,古矣。表有石座,五表之中表也。五表之说有二。《考工记》与隋《天文》所称②,以二分日出入半体测南北之中;以二至晷景之最短为正午;夜望表端,与北极相值为正子。《周礼》贾疏五表各越千里,夏至用土圭测景,尺有五寸者为中表。《唐书》谓土圭之法,周末失传。此八尺石表,下有石座,北有岿台,盖主前说。北表疑立台上,不然表下石座高逾于表,几为蛇足。而平望北极,极与表高下相悬,何以值耶?

① 见叶封、焦贲恒《嵩山志》。
② 隋《天文》:《隋书·天文志》。

朱彝尊

朱彝尊(1629—1709年),字锡鬯,号竹垞,晚别号小长芦钓鱼师、金风亭长,浙江秀水人。少时痛心明亡,志在恢复。旋客游四方,声名渐广,清康熙十八年(1679年)应博学鸿词科,授检讨,修《明史》,对体例多所建议。学问兼工诗、文、词、经学考据。诗与王士禛齐名,词与陈维崧称"朱陈"。有《曝书亭集》《经义考》《日下旧闻》《明诗综》《词综》等作品。

读叶司城封嵩游草赋赠[1](丙辰)

客居通潞春复冬,有如饥鸟仍投笼。
平生梦寐在五岳,垂老未睹嵩阳峰。
峰头玉女定笑我,那不控鹤鞭痴龙。
琼浆勿饮良可惜,白发满镜徒愁容。
叶君昔年宰登封,莓苔洗字寻石淙[2]。
霞梯高高八百丈,笋鞵踏遍青芙蓉。
庐岩瀑飞一匹布,铁梁峡偃千年松。
仙人十六时相逢,闲吹鹅管向明月,有时髻插三花秾。
淅川俞叟与君往来熟[3],言君爱奇恒未足。
开筵为蒸玉面貍,行药曾骑雪色鹿。
测景还登测景台,逍遥宛在逍遥谷。
偶然长啸百里闻,每遇残碑三日读。
不见囊中金石编,何殊集古欧阳录[4]。
崇文门西车毂击,十里黄尘眯人目。
下马寻君道名姓,一笑情亲为乡曲。

---

① 叶司城封:叶封(1623—1687年),字井叔,号慕庐,又号退翁,明末清初湖广黄州人。顺治十六年进士。历延平府推官、河南登封知县、兵马司指挥,官至工部主事。慎于治狱,不畏权势。王渔洋称道其诗,谓可与宋荦等并列为"十子"。有《嵩山志》《嵩阳石刻集记》《慕庐诗》《嵩游集》。题下自注曰"丙辰",即康熙十五年(1676年)。

② 石淙:在今河南登封市东南三十里。《清一统志·河南府一》:石淙水,"唐武后与群臣游宴赋诗于此。薛曜序云,'石淙者俗谓之平乐涧……'《旧志》:源出嵩山,南流经告成镇东五里,又南入颍"。

③ 淅川:地名,不详。俞叟:不详。

④ 集古欧阳录:指欧阳修《集古录》。

投我嵩阳咏百篇，胜听哀丝与豪竹①。
近来海内工诗格，新城王君最雄独②。
一见君诗许绝伦，同调由来赏心速。
君今司城名籍甚③，栗果少年齐足跼④。
入门厅事半栽花⑤，插架图书尚连屋，作吏如君良不俗。
闲从巷北期王君，更许高斋醉醽醁⑥。
金箱图画恣卧游，岂必卢鸿草堂宿⑦。

---

① 哀丝与豪竹：丝，指弦乐器。竹，指管乐器。豪竹：粗大的竹管制成的乐器，形容管弦乐声的悲壮动人。

② 新城王君：指王士祯（1634—1711 年），字贻上，初名士禛，又名士正，号渔洋山人，山东新城人。顺治进士。历官至国子监祭酒、左都御史、刑部尚书。以博学、善诗文著名于时，深得康熙帝之宠，曾录其诗三百首为《御览集》。屡上疏论祭祀。平冤狱。康熙五十年卒，后追谥文简。

③ 籍甚：名声远播，广为人知。

④ 跼（jú）：屈曲不舒展。

⑤ 厅事：官署视事问案的厅堂。后私家房屋也称此名。

⑥ 醽醁（líng lù）：美酒名。

⑦ 卢鸿：名或作鸿一。字颢然，一作浩然，唐幽州范阳人。少有学业，颇善籀篆楷隶。家洛阳，隐于嵩山。玄宗开元初，备礼屡征不至。开元六年（718 年），至东都，谒见不拜。玄宗召升内殿，置酒，拜谏议大夫，固辞。复下制，许还山。将行，赐隐居服，官营草堂，恩礼殊渥。聚徒至五百人，号其居室曰“宁极”。又工画，传有《草堂十老图》。

万姓苏

万姓苏(生卒年不详),江西丰城人,贡生。康熙十四年(1675年)任登封知县。

测景台游箕山洗耳泉题诗

当年选胜立台隍,日影天中受较量。
未有亥心通造化,谁能建制测阴阳。
三春策马探奇路,万树桃花笑昔壤。
风景不殊人物□,殷怀俗美尚成康①。

飘然蝉蜕避箕阴,烟雾茫茫何处寻。
瓦穴不炊列泽火,蓬檐悄听匿山禽。
薜萝香隐高人梦,逸鹤翔觇逊国心。
邻叟携瓢喜见过,尧泉浣月和新吟。

不棹风波万斛舟②,弃瓢挂月肆夜游。
所言未必污双耳,跨犊何须饮上流。
口口空山荒日午,凄凄草色蔓芳丘。
便饶薮世皆巢许③,洚洞樵援嫂溺忧④。

---

① 碑刻于诗后刻曰"康熙十六年"。

② 本诗咏许由之事。汉蔡邕《琴操·箕山操》:"许由者,古之贞固之士也,尧时为布衣。夏则巢居,冬则穴处,饥则仍山而食,渴则仍河而饮。无杯器,常以手捧水而饮之,人见其无器,以一瓢遗之,由操饮毕,以瓢挂树,风吹树动,历历有声,由以为烦扰,遂取捐之。以清节闻于尧,尧大其志,乃遣使以符玺禅为天子。于是许由喟然叹曰:'匹夫结志,固如盘石,采山饮河,所以养性,非以求禄位也;放发优游,所以安己不惧,非亦贪天下也。'使者还,以状报尧,尧知由不可动,亦已矣。于是许由以使者言为不善,乃临河洗耳。樊坚见由方洗耳,问之:'耳有何垢乎?'由曰:'无垢,闻恶语耳。'坚曰:'何等语者?'由曰:'尧聘吾为天子。'坚曰:'尊位何为恶之?'由曰:'吾志在青云,何乃劣为九州伍长乎?'于是樊坚方且饮牛,闻其言而去,耻饮于下流。于是许由名布四海。尧既殂落,乃作箕山之歌曰云云。许由死。遂葬于箕山。"

③ 巢:巢父。传说中远古时人,以树营巢,寝于其上。许由之友,尧以天下让之,不受。

④ 洚(jiàng)洞:大水弥漫。嫂溺:《孟子·离娄上》:"淳于髡曰:'男女授受不亲,礼与?'孟子曰:'礼也。'曰:'嫂溺,则援之以手乎?'曰:'嫂溺不援,是豺狼也。男女授受不亲,礼也;嫂溺援之以手者,权也。'"后以"以叔援嫂"谓权宜行事。

潘耒

潘耒(1646—1708年),字次耕,又字稼堂,晚自号止止居士,清代江苏吴江人。潘柽章弟,顾炎武弟子。清康熙间以布衣举博学鸿词,授检讨,纂修《明史》。以博学敢言遭忌,坐“浮躁”降调归里。长于声音反切之学,指陈历代修史利病亦极明晰。生平喜游,所撰诗文,记游之作颇多。有《遂初堂集》《类音》等作品。

测景台①

唐虞命羲和②,测候穷四表③。
中邦独阙如④,古制今莫晓。
周公营洛都,土中乃推考。
阳城实地心,天枢对临照⑤。
筑台奠坤维⑥,测日析分杪⑦。
世远制不湮,崇墉可登眺⑧。
土圭仍端完,石尺更精巧。
恐此本古规,元公非意造。
周官与考工,义疏需细讨。
九鼎既沦亡,东周迹如扫。
独此彝器存,天球可同宝。
安得明历人,同游洛南道。
洞窥古圣心,豁眼对穹昊⑨。

---

① 见《遂初堂集》卷十四。清康熙刻本。

② 唐虞:唐尧与虞舜的并称。亦指尧与舜的时代,古人以为太平盛世。羲和:传说中掌天文历法之官。尧曾派羲仲、羲叔、和仲、和叔分驻东,南、西、北四地,观测星象,制定季节,制作历法。

③ 测候:观测天文星象。穷:尽。四表:四方极远之处。

④ 中邦:国中。阙如:缺少,指缺少观测日月星象的设施。

⑤ 天枢:星名,北斗第一星。

⑥ 奠:定。坤:地。维:地之四维。

⑦ 杪:通“秒”。

⑧ 崇墉:高墙。

⑨ 穹昊:犹穹苍。

陈梦雷

作者简介见前文“二、洛阳周公庙古代文献”部分。

周公庙[1]

在告成镇[2],知府陈宣建。知县侯泰、傅梅,重修。

① 见《古今图书集成》。

② 告成:在河南省登封市东南部。武周万岁登封元年(696 年),武则天登嵩山封中岳,取“大功告成”之意命名。《元和郡县志》:“则天因封中岳,改名告成。”今镇仍以告成为名。周称颍邑,秦为阳城县治,北魏为阳城郡治,唐为告成县和阳邑县治。

李来章

李来章(1653—1721年),原名灼然,以字行,号礼山,晚号寒香,清代河南襄城人。理学家、教育家。清康熙十四年(1675年)中举人,康熙二十九年(1690年)与耿介、冉觐祖主讲嵩阳书院,世称“中州三君子”。历官广东连山县知县、兵部主事等。有《礼山园文集》《连阳八排猺风土记》《紫云书院志》《岭南拾遗》《京华见闻录》等作品。

谒周公庙观测景台①

遗庙阳城阴,萧条隔暮林。
山多春气薄,地僻野云深。
片石饱风雨,残台阅古今。
谁从千载后,圭影识天心。

① 见乾隆五十二年《登封县志》。

景日昣

景日昣(1661—1733年),字冬旸,号嵩崖,河南登封人。幼年家贫嗜学。清康熙十四年(1675年)入嵩阳书院,从师于一代名儒汤斌、耿介等。康熙二十六年(1687年)中举人,康熙三十年(1691年)成进士。任广东高要县知县,后历任监察御史、鸿胪寺少卿、大仆寺少卿、宗人府府丞、都察院副都御史、礼部侍郎、户部侍郎,赐资政大夫,加礼部尚书衔。曾为乾隆皇帝幼年时老师。雍正三年(1725年),景日昣告老还乡,隐居于嵩山逍遥谷,专门从事著书立说。有《嵩崖制义》《嵩崖易义》《河南省通志》《登封县志》《说嵩》《嵩崖尊生》《崧台书》《嵩崖学凡》等作品。

测景台(节选)[①]

测景台周迹也。《周礼》:大司徒职"以土圭之法测土深,正日景,以求地中。"郑众《说》曰:土圭之长,尺有五寸。以夏至之日,立八尺之表,其景与土圭等,谓之地中。今颍川阳城地,《疏》曰:阳城县是周公度景之处,古迹犹存也。杜氏《通典》曰:仪凤四年五月,命太常博士姚元,于阳城测景台立八尺表。夏至日中,测景尺有五寸,正与古法同。《唐书》曰:太史言:麟德历浸疏,日食屡不效。命僧一行更造新历,梁令瓒造黄道游仪,以候七政。以阳城有测景台。开元十一年,诏太史监南宫说等,于河南北平地测日晷及极星。夏至日中,立八尺之表,同时候之。阳城晷长一尺四寸八分弱,夜视北极出地,高三十四度十分度之四。浚仪岳台晷长一尺五寸微强,极高三十四度八分。南至郎州,晷长一尺七寸七分,极高二十九度半。北至蔚州,晷长二尺二寸九分,极高四十度。南北相距三千六百八十八里九十步,晷差一尺五寸三分,极差十度半。又南至交州,晷出表南三寸三分。八月,海中南望,老人星下,众星灿然,皆古所未名。大率去南极二十度以上皆见。乃于阳城刻石表焉。王朴曰:古者植圭于阳城,以其近洛也。开元十二年,遣使天下候景,南距林邑,北距横野,中得浚仪之岳台。应南北弦居地之中,日行黄道,每岁有差,地中当随而转移。故周在洛邑,汉在颍川阳城,唐在汴州浚仪。据是说,则阳城测景台为汉迹,而《汉书》未载,又与《周礼注》及《唐书》不同,姑并志之。《考工记》曰:昼

① 见《说嵩》卷十二。

参诸日中之景，夜考之极星，以正朝夕。祖暅之曰：于平准之地立南表，日中时立中表于南表景末。夜依中表，望北极枢而立北表。三表正直，为子午位。《素书指南》曰：以二至晷景之最短者为正午；夜望中表端与北极相值，为正子。夫表端望北极，不能置表于空虚之上。盖北表立于台上，始可与北极参合相值耳。则台之作，当与表同时，名以观星，盖仰视北极。立表之台，非如后世之观象台为夜瞩天文设也。《毛诗·定之方中》注曰：度日出入以知东西。尚是定北，准极以正南北，可以知测景之遗法矣。

台后周公庙，建祀甚久。元许有壬《记》云[①]：周公营东都，求土中，具测景台。表石高八尺，状如柱，古制尚存。台后文宪王庙，庙后原筑观墨台，甚危敞。古砌坚整。台背下有量天尺。其制：划石成二溜漕，石三十六方，色深青，异常品。每阔三尺六寸。旧有挈壶走水漏刻，以符日景。空同子曰[②]："郭守敬量天尺，树嵩洛间。"守敬，元人。台与尺或元迹欤？而碑无可考。

……

周公测景台[③]

周公测景台在旧城内，逼南而中。《传》曰：周公营东都，测土深，正日景，以求地中。日南，则景短多暑；日北，则景长多寒；日东，则景夕多风；日西，则景朝多阴。夏至之景，尺有五寸，谓之地中。刘定之曰：天之顶心，当嵩高山下阳城；地之顶心，为昆仑。参差不相对者。天地间东南暑热，西北寒凉。地在寒凉方者，坚凝高峙；在暑热方者，融液坍塌。合东南多水，西北多山处均平论，则地仍以嵩高山下阳城为中。但取最高顶心处，则昆仑为中也。郑玄注曰：凡日景，于地千里，而差一寸。景尺有五寸者，南戒日下，万五千里也。以此推之，日当去其地八万里矣。日斜射阳城，则天径之半也。天体圆如弹丸，地处天之半，而阳城为中，则日春夏秋冬，昏明昼夜，阳城皆等，无盈缩矣。故知日斜射阳城，为天径之半也。迹是，则天地之合，俱在嵩高。四时所交，风雨所会，阴阳所和。成周迁九鼎于洛邑，而宅中区夏，圣人制作之精意，后人得之闻知者，仅存载籍。时久迹湮，可见者惟此阳城片石。犹幸唐人去古未远。垂贞珉以示迹象。然且曝浵之久，台裂将岐，而表亦欹矣。再积岁月，安知不崩

① 许有壬：见《阳城山记》。

② 空同子：李梦阳。

③ 本文陈遵妫《中国天文学史》认为亦出自《说嵩》卷十二。然笔者所见《说嵩》诸版本均无。故录以备考。

隤以迄于尽也。后之人护惜珍之，盖中土之琬琰矣。石座耸丈，方可仞馀。表石高八尺，状若柱，古制尚存。盖土圭置臬之遗，后仿其制，而易以石，以垂永久。刻其阳曰：周公测景台。唐开元十一年，诏太史监南宫说刻阳城石表，是已。

台后为周公庙。庙后有台，曰观星，甚危敞。上覆以屋，前有亭，其阴凹缺直下，高三仞。背有量天尺。其制：砌石筑台，高二尺许，刻划石之两傍。像成溜槽，至尽头，环通。凡三十六方，接连平铺。每阔三尺六寸，刻周天一百二十尺。旧有挈壶走水漏刻，以符日景。《周髀经》云：平地径二十一步，周六十三步。令其平，矩以水，正则位，径一百二十一尺七寸五分，因而三之，为三百六十五尺四分尺之一，以应周天三百六十五度四分度之一。与此略同。盖精于历算者知之。明嘉靖间，敕历官就此考正焉。余意《周礼》大司徒之职，以土圭法正日景，以求地中，盖为营东都，以正四方道里之均，非后世象纬学也。而《隋书》则曰：昔周公测晷景于阳城。以参考历记，涉于纤矣。乃《素书指南》云；以二至晷景之最短为正午，夜望表端与北极相值为正子。以今石座之表观之，疑北表亦立台上，始可与北极参相直。不然，极与表高下相悬何以直耶？则似有前表，不可无后台，而台上亦有一表。祖暅曰：推地中之法，先验昏旦定漏刻分辰次。乃立一表于准平之地，为南表；于漏刻日中，更立一表于南表景末，曰中表；夜依中表，以望北极枢，而立北表。三表直者，当子午之正。又以春秋二分之旦，日始出东方半体，乃立表于中表之东，曰东表；是日之夕，日入西方半体，又立表于中表之西，曰西表。三表与日参相直者，即南北之中。是说与大司徒贾疏五表之说不同。似乎先作台以定漏刻，而后置表以正日景。一表之外，更有四表。乃杜氏《通典》云仪凤间，命太常博士姚元于阳城测景台，依古法立八尺表。夏至日中测景，尺有五寸，与古法同。未称有四表，亦未称有两表也。总之圣人立法之意，将以节宣和气，辅相物宜，非徒驰神于不可知，以测天地之大。《唐书》曰：土圭之法，周末失传。后之人嚣嚣管蠡，其聚讼矣。《空同子》曰：星历验之测景台，郭守敬量天尺，亦树嵩洛间。然则土圭之沦于历算，亦犹周易之流为肆卜也。表易以石，已非置臬之遗。台号观星，石称量天，其诸后世象纬家言乎？汉成帝永和元年，封赵临为侯国。后汉荀爽《贻李膺书》：悦山乐水，家于阳城。胥此地矣。台一隅毁于益都翟豪，赂尹谋徙台为私窟。会阖门被兵，中止。台浑朴坚致，烂斑绣苔，诚千百年物也。

测景台碑[①]

测景台碑在周公庙。伦文叙撰。

周公新庙记[②]

周公新庙记陈凤梧撰。碑在本庙,康熙甲午[③],予以忧居在里,追陆偃令邑侯勘旱灾,憩于台后之广胤殿。慨伤台庙之圮毁,圣像之剥落,觅金修复。建正殿仪门,修台筑垣,易阶砖以石,一切毁败,俱经维新。役未峻,予以起复,迫期北上。是役也,大中丞鹿公佑布金为多[④]。碑尚未立。

① 《说嵩》卷十五。

② 《说嵩》卷十五。

③ 康熙甲午:康熙五十三年,公元1714年。

④ 鹿公佑:鹿佑(1648—1718年),字有上,号兰皋,颍州城内南关人(今安徽阜阳颍州区)。康熙壬戌科(康熙二十一年,公元1682年)进士,初任浙江省西安县(今衢州市)令。不久即晋升为江南道监察御史,官至大理寺少卿,太仆太常正卿,晋少司马(兵部侍郎)。康熙四十七年(1708年)主管山西乡试。康熙已丑年(1709年),河南发大水,鹿佑奉命巡抚河南,第二年,又遇旱灾,鹿佑皆呈请朝廷减免赋税。有《天方礼经》,主持编纂《康熙颍州志》。

郜煜

郜煜(生卒年不详),字重光,号含贞,清河南府登封市告成镇人。郜锦子,学于嵩阳书院。清康熙五十三年(1714年)举人,历任监察御史,中书科中书,浙江平湖、嘉善两县知县。

周公庙祭祀记[①]

粤稽古以迄三代,制作之隆,至周而大备。然损益百王,斟酌古今,醇粹精详,率皆□元圣周公所手定。周公之明德远矣。以故祀先师者,前代皆有尊周公,厥后乃专祀孔子焉。夫孔子钦崇前徽[②],形诸梦寐,生平所企慕,惟以周公为依归。则周公之圣,足以媲美孔子,概可知矣。然则祀周公者,宜普天率土,靡有弗然,岂徒一郡一邑哉!

而登邑之祀公者,则以测景之故。周公营洛邑,迁九鼎,察天地之中,在豫州阳城。盖以天地之所合,四时之所交,风雨之所和,阴阳之所会,端在兹土也。爰立土圭以测日景,即景之东西广狭,以卜岁之风雨□燠[③]。历乎千载,确不能易。元郭守敬虽易土为石,而尺寸莫敢少渝[④]。然则周公圣也,而且神矣。

邑令□王父台就元型之德,定祀公之典,甚盛举也。圭旁有镇,曰告城。其衿士虑其久而或湮也[⑤],思镌贞珉,以垂永久,请记于余。余里人也,且即生于告城,恧可以不文辞[⑥]?爰盥手濡墨[⑦],序周公之所以圣,并周公之所以宜祀,俾学者知诵法孔子,尤不可不尊崇周公也。是为记。

时乾隆二十年岁次乙亥三月吉旦[⑧]。

都察院山西道察史后学郜煜沐手敬撰。

生员张学□书丹。

---

① 碑存登封市告成镇观星台。

② 前徽:前人美好的德行。

③ 燠(yù):暖,热。

④ 渝(yú):改变,违背。

⑤ 衿士:指秀才,亦泛指年轻的读书人。

⑥ 恧(nǜ):惭愧。

⑦ 盥(guàn):浇水洗手。

⑧ 乾隆二十年:公元1755年。

祀规:每岁春秋次丁,本镇绅士轮流办理祭品蜡烛,屠户地方办理猪羊。

住持海法。

字匠刘彬。

桑调元

桑调元(1695—1771年),字伊佐,一字弢甫,自号独往生、五岳诗人,钱塘(今浙江杭州)人。清代官员、学者。清雍正四年(1726年)举顺天乡试,雍正十一年(1733年)召试,钦赐进士,授工部屯田司主事。后引疾归田,历主九江濂溪、嘉兴鸳湖、滦源书院讲席。桑调元尊崇程朱理学,"以尚志力行为先",主张"穷经之要有三:博综、折衷、自得",强调"不通群经,不足以治一经;不知史法,不足与以谈;不博研象纬度、山川、方名、器数之岩迹,不足以穷遐极幽"。精于史学与性理之学,在教学方面卓有成就,编撰《大梁书院学规》《道山书院学规》《江西瀛溪书院》与《泺源书院学规》等。另有《五岳诗集》二十卷、《文集》三十卷、《桑弢甫诗集》十四卷和续集二十卷、《论语说》《躬身实践录》《桑孝子旌门录》等。

谒周公庙①

元公勤笃棐②,叔父式仪型。
谟烈昭三统③,勋劳总四溟④。
征诛佐旄钺⑤,制作润朝廷⑥。
帷幕乌流赤,河山社锡青。
百年兴礼乐,九罭播声灵⑦。
负扆犹堪绘,流言不可听。

---

① 见《弢甫集》。

② 笃棐(fěi):忠诚辅助。

③ 谟烈:谋略与功业。三统:指夏、商、周三代的正朔。夏正建寅为人统,商正建丑为地统,周正建子为天统。亦谓之三正。

④ 四溟:四海,四方之海。指全国、天下。

⑤ 征诛:讨伐。旄钺(máo yuè):白旄和黄钺。借指军权。语本《书·牧誓》:"王左杖黄钺,右秉白旄以麾。"蔡沈集传:"钺,斧也,以黄金为饰……旄,军中指麾,白则见远。"

⑥ 制作:指礼乐等方面的典章制度。

⑦ 九罭(yù):一种带有囊袋以捕捞小鱼的网。为《诗经·豳风》的篇名。共四章。《诗序》:"九罭,美周公也。周大夫刺朝廷之不知也。"

谁能惩小毖[①],独为迪前宁。
零雨归迢递[②],风雷动窈冥。
思缠于垤鹳[③],悲感在原翎。
宝鼎东都卜,金人太庙铭。
土中频测影,台上一观星。
山势朝嵩华,河流接渭泾。
经营成洛邑,吐握简王庭。
禾颖方呈瑞,钧金欲措刑[④]。
合襄邀寿耇[⑤],夹辅属冲龄[⑥]。
无逸时陈座[⑦],豳风足写屏[⑧]。
芹峰全已去,鸣鸟固应聆。
世系原封鲁,恩波类溢濙。
宗功秩元祀,明德肃帷馨。
訉史严圭瓒[⑨],春秋饬簋铏[⑩]。
丹楹崇闭殿[⑪],绣衮俨遗形。
欲去频回首,低徊仰庙瓴[⑫]。

测景台[⑬]

古台耸崟岑[⑭],土圭正日景。

---

① 小毖(bì):《诗经·周颂》篇名。首章二句为:"予其懲,而毖後患。"《诗序》:"小毖,嗣王求助也。"郑玄笺:"毖,慎也。天下之事,当慎其小,小时而不慎,后为祸大,故成王求忠臣早辅助已为政,以救患难。"后用为君主自我惩戒并求助于群臣之典。

② 零雨:慢而细的小雨。《诗经·豳风·东山》:"我来自东,零雨其濛。"

③ 垤(dié)鹳:蚂蚁做窝时堆在洞口的土。《诗经·豳风·东山》:"鹳鸣于垤,妇叹于室。"

④ 钧金:带钩上的黄金。谓数量虽少,但仍值得珍贵。措刑:废止牢狱、弃置刑罚。意思就是用德、礼教化民众,而不再用法律。措:弃置。

⑤ 耇(gǒu):老人面部的寿斑。代指高寿。

⑥ 冲龄:幼年。多指天子而言。

⑦ 无逸:《尚书》篇名。

⑧ 豳风:《诗经》十五国风之一。

⑨ 訉(fàn):多言。瓒(zàn):古代祭祀用的一种像勺子的玉器。

⑩ 簋(guǐ):古代盛食物器具,圆口,双耳。铏(xíng):古代盛羹的小鼎,两耳三足,有盖。

⑪ 闭:幽静。

⑫ 瓴(líng):房屋上仰盖的瓦,亦称"瓦沟"。

⑬ 见《弢甫集》。

⑭ 崟岑(yín cén):高耸。

入贡均六服[①],中乂迁九鼎[②]。
苔荒石表欹,雨霁天星冷。
深春芳气浓,娟月寒辉靓[③]。
垣竹戛清声[④],阶桐散疏影。
升高睇烟岚,隐隐环嵩岭。

① 六服:王畿以外的诸侯邦国曰服,其等次有六:侯服、甸服、男服、采服、卫服、蛮服。《尚书·周官》:"六服群辟,罔不承德。"《周礼·秋官·大行人》:"邦畿方千里,其外方五百里谓之侯服,岁壹见,其贡祀物;又其外方五百里谓之甸服,二岁壹见,其贡嫔物;又其外方五百里谓之男服,三岁壹见,其贡器物;又其外方五百里谓之采服,四岁壹见,其贡服物;又其外方五百里谓之卫服,五岁壹见,其贡材物;又其外方五百里谓之要服,六岁壹见,其贡货物。"

② 中乂(yì):居中央而治理天下。乂:治理,安定。

③ 靓(jìng):妆饰艳丽,打扮。

④ 戛:象声词。

施奕簪

施奕簪(生卒年不详),字佩其,福建晋江人。是施琅留居北京的后代,后在顺天(北京)考中举人,清雍正十三年(1735 年)任登封知县,勤于政事,多所修建,辑邑乘。秉公无私,人尤称之。施奕簪任登封县知县十多年,重修西关望楼、文庙大殿、明伦堂、书院及其他附属建筑,乾隆九年(1744 年)续修《登封县志》。乾隆十年(1745 年)主持重修嵩山少林寺大殿。主持编辑出版第一部《少林寺志》。

题　壁

千古中传①。

① 施奕簪任登封县知县时修周公庙影壁,并题"千古中传"四字,今存。上款为:"乾隆戊辰年刻。"下款为:"邑令施奕簪敬立。"

董　榕

董榕(1711—1760 年),一作裕,字恒岩,号谦山,又号繁露楼居士。直隶丰润(今属河北省丰润县)人。清雍正十三年(1735 年)拔贡。乾隆元年(1736 年)起先后任河南巩县、孟津、济源、新野、夏邑知县。乾隆十一年(1746 年)升任陈州知州。乾隆十三年(1748 年)任郑州知州,后调任浙江金华知府及江西南昌、九汀知府,江西吉南赣宁道。乾隆二十年(1755 年)任江西九江知府,与唐英友善。历任皆有政绩。丁母忧,辞官,护送母亲灵柩回乡,经南昌滕王阁时堕水死。有《庚洋集》《庚溪集》《诗意集》《繁露楼诗》《畿辅诗传》《周子余书》等作品,有戏曲《芝龛记》。

观星台

气肃天重九,山围地正中。
高台瞻皓月,古庙拜元公。
圭尺遗衡在,衣冠雅兴同。
携樽忻共醉,不数晋人风。

李舟

李舟(生卒年不详),河南登封人。学于嵩阳书院,清高宗乾隆十九年(1754年)进士。任归德府教授。

文宪王元圣周公庙重修大门戟门碑[①]

元公擅制作才,精推求法,以土圭正日景、求地中。迨唐迄元,数易以石。今阳城北之景一,其遗迹也。后人筑台作庙,踵事加增,革故鼎新者屡矣。

庙之大门一楹,为梁余令刘君湛然所重建[②]。后抚军鹿大人佑兴修斯庙,贡生刘轼易一楹而成三焉。自晋江施明府奕簪倡众增修拜殿之后阅今,除正殿完善外,其戟门、大门、一切柱楹梁桷,文砖碧瓦,又遭风雨之蚀。绅士范子宣、刘子师周、杜子大德、吉子超、刘子作宰等,目蒿心惨,谋所以重新之。乃率住持僧如珍广募善缘,共襄盛举。庀材鸠工,捐赀输力,不一其等。未两月,而戟门告竣。拜瞻之下,焕然改观。至大门,则刘子荣同其姪诰又继成之。

余适过斯地,庠生张子学诗嘱余记其事。余惟地以人重,工以人成,元公卜洛而有此台。台之立,公之绩也。而庙缘台成,庙之建,人之力,公之灵也。夫善作莫如善成,经始不废图终。前人重元圣之绩而作庙,后人又体作庙之心而续葺之,使不弃前功焉。其诸析薪负荷,坦墉塈茨之意乎[③]!余虽不文,敢没邑人士尊圣之思与?乃略叙其末于左。

赐进士出身文林郎原任归德府儒学教授李舟撰。

庠生张学诗书丹。

住持如珍。

乾隆三十二年岁次丁亥长至谷旦。[④]

---

① 碑存登封市告成镇。文宪王:宋大中祥符元年(1008年)追封周公为文宪王。

② 梁余:今山西省和顺县。春秋时期,名盖与,为晋大夫梁余子养封邑。北齐曾更名为梁榆县,隶属太原郡。刘君湛然:刘湛然,字惺复,号淙雯。河南登封市人,学于嵩阳书院。清世祖顺治二年(1645年)恩贡,授光山县教谕,升山西和顺县知县,以老辞归。著有《周易浅说》《易品分门全注》《卦畴合说》《春秋续传》。

③ 墉:城墙。塈茨(jì cí):用泥涂饰茅草屋顶。引申指屋顶。泛指涂饰墙壁。

④ 乾隆三十二年:公元1767年。长至:指夏至。夏至白昼最长,故称。《礼记·月令》:"(仲夏之月)是月也,日长至,阴阳争,死生分。"

吕元亮

吕元亮(生卒年不详),字陶村,山西凤台(今运城)人。清乾隆二十八年(1763年)进士。选庶吉士,散馆改主事,历官四川川北兵备道。工于书法。性耿介,廉洁。有《赵客亭先生(于京)年谱纪略》《太史公(冉觐祖)年谱》等。

太史公年谱(节选)①

康熙二十八年②……次日言归,景太公月如偕行至观星台③,谒周公庙。

① 太史公:指冉觐祖(1637—1718年),清代河南中牟人,字永光,号蟫庵。曾赴乡试不与试,倾囊购书而归,潜心攻读。康熙二年乡试第一。康熙三十年(1630年)成进士,授检讨。曾主嵩阳书院,学兼采汉宋。有《四书五经详说》《阳明疑案》《正蒙补训》等。

② 康熙二十八年:公元1689年。

③ 景太公:景日昣(1661—1733年),字冬旸,登封人。从汤斌、耿介游讲宋儒之学,以文章知名。康熙二十七年(1688年)进士,授广东高要知县。退职后杜门谢客,致仕归里,以著述自娱。著有《嵩台学制书》《嵩台随笔》《说嵩》《嵩崖尊生》《嵩崖文集》等。

刘仕伟

刘仕伟（生卒年不详），字信吾，一字鼎隅，梁山（今重庆市梁平区）县人。少负不羁才。清乾隆十年（1745 年）武进士。乾隆十三年（1748 年），提督岳钟琪用兵金川，仕伟请自效力，屡立战功。补河南襄城营都司，迁山西宁武关参将。告归。以武将而精于六壬、星象、医卜，诗字皆可观。有《金川从戎事实》二卷、《灼龟》十卷。

题观景台[①]

制作仰元圣，阳城观星台。
建中资治辅，测景徧三才。
地胆依中岳，天心应上台。
登临窥日表，亲授指南来。

乾隆乙亥春[②]，东使洛中，经嵩岳东十里许阳城为天地中。公摄政四年，建台表于兹。测日景，营王城，以资辅治。台竣巩固，迄今岿然。其表石下宽四尺，高五尺许，上微削，重立三尺许小石柱于上。夏至时刻，周遭无影，谚云："无影塔，天心地胆者也。"蜀梁山刘仕伟、登封县儒学训导蒲城孙承基撰[③]。生员傅如玉书丹。

① 碑存登封市观星台。
② 乙亥春：清高宗乾隆二十年春，公元 1755 年。
③ 登封县儒学训导蒲城孙承基撰：当指明代孙承基《重修元圣周公祠记》。本书另有收录。

佚名

观星台石柱联[1]

石表寓精心,氤氲南北变寒暑;
星台留古制,会合阴阳交雨风。
嘉庆十四年[2]。

① 石柱高三百一十厘米,共四面,面宽二十二厘米,楷书。嵌于登封市观星台大门两侧。
② 嘉庆十四年:公元1809年。

佚 名

测景台石柱北对联

道通天地有形外,石蕴阴阳无影中。

嘉庆《大清一统志》

嘉庆《大清一统志》是清代第三次修订本。由于卷帙浩繁，嘉庆一朝未能完成。宣宗旻宁即位后，命国史馆总裁穆彰阿继续主持该书的纂修，于道光二十二年（1842 年）成书，叙事至嘉庆二十五年（1820 年）止，故又称为《嘉庆重修一统志》，简称《嘉庆一统志》。穆彰阿（1782—1856 年），清满洲镶蓝旗人，郭佳氏，字子朴，号鹤舫。嘉庆十年进士。授检讨。历礼、兵、刑、工、户部侍郎。道光初任内务府大臣，两署漕运总督。道光七年（1827 年），命在军机大臣上学习行走，次年授军机大臣，官至文华殿大学士。他当国二十余年，门生故吏遍内外，权倾一时。鸦片战争时，力主和议。咸丰帝即位后被黜。

测景台[①]

在登封县东南。《周礼·大司徒》：以土圭之法测土深，正日景，以求地中。日至之景尺有五寸，谓之地中。《疏》：周公度日景之时，置五表。颍川阳城为中表。《唐会要》：仪凤四年，太史令姚元辩奏于阳城测景台，依古法立八尺表。调露元年，于阳城周公测景之所，得土圭长一丈二尺七寸。《元和志》：测景台在告成县城内西北隅，高五丈。开元十年诏太史监南宫说立石表焉。旧志：台在今县东南三十里周公庙。

周公庙[②]

有二。一在洛阳县西关，一在登封县东测景台后。

① 见（嘉庆）《大清一统志》卷二百六。
② 见（嘉庆）《大清一统志》卷二百七。

刘惠麟

刘惠麟(生卒年不详),清咸丰元年(1851 年)辛亥科举人。时任尉氏训导。余不详。

重修元圣庙碑记[①]

邑之东南三十里有告成镇,背嵩面箕,颍水经其前。山川之胜,为吾登最。《孟子》所谓"禹避阳城",即其地也。

镇北为元圣庙,载在祀典,春秋不废。庙之前有一台,名曰"测景"。考之邑乘[②],兹地居天下之中,《周礼》以土圭测日影,此其址也。庙之后为观星台,与测景台屹然并峙,象天法地,同为前圣之制作。宜如何保护之,以垂来兹。所惜岁久失修,风剥雨蚀,见者恻焉。合镇绅士户人等一倾囊橐[③],更多方广募,以集腋成裘之计,继乃鸠工庀材,诹吉兴作[④]。

是役也,经始于光绪乙酉春[⑤],落成于光绪丙戌夏[⑥]。所有正殿、拜殿、前后两台、后殿、卷棚殿、周围垣墙,一律重新。

工既竣,嘱序于余。余维测景之制,详之于《周礼》。《周礼》一书,作自周公。兹庙之建,其为公之灵所式凭无疑矣[⑦]。公等踵而续修之,祀典赖以常新,古制借以不没,信非设宝刹,建浮图,寻常之举所可比,谨记其颠末而为之序。

辛亥科举人现任尉氏训导刘惠麟撰文[⑧]。

儒童张明伦书丹[⑨]。

大清光绪十九年季夏之月中旬谷旦[⑩]。

住持水清。

---

① 碑存登封市告成镇。

② 邑乘(shèng):县志。乘:春秋时晋国的史书,后泛指一般史书。

③ 囊橐(tuó):财物。

④ 诹(zōu)吉:选择吉日。

⑤ 光绪乙酉:光绪十一年,公元 1885 年。

⑥ 光绪丙戌:光绪十二年,公元 1886 年。

⑦ 式凭:依靠,依附。

⑧ 训导:学官名。明清府、州、县儒学的辅助教职。《清史稿·职官志三》:"儒学:府教授、训导,州学正、训导,县教谕、训导,俱各一人。"

⑨ 儒童:明清科举制度,凡应考生员(秀才)之试者,不论年龄大小,皆称童生,别称文童或儒童。

⑩ 光绪十九年:公元 1893 年。

席书锦

席书锦(生卒年不详),字相圃,汜水县(今荥阳市)洼子村人。幼年家贫,庭训极严,聪敏好学。肄业于开封大梁书院。清德宗光绪十一年(1885年)中举人,颇有文名。在嵩县、偃师、荥泽等地书院讲学。清德宗光绪十五年至光绪二十年(1889—1894年),席书锦讲学嵩阳书院,六年间利用讲学之余,以嵩阳书院为中心,踏勘嵩山,遍游嵩山名胜,撰成《嵩岳游记》四卷139篇。

测景台[①]

周公庙在告成北原,系古城旧域,庙前有测景台。《周礼·大司徒》曰:"以土圭之法测土深,正日景,以求地中。夏至之景尺有五寸[②],谓之地中。"周公营东都,盖尝测景于此。今观其制,石座琢大石为之,上狭下阔,高丈余,广半,表石高八尺,状若柱,盖土圭置臬之遗。后仿其制,易以石,垂久远也。刻其阳曰"周公测景台"。考唐仪凤四年三月,命太常博士姚元辩,于阳城测景台立八尺表;开元十一年,诏太史监南宫说等,于河南北平地测日晷。阳城晷长一尺四寸八分,乃刻石表焉。此盖其所遗矣。

观星台[③]

庙后有观星台,甚危敞。苔绣烂斑,浑朴坚固。高三仞,四围有栏。《考工记》曰:"昼参日景,夜考极星,以正朝夕。"祖暅云:"于平准之地立南表,日中时立中表于南表景末,夜依中表望北极枢而立北表。三表正直,为子午正位。"《素书指南》又云:"以二至晷景之最短者为正午,夜观中表端与北极相值为正子。"据此,则台当是立北表以窥极星所用,故名观星也。

今台北偏有屋,缺其中。直下至地,下有石尺相接连。凡三十六节,阔三尺六寸,旁刻溜槽,环通两头,最北一石为二小窍以泄水。相传旧有挈壶在屋,滴漏于石,求刻以符日景。《周礼》土圭之法,测日景者,必于昼漏半验之,此其遗制。或谓郭守敬树量天尺嵩洛间,守敬元人,台与尺当是元迹。然考唐人

---

① 见《嵩岳游记》。

② 夏至:《周礼·地官司徒·大司使》作"日至"。

③ 见《嵩岳游记》。

范荣《测景台赋》云;“建以黄壤,亘以紫宫。”又云:“下压坤德,上罗乾纬。”所赋测景台,即今所称观星台也,则台又非始于元矣。

按:唐虞授时之制[①],验以日星,盖昼夜兼考之而时乃符也。论者以观星台为非周迹,误矣。周公当日测景,岂有不于星火星昴考其符合者[②]?盖昼统于夜,言测景而夜可知矣。《嵩山志》云:“观星台在测景台北,世亦称此台为测景。测景其统目,观星其专名。”斯诚通论也。大凡古今制度之变,后人于始制之意而变通之,非能于始制之意而全没之,但意变愈精,亦愈备耳。余尝游燕都,登观象台,见所制测天诸仪器,皆用铜,坚致可爱,虽日炙雨淋,而其上所刻图象细字,无丝毫或失,胜石刻远甚。易以石,复易以铜,论周公土圭之制不可复睹,即阳城所立石表,亦无人过而问焉,视为废物已数百年于兹矣!世变之慨,讵有暨哉[③]!

① 唐虞:尧舜。

② 昴(mǎo):星名,二十八宿之一。

③ 暨:至。

黄图珌

黄图珌(1699—1752年),字容之,号守真子、蕉窗居士。清代剧作家,江南华亭(今上海)人。雍正时任杭州府、衡州府同知。乾隆间,三任浙江乡试监试官。善词曲,亦工诗文,主要作品有戏曲《雷峰塔》,还有《解金貂》《温柔乡》《栖云石》三种传奇,此外尚有《看山阁南曲》《看山阁集》。

谒刺史嵩山周公祠[1]

为忆贤公祖,重瞻庙貌光。
成神维正直,治郡本循良。
大绩遗江汉,雄才仍栋梁。
濂溪今有后[2],千载饮名香。

---

① 刺史:汉武帝元封五年(公元前106年)始置,分全国为十三部(州),部置刺史一人,秩六百石。至明清,刺史为知州别称。按:据诗意,此诗所咏周公或非周公旦。录以备考。

② 濂溪:周敦颐(1017—1073年),字茂叔,原名敦实,号濂溪。道州营道(今湖南道县)人。历官州县,颇有政绩。宋熙宁元年(1068年),知郴州。他博学力行,著《太极图说》,究明万物之本原,提出无极、太极、阴阳、五行及"无极而太极""万物生生而变化无穷"。对人性之善恶,主张以"中正""仁义"为立人之道,又著有《通书》。程颢、程颐皆为其弟子。后以疾求知南康军,卒于任,封汝南伯,谥元公。

《告成镇志》编纂办公室

周公庙[①]

周公庙在告成镇区北部，现观星台文物保留所院内，坐北朝南，共有四进院落，内有两处著名的天文遗迹：周公测景台和郭守敬观星台。明代为了纪念周公旦在此“测日景，求地中”，在这里建造了一座周公庙，又称周公祠堂。所以至今当地人仍称观星台为周公庙。整个建筑分为前照壁、大门、仪门、碑廊、测景台、周公祠、观星台、量天尺、帝尧祠，总面积5550平方米。

大门前是清代乾隆十三年（1748年）建造的照壁，当地人称影壁墙，上嵌“千古中传”石匾一方。系时任登封知县施奕所立。

大门初建于明弘治十一年（1498年），系三间硬山式建筑。原来大门只有一楹，明代梁余令，阳城人刘湛然重建后，当地贡生刘轼易一楹成三间，乾隆三十二年重修，嘉庆十四年又重修。大门两侧石柱上刻了这样一对联：石表寓精心，氤氲南北变寒暑；星台留古制，会合阴阳交雨风。

进入大门后的第二道门是垂花门，又叫戟门、仪门，初建于明代弘治十四年（1501年），乾隆三十二年由当地乡绅及周公庙住持如珍等集资重修，1984年又重修。戟门东西两侧各有一小门，相传这座周公庙是文王周公庙，来庙拜谒的官员要走此门，实际上是供运送杂物等出入的。

穿过垂花门迎面正是周公测景台。测景台两侧为碑廊，有明清以来碑刻20余通，主要碑刻有重修测景台碑、周公祠堂记碑、重修周公庙记碑、周公庙祭祀碑以及古代文人学士，如郑大原、刘仕伟、董榕、万姓苏等人的题诗碑。除此之外还有4块比较珍贵的石刻，系从外地搜集到的保护文物：一是北魏时刻制、题有“荥阳阳城”四字的荥阳县和阳城县的界桩碑；二是南北朝的造像碑；三是唐代墓志碑一块；四是叶秉敬的游石淙诗碑。可惜前三者毁损严重。

周公测景台后为拜殿，系乾隆年间登封知县施奕增修，是古代拜谒先圣文宪王周公的场所。西侧现摆放有古代计时器——沈括制造的浮漏（为复制品），拜殿之后是周公庙正殿，原供奉有周公塑像，后改为画像。1996年告成及周边香客集资重塑周公像。

---

① 见《河南省登封市告成镇志》第十一编《文物名胜》，河南人民出版社，2007年。

明代弘治年间，巡抚辽阳的汴臬宪付行部张用和来到这个地方，见测景台倾废芜秽，就命属吏合而正之，并拓土若干亩，建造了院墙，后来河南府知府陈宣命县令邝廷用踵事成之。明正德年间，河南提刑按察使陈凤梧命知县韩锡重修周公庙。自此殿庑门墙焕然一新，并制匾“先圣文宪王庙”，还遣仕官在每年春秋二次祭祀周公直至新中国成立前一直没有间断。据碑刻记载，嘉靖十年知县侯泰、万历十年知县宁烈，康熙十五年知县万姓苏、乾隆三十二年知县张圣浩、光绪十九年知县刘惠麟相继重修。

正殿之后就是举世闻名的观星台，观星台由台身和量天尺两部分组成。1944年，观星台遭到了侵华日寇的炮击，台体多处受到严重损伤，大部分台墙剥落裂缝，梯栏和女儿墙全部被毁，台上小房也被炸塌，这座雄伟的古代天文建筑，被糟踏得破烂不堪，面目全非。1975年由河南省博物馆和登封县文物保管所整修观星台，省博物馆张家泰同志设计了方案，对观星台进行了全面的整修。

1988年，在北京古观象台伊世同副教授的关心指导下，观星台复制了高表、铜梁、景符、仰仪、浑仪、正方案、铜壶滴漏、日晷、窥几等十几种天文仪器。高表模型、正方案、仰仪分别放置在量天尺两侧。国家多次对观星台进行整修，恢复了它本来的面目。1975年科教影片《宇宙》在此拍摄。之后，长春电影制片厂又在这里拍摄了科教片《昼夜和四季》。1981年7月26日至8月2日，又在观星台举行了全国青少年天文爱好者纪念郭守敬诞生750周年活动，在此进行测量日影、认识星座、观测日偏食、测北极星高度、介绍郭守敬生平等活动。

经北京古观象台副教授伊世同的倡导，1991年12月28日，经国家文物局和河南省政府批准成立了中国天文博物院。1992年1月，国务委员、国家科委主任宋健亲笔题写了“中国天文博物院”的门牌。2004年，开始向联合国科教文组织提出申报世界历史文化遗产。

附录三　宜阳、嵩县、济源、武陟等周公庙史料

《明一统志》

《明一统志》明吏部尚书兼翰林院学士李贤等奉敕撰。李贤(1409—1467年),字原德,邓州(今河南邓州市)人。明代名臣。明宣德八年(1433年),李贤登进士第,授吏部验封主事,历考功、文选郎中。"土木之变"时,李贤脱难回京。景泰二年(1451年),上正本十策,受代宗赏识,升任兵部右侍郎,转户部侍郎,次年又迁吏部右侍郎。英宗复辟后,迁翰林学士,入内阁,升吏部尚书。天顺五年(1461年),加太子太保。天顺八年(1464年),英宗病重,召李贤委以托孤重任。宪宗即位,晋升少保、吏部尚书兼华盖殿大学士、知经筵事。成化二年(1467年)十二月,李贤去世,年五十九。追赠特进光禄大夫、左柱国、太师,谥号"文达"。康熙六十一年(1722年),从祀历代帝王庙。有《鉴古录》《体验录》《看书录》《天顺日录》《古穰文集》等。

公　山[①]

公山在宜阳县西九里,状如公字。又云山顶有周公庙,因名。

三公庙[②]

在济源县治西,祀周公、召公、毕公。武陟县南二里亦有周公庙。

---

① 见《明一统志》卷二十九。

② 见《明一统志》卷二十九。

雍正《河南通志》

雍正《河南通志》及主修田文镜简介见前文"二、洛阳周公庙古代文献"部分。

公 山[①]

公山宜阳县西九里,状如公字。一云山顶有周公庙,因名。

① 见雍正《河南通志》卷七。

嘉庆《大清一统志》

嘉庆《大清一统志》及主修穆彰阿简介见前文“附录二登封周公庙史料”部分。

公　山①

公山在宜阳县西九里。山顶有周公庙。

① 见(嘉庆)《大清一统志》卷二百五。

光绪《宜阳县志》

光绪《宜阳县志》，清光绪七年(1881 年)刻本，清恒伦修，谢应起等续修，刘占卿等纂。恒伦，满洲正白旗人，附监生，清同治三年(1864 年)任宜阳知县。谢应起，字虞臣，山东福山人，清道光二十九年(1849 年)拔贡，光绪五年(1879 年)任宜阳知县，同知衔。刘占卿，字鹭序，河南延滓人，清同治元年(1862 年)举人，锦屏书院主讲。

周公庙①

在神峪山西公山顶。山以庙名。今圮。

① 见光绪七年谢应起等修，刘占卿等纂《宜阳县志》。

乾隆《嵩县志》

乾隆三十二年(1767 年)《嵩县志》,康基渊主修。康基渊(1729—1781 年),字静溪。山西兴县人。清乾隆十七年(1752 年)进士授河南嵩县知县,历任甘肃镇原县知县、肃州知州,江西广信府知府。以修水利政绩显著。在嵩县开新、修旧管道十八,灌田六万余亩。修肃州洪水渠;开新文渠以灌野猪沟之田。同时,兴蚕桑林木之利,建社学、社仓,被荐为政绩卓异。

周公庙[①]

周公庙。在城内。《通志》载邑为周公听讼之处。今北街。庙三楹,列真武像[②]。邑人至今沿称周公庙无异词。

① 见乾隆三十二年《嵩县志》卷十七《祀典》。

② 真武:玄武。相传为净乐国王太子。生而神灵。及长,志除邪魔。遇紫虚玄君授以道秘,遂越东海。又遇天神授以宝剑,入湖北武当山修炼,居四十二年功成。道教奉之为本教神。本号玄武,宋真宗大中祥符间,因避讳改为真武,尊号为"镇天真武灵应祐圣帝君",简称"真武帝君"。

河南省嵩县志编纂委员会

周公庙[①]

周公庙位于城关镇北街村。该庙系明代建筑。现存大殿1楹,面阔5间,属硬山式,柱头科均有斗拱一组,举架木结构饰殿式彩绘。面积达188.7平方米,保管完好。1986年3月20日公布为县级重点文物保护单位。

① 见河南省嵩县志编纂委员会编《嵩县志》,河南人民出版社,1990年。

道光《武陟县志》

道光《武陟县志》三十六卷，清道光九年(1829年)刊本，由知县王荣陛修，方履篯纂。王荣陛，字枫坦，顺天府宛平县(1952年并入北京市)人，监生，清道光三年(1823年)任武陟知县。方履篯，字彦闻，举人，顺天府大兴(今属北京市)人，稍前曾纂修《河内县志》。

周公庙[①]

在县南二里。今废，其遗址尚存。

---

① 见清道光九年王荣陛修、方履篯纂《武陟县志》。

参考文献

[1] 高平子. 国立中央研究院专刊 周公测景台调查报告一册[M]. 北京:商务印书馆,1939.
[2] 张国臣,李鄂荣,吕江水. 嵩山[M]. 北京:地质出版社,1983.
[3] 常松木. 观星台[M]. 北京:大众文艺出版社,2012.
[4] 聂晓雨. 洛阳周公庙藏周公解梦碑[M]. 郑州:中州古籍出版社,2013.
[5] 周海涛. 洛阳周公庙[M]. 郑州:中州古籍出版社,2014.
[6] 游唤民,汪承兴,贾再友. 元圣周公全传[M]. 北京:新华出版社,2014.
[7] 姬传东,汪承兴,杨慧敏. 解读周公:中国国学探源[M]. 北京:新华出版社,2015.
[8] 洛阳周公庙博物馆. 洛阳周公庙藏民国名碑[M]. 郑州:中州古籍出版社,2016.
[9] 王兴亚. 清代河南碑刻资料[M]. 北京:商务印书馆,2016.
[10] 曹书敏. 告成观星台天文测量与探究[M]. 郑州:河南人民出版社,2017.
[11] 王雪宝. 周公测景台与元代观星台[M]. 郑州:河南人民出版社,2017.
[12] 白丁. 洛阳周公庙古建筑维修保护工程报告[M]. 郑州:中州古籍出版社,2018.

后 记

本书系在洛阳市文物局、洛阳市社科联的指导下，由洛阳市周公庙博物馆、洛阳理工学院河南古都文化研究中心组织相关专家共同完成。洛阳市文物局局长余杰，洛阳市社科联主席杨彦武，副主席李民超、宋红伟，洛阳理工学院王彩琴教授均对此书的写作提出了许多指导性意见；河南大学历史学院研究生吕春萌在此书资料收集等方面，也付出了大量心血；洛阳周氏文化宗亲会周万俊、周克俭、姬传东等先生也积极提供相关资料。在此一一表达谢意。

本书由主编提出撰写体纲，并确定分工。

本书在写作过程中，对前人相关成果进行了吸收与借鉴。需要说明的是，书中涉及的碑刻、古籍中的文献，由于种种原因，前人在校录时，存在着一些错误或模糊之处。因无法找到原碑或拓片，或者原碑与拓片相比残破更严重，导致文字难以进一步辨析。对此，我们对直感有错误的地方，尽量找其他版本进行校对。对于无其他版本可校者，则在注释中对其可能存在的错误进行解释。在本书付梓之际，特就以上进行说明，向相关学者表示感谢，亦敬乞作者及读者谅解并指教。

另外，全书对于古代、现代史料，尽可能详尽收录。对于当代史料，则选择有代表性、能说明某一问题的史料进行收录，不求全面。由高平子编著的《国立中央研究院专刊 周公测景台调查报告一册》（商务印书馆，1939 年），系专题研究登封周公庙的著作，本书也不再收录。

黄河水利出版社李洪良先生为本书的出版付出了艰辛的劳动，并提出了许多宝贵的意见。在此深表谢忱。

编 者

二〇二〇年十一月二十日